JN039132

共に生きるための人間関係学

Human relations

「自立」と「つながり」のあり方

畠中　宗一：編著

Ψ
金剛出版

プロローグ

　人間関係を営むことの難しさは，いまに始まったことではない。利便性・快適性・効率性を追求することや生産的・課題達成型の価値観が重視される今日の社会では，人間関係をめぐるトラブルは基本的にマイナスとして認識される傾向が見られる。そのこととも相まって，人間関係は誠実に対応すると煩わしいと認識され，それを回避する傾向さえ見られる。加えて，私事化が肥大化した社会では，関心は自己に向いている。このような社会における人間関係の特徴は，他者への誠実な関心の希薄である。人間関係というタイトルを冠した出版物には，このような社会のあり方を反映して，人間関係をめぐるトラブルやそれから派生するストレスを回避するものが多い。その意味では，他者の内面に立ち入ることなく，表面的な対応に終始する。

　本書の独自性は，人間関係に関する本質的理解に依拠していることにある。すなわち，他者への誠実な関心を持って，他者と向き合い，相互の成長を志向する。他者と向き合うことは，葛藤を伴うが，その葛藤とも向き合い，他者の成長そして自己の成長を志向する。本書のタイトルを『共に生きるための人間関係学』とした所以でもある。

　しかしながら，人間関係に関する本質的理解に依拠して人間関係を生きることは，容易ではない。社会のあり方が，人間の在り方を歪めるため，本来の生き方が難しくなり，結果，多くは社会のあり方に適応する人間関係が展開されることになる。生きづらい社会において，生きやすい人間関係が求められることは理にかなっている。

　そのことを分かったうえで，しかし，とわれわれは問いたい。そのような生き方で良いのか，と。われわれの認識では，人間関係を生きることは，他者という異質なものを受容しながら自己との共存を図ることである。それは，葛藤を生きることに等しい。葛藤と折り合う力が求められるのだ。生きやすい人間

関係のみを展開していると，葛藤と折り合う力は衰退していく。生きるために必要な本来の人間関係力を回復させたいというのが，われわれの思いである。

　現代人の多くは，関心が自己に向いているため，他者への誠実な関心を持ち，「見ること，聴くこと，感じること，応答すること」を，「今ここで，実践する」ことに戸惑いを持つ。ある研修会への参加者は，関心を持つとはどういうことか，と素朴な質問をした。この質問に象徴されるように，自己を知ることや他者を知るために，どのようにしたら良いかわからず，自己のなかでぐるぐると思考を巡らせている。要するに，人間関係に関する本質的理解には程遠いところで人間関係を展開している。比喩的に表現すれば，エーリッヒ・フロムが『愛するということ』で展開したように，現代人は，愛するということを誤解している。

　人間関係にも同様なことが言えるのではないか。異文化の背景を持つ人との交流が日常化しようとする今日，社会そのものも大きく変動していき，内向きな態度で生き続けることこそ，生きづらさを増長させることとなる。今こそ，人間関係の本質的な理解に依拠して，人間関係を生きるべきではないか，と。

　本書の第Ⅰ部では，多様な場面で，本質的理解を志向しつつ，現実には社会のあり方に規定されているという事実性のなかで，人間としての喜怒哀楽を経験しつつ，成熟していくことに焦点が置かれる。教育・心理，介護・医療，そして企業といったフィールドで具体的な人間関係の実相に焦点を当てる。

　1章の教育・心理領域は，四つの論文で構成される。第一の須山論文は，算数の勉強を通してボランティア教員として特別支援学級生徒とのかかわりに焦点を当てている。第二の織田論文は，いじめ問題への対応として，グループワークの有効性を事例によって提案している。第三の水戸部論文は，学生相談における他者性に働きかけることの意味と可能性に言及している。第四の鈴木論文は，子育て期の家族問題，とりわけ毒親問題に焦点を当て，それからの回復について関係性の再発見をキーワードに論じている。

　2章の介護・医療領域は，五つの論文で構成される。第一の畠中論文は，介護未満の家族問題を可視化し，関係性を生きることで問題が沈静化されていった過程を事例によって検討している。第二の牧野論文は，患者の意思決定支援における共同主観化がテーマ化されている。第三の齊藤論文は，臨床医としての40年間の医師－患者関係を振り返りつつ，現段階での到達点が記述される。第四の佐藤論文は，日常性に埋没しながらも，いつでも本来的自己に立ち戻れ

る感性の重要性を指摘している。第五の高橋論文は，看護教育における関係性の二重構造と知識・技能の二重構造を指摘し，示唆的である。

　3章の企業領域は，四つの論文で構成される。第一の伊藤論文では，企業論文の導入として，人に関心を持つことを基盤に据え，既存の調査データをもとに俯瞰的な議論が展開されている。第二の大森論文は，新人研修における注意事項への新たな認識が記述されている。第三の和才論文は，ちがいをキーワードに職場の人間関係の事例を取り入れながら展開している。ちがいを認めることで，分かり合える事例に勇気づけられる。第四の和智論文は，働き方改革を労働時間の短縮，余暇時間の拡大という発想ではなく，対人関係そのもののなかで働き甲斐あるいは生きがいを実現していくことが主張されている。

　第Ⅰ部を俯瞰すると，1章から3章まで領域こそ異なるもののそこで展開されている人間関係が，他者への関心，他者と向き合う，他者性への働きかけ，関係性を生きる，対話による共同主観化等，共通するキーワードに依拠している。とりわけ，企業領域の論文を構成できたことは，本書の独自性として自負している。また医療における論文は，いのちと身近に対峙する領域でもあれば，われわれのスタンスが明確化されやすく，インパクトも大きいと想像する。またここで論じられた領域以外でも，多様な人間関係の現実を想像することが可能である。しかし，執筆者の守備範囲に一定の制約がある以上，これ以上を望むことは慎みたい。

　第Ⅱ部では，福井論文が人間関係学の思想的背景を論じる。第Ⅰ部で展開されている多様な場面における人間関係について，その背後にある人間関係理論を理解されたい方々への道標である。とりわけ，個人として生きることの探求にとどまらず，それを共に生きることの探求の中に適切に位置づけるというメッセージは，本書のタイトルとの整合性も高く，有効な道案内となっている。

　読者が，タイトルにどのような反応をされるか楽しみである。われわれのスタンスは，上記のように，個人として生きることの探求にとどまらず，共に生きることの探求を志向したことである。その意味では，人間関係学の未来を志向したことになる。21世紀を生きる地球社会における人間関係の原型は，第Ⅰ部で論じられた延長線上で確認できるように想像する。

　ところで，当初の企画案は『人間関係学：その基盤と展開』であった。出版社とのやり取りのなかで再検討した結果，『共に生きるための人間関係学』でまとまった。この再検討の過程は，われわれのスタンスをより明確にすること

にもつながったように想像する。

　また本編書は，編集委員会（委員長：畠中宗一，委員：福井雅彦・和才恵理子・水戸部賀津子）を設置し，そこで企画案を作成し，2019 年 5 月に執筆依頼を行った。同年 8 月の編集委員会で各論文への編集委員による相互のコメントを行い，執筆者に修正を依頼した。同年 10 月の編集委員会で最終稿を確定した。

　最後に，厳しい出版事情のなか出版を引き受けていただいた金剛出版にお礼を申し上げます。とりわけ，編集部の梅田光恵氏には，大変お世話になりました。

　本編書を世に問うことをわれわれの最後の使命としたい。

2019 年 10 月

編者・畠中宗一

目　次

第Ⅱ部　人間関係学の思想的背景

第Ⅰ部　関係性を生きる

須山一俊

織田孝裕

水戸部賀津子

鈴木水季

畠中宗一

牧野智恵

齊藤雅也

佐藤幸男

高橋照子

伊藤信哉

大森幹夫

和才恵理子

和智章宏

1章

教育・心理

1節　特別支援学級^{注1)} 生徒とのかかわり

はじめに

　小学校校長を退職後，教育委員会の仕事に5年間従事した。さまざまな校種（小・中・高・特）の学校を訪問し，その都度授業を参観し，多くの教員・児童生徒と会い，授業者と面談した。また，何人かの特定の教員については，授業改善のための数カ月にわたる長期の面談・指導も行い，得難い体験もできた。

　さて，これで，学校の仕事とは完全にお別れと思っていたが，教育委員会からある中学校にボランティアで行ってもらえないかという依頼があった。中学校の特別支援学級の生徒が落ち着かず，担任教師が指導に行き詰まり，精神的にも参っているという。生徒の安全のためにも教育関係者がボランティアとして教室に入る必要があるという。

　中学校に行ってみると，担任の方は精神的には大丈夫なようだったが，生徒の方はやはり落ち着かず，特別支援学級の中での生徒同士の関係も，交流級^{注2)}（特別支援学級以外のクラス・いわゆる普通級）の生徒との関係も落ち着かない様子であった。私が気になったのは，交流級の生徒との刺々しい関係だった。それは，特別支援学級のMが，交流の体育の授業に参加すると，よく怒ったり泣いたりしながら教室に戻ってくることがあったからである。

　交流授業は，人間関係をより豊かにさせたいという趣旨で，特別支援学級で学習している生徒が，交流級の多くの生徒たちと一緒に学習している。これは，全国の多くの学校で実施されている。

注1) 教育上特別な支援を必要とする児童生徒のために置かれた学級。以前は，特殊学級と呼ばれていた。

注2) ここでは特別支援学級から見た普通級のことを交流級と呼んでいる。

Mも，算数などは，学力の問題で一緒に学習できないが，体育などの教科は交流できるのではないかということで，交流授業に行っていたのである。

　Mの体育の授業に付き添いで行くことになった。授業はバスケットボールの試合であった。他の生徒たちがボールを器用に交換し合っている中で，Mはその中にいながら，ただ突っ立っているだけであり，激しく動き回る生徒達の中で，Mのところだけは，時間が止まっていて，凍り付いているかのようだった。他の生徒もMがいないかのごとくボール回しをしていた。もちろん，Mの運動能力が劣り，Mにボールを渡しても，Mがどうしたらよいかわからないので，周りの生徒はMにボールを渡さないのである。しかし，そのことで，いかに，Mが傷ついているか（それはMの表情に現れている），周りの生徒も担任も気が付かないのである。いや，気にしても仕方がないとあきらめているのである。

　この交流授業は，Mにとっては，ただ苦痛を受け，耐える時間になっているのである。こうした交流授業は交流とは名乗っているが，特別支援学級の生徒はもちろん，交流級の生徒にとっても，意味のある時間（真のふれあい）になっているとは思えないのである。私はこうした交流授業を見るにつけ，形だけの建前の交流だという思いを抱かざるを得ないのである。

　担任にMの交流授業の問題を話すと，Mの体育の交流授業は中止になった。

　この頃，私はこのボランティアを辞めようと思い始めていた。ボランティアとしての自分が，特に役に立っているとは思えないし，まして，積極的な役割がまったくとれていなかったからである。せっかくこの学校，先生方，生徒たちと縁があったのに，現在までのところ，私は何もしていない，何もできていない，とても残念だという想いを抱き続けていた。

　私ができることはないか？

　何か意味あることをしたい。特別支援学級の生徒たちのこと，Mのことは気になるが，どうしたものか？

　「個別授業をしてみたらどうであろうか」という思いがふいに湧いてきた。

　担任の先生に相談すると，快諾してくれた。

　Mの算数授業は週1回，1時間行うことになった。

　中学校はさまざまな行事が多く，週1回の授業も急に休みになることも珍し

くなかった。もともと学力に不安のあるＭにとって，積み重ねが大切な教科である算数の個別授業を週１回実施しても，学力が定着しない恐れはあった。だが，やってみよう，やってみたい，とにかくやってみるしかない，と思った。

　今，振り返ってみると，２年半，58回の授業であった。

　私は教員時代，特別支援教育に，２年携わったことがあった。しかし，私が担当した児童は，重度の障害を抱えている児童で，個別の授業で，算数を指導したことはなかった。それでも，Ｍの個別指導をしたくなったのは，私の今までの教員歴の他，カウンセリング研修，教職員への個別面談の経験，人間関係学についての多くの読書体験等のすべての経験が，Ｍの指導にどの程度通じるのか，やってみたかったのである。体力的には現役時代とは程遠い状態であるが，自覚的には教育者として，今以上の時はないのではないかという想いもあった。

　Ｍは中学校の先生方からは，将来，社会人として独り立ちができる生徒と期待されているようであった。そのため，Ｍの算数の学力もつけたいと個別授業にも力を入れていた。私の個別授業もその一環として位置づけられていた。

　さて，本節の記述に当たっては，算数の指導内容に詳しく触れずに展開していく。ある指導内容を体系的に指導していこうと始めても，Ｍの理解を図りながらの指導であり，実際には，試行錯誤の連続であった。それらを詳述していくことは煩瑣であり，本書の趣旨である「人間関係学」という視点がぼやけてしまう懸念があったからである。具体的に記述した箇所も限定的，断片的になっている。

1. 互いに探る・出会い──第一期（半年間）

1）初めての個別授業での印象的な出来事（承認欲求？）

　初めての個別授業だったので，ごく簡単な課題を出してみた。正答だったので，丸を付けようと赤ペンを探したがなかった。仕方なく鉛筆で丸を付けた。すると，「それではダメ！」とＭは言って，筆箱から自分の赤鉛筆を出した。しかし，その赤鉛筆の芯が出ていなかったので，5mほど離れたところにあった鉛筆削りが置いてある所まで行って削ってきたのだ。

　私はＭの言動にあれよあれよといった感じで，驚きながらもジッと待っていた。Ｍには朱で丸をもらうことが必要なのだと思った。いや，大切なので

はないかとも思ったのだ。Mから差し出された赤鉛筆で，丸を付けると，M
は満面の笑みになった。これが，Mが求めていたことなのだと思った。

　Mの印象は，出された問題に必死に取り組む姿勢が見られ，「わかりたい」
というMの強い気持ちが感じられた。素直で，前向きだった。

　私の授業の方針は，算数の基本的な考え方を繰り返し教えていくこととした。
中学校には小学校の教材教具がほとんどないので，折り紙など具体物を操作さ
せながら，理解を図っていくこととした。

2) 「わかった」と「わからない」，お礼の言葉

　この日，Mは問題がわからなくて，顔を歪めるほどウンウンと苦しんでいた。
授業終了のチャイムが鳴ったが，Mは取り組みを止めなかった。普段から頑
張るMだが，ここまで頑張るのはなかなかない。

　他の教室で授業を受けていた友達が一人戻ってきて，教室に入ろうとしてい
た。「入るな！」とMは怒鳴った。その強い語調で，友達は，教室に入れなかった。

　折り紙を出してヒントを与えた。いくつか私が問い，Mが答える。問答が
続いた。その時がやってきた。「わかった！」と言うM。一瞬，Mの顔は花が
咲いたようにほころんだ。わかった時は素敵な花が咲くように，表情が一挙に
和らぐ。

　「ありがとうございました」とMは静かに言った。とても気持ちのこもった
言葉だった。Mの真心からの言葉だった。私はぞくぞくするほど感動した。「わ
かった」と言ったMの活き活きした声は，Mのわかった喜びが滲んでいて，
私にはとても素敵に響いてくる。

　とにかくわかりたいMである。しかし，少し前のめりというか，勇み足気
味の感のあるMの「わかった」でもあるとも私は了解していた。Mが教材の
内容を完全に理解したわけではないと私は思っていたが，現在の時点では，こ
れ以上の理解は無理だとも判断しているので，今日は「これでよし」とその時
の私は思っていた。

　不十分な「わかり」であっても，「わかった」というMの喜び，充実感が現
れている。そして，「わかった！」という声は，今以上により良く，強く生き
たいというMという人間が，言わしめる言葉なのである。

　だが，Mは「わからない」という言葉が言えない。「わかった」も「わからない」

も同じく「今・ここで」のM自身であるはずだ。

　しかし，「わからない」はMにとって，今のところ，いけないことであり，受け入れられないことなのである。「わからない」時は「わからない」と言えるようになってほしい，と私は願っていた。

　授業の最後に，Mに今日の授業の感想を言ってもらった。

　「折り紙で考えるとよくわかる」

　Mが折り紙など具体物から離れて理解するのは，なかなか難しいと感じている私だった。

3）私の賞賛の言葉

　今回は，Mにとっては少し難しい課題だと思われた。予想外に簡単にできたので，「すごい！」と私は言った。Mは喜んだ。私はごく自然にMを賞賛していた。私のごく自然な気持ちの言葉がMに伝わっていた。

　2年半のMとの個別授業での関わりの中で，私はいつも心から出る賞賛の言葉を発していた。そして，それがMに浸み込んでいきMを一層活き活きさせているのを知っていた。しかし，Mを喜ばせるために賞賛したことはない。Mに対しては，いつも率直正直でありたいと思っていたし，実際，ほぼそうであったと思っている。

　Mの字が読みにくかったので，日頃から随時，書き順指導から書体まで，字を丁寧に書くように指導していた。このころから（授業開始半年ごろ），Mの字がきれいになってきた。

4）Mという人間との出会い

　4回ほど，Mと一緒に自作教材を作成しはじめた。4回作成して，この自作教材をMがよく理解しているので，私はご満悦であった。今までこの算数の内容について，さまざまに取り組んできたが，Mは理解しなかった。ところが，この自作教材でMが理解したのだ。なんと素晴らしいことだろう‼と感動していた。

　その感動と，自作の教材が成功したことの誇らしさで，私は満ち足りた気分であった。

　ところが，中学校の行事が重なり，授業が3週間開いてしまったのだ。Mとは久しぶりに会った。Mは今日の授業を待っていたかのような親しみあふ

れる笑顔だった。

　恐る恐るだが，かなり自信をもってMと自作教材の復習をした。

　……

　私にとっては，とても大きなショックだった！

　3週間前，完全に理解したと思ったのは，まったく間違いであり，まだまだ，この教材の内容の理解には程遠いことが明らかになったのだ。

　突然私に憤怒が襲った。

　「こんなバカ，教えても無駄だ！」「うんざりだ！」「こいつには教えてもわからないのだ」。私は何度となく怒鳴りたくなった。心の中で，こんな言葉が激しく波打っていた。

　ただ，Mに対して，バカとかうんざりという言葉を実際に言い放つことだけはしなかったが，イライラがつのり，教材を教える私の一言一言がキックなっていった。自分では止めようもなく，キッサが増していき，私の言葉の隅々に出ていた，私の言葉には，Mへの一かけらの温かみもないものであった。

　そのイライラは極限にまで達し，悲惨な思いを抱き授業終了のチャイムを聞いた。

　彼はきっと傷ついているだろう，反発してくるかもしれない。そして自分があまりに感情的になってしまったことに恥じ入る気持ちにもなっていた。

　授業の終わりの挨拶をMがする。

　「ありがとうございました」とMは穏やかに言った。

　あまりにも穏やかで気持ちのこもった丁寧なお礼の言葉だった⁉

　Mは怒っていなかった。感情の乱れさえもなかった。周りの仲間としょっちゅうぶつかって喧嘩ばかりしていたMだが，何のリアクションもなく，いつに変わらない気持ちのこもった挨拶であった。

　……

　私はMに「見入った」

　「まじまじと見入った」

　……

　……

「これが M なのだ！」

　これが，M という存在との出会いである。

　M の真っ白な心が，そのまま私に伝わってきたのである。M という存在がそのまま私という存在に伝わってきたのである。

　もう少し，説明的に言うと，M のいつに変わらない気持ちのこもったお礼の言葉を聞いた時，私のなかで，何かが起きたのである。M の言葉は私の予想をはるかに超えたものであった。怒りや恐れ・羞恥心等，さまざまな感情が混じり合い，混乱の極に在った私をまったき静謐に導くものであった。

　そして，我知らず，私は M に見入っていたのである。
　……
　私の M の教育のリスタートだった。
　ここからが，私にとって本当のスタートだった。

　そして，この M との出会いがあった後，M のわからなさは，他人ごとではなく，私自身のことになったのである。だから，M のわからないでいることが，おかしなことではなく，M としてそこに居ることは変なことではなくごく自然な姿であると見えたのだった。もちろん，M のわからなさを少しでもわかる方向にもっていくように私は親身になって努めるのだが，焦る気持ちはまったくなくなっていたのだった。

2. 再出発・復習——第二期（1 年間）

1）M から学んだことを教える

　M との出会い体験から得たことは，私が M に何かを教えるということより以前に，M にじっくりと目を注ぎ，M から学ぶということだったと思う。M の算数指導で，M の理解の足りないこと等，気づいたことを，授業の素材にしていこうということだった。

　M は算数という教科を小学校で学び始めてから，すでに 7 年が経過している。理解できていることと，理解できていないことが斑のように縦横に入り組んでいるように思う。理解できていると思われる中に理解できていないことが，見え隠れしながら数多く散在しているようである。小学校 1 年生の算数から学び

直す必要があると考えたが，そこまで戻ってやり直しをする時間はない，できることをやっていこう，できることしかできないと思い切るしかなかった。

一つやったことの例を挙げる。

たとえば，こんなこともある。Ｍは掛け算九九はできるのだが，割り算となると，簡単な問題でも投げてしまう。そこで，掛け算と割り算は逆であることを教えた。5 × 7 = 35 ①はできるが，35 ÷ 7 = 5 ②，35 ÷ 5 = 7 ③ができない，いや，割り算と言うだけで，投げてしまうのである。

私は，5の段から始め，2の段から9の段まで，九九の答え①と②③を対照的に表示させた。

授業時間のみならず，宿題でもやってこさせた。宿題は忘れずにやってきた。「須山先生の宿題はＭは忘れずにやってくるが，私が出した宿題は忘れてくる」と担任のボヤキを後で聞いた。

掛け算九九と割り算の対照表づくりは，Ｍにとっては，必要な作業であり，大切なことであったように考えている。

2）算数とはやり方を覚えることではない。算数の考え方を理解することである

Ｍは計算を間違えると，「（計算の）やり方を忘れてしまった」と言う。私は，Ｍが間違えたことを責めていないのだが，言い訳めいたＭの語調である。「やり方をただ忘れただけであって，それをちょっと思い出させてくれれば，できるようになる」と言っているようであり，「算数とは，やり方を覚えることである」と思っているようなのである。

いや，もしかするとこんなことであったかもしれない。Ｍが算数の授業を受けだしてから，周りの仲間にどんどん遅れてしまう状況にあって，どうしても追いつきたいが追いつけない。とにかく，追いついていこうとする時に必死になってたどり着いたのは，この「やり方を覚える」というところだったのではないだろうか。これは，Ｍだけの責任というよりも周りの教師，親も含めた大人の責任もあると思われる。

だから，Ｍにとって，算数とはやり方を覚える教科なのだろう。計算となると，何も考えずにパターン的にドンドンやってしまう。考えることはほとんどないようなのだ。私はいつしかこのようにＭに言うようになった。「やり方はどうせ忘れる。忘れてもよい。大事なのは，どうしてこのやり方だと正しいのか，考えることなのだ」と。

実際，算数において，基本的な考え方が理解できて初めて，「やり方を覚える」ことが意味あるのであって，やり方だけ覚える（「パターン的処理」[注3]と私は名付けた）だけでは，すぐに乗り越えられない壁が立ち塞がり，限界が露呈するのである。Mは，基本的な考え方の理解がないのに，「やり方だけ覚える」という窮余の策を執ったのだと言える。

教師は，生徒にやり方だけ教え込めば，一見したところ，さしあたりその場はできるようになったと見えるが，それは本当の理解には程遠いことを知らなくてはならない。

遠回りに見えるかもしれないが，ある教材をもとに「考える」時間を共有することが大切ではないか，と私は考えている。Mのような生徒は，他の生徒より理解が遅いために，一斉授業[注4]では共に考える時間を持てない，そのため，考える力が育たない。理解が遅くとも，Mのペースで一緒に考えてくれる人がいれば，考える力は育つのではないか。考える力が育てば，理解する力も育つ。

今の世の中，計算は計算機がやってくれる。大事なのは，筋道を立てて考える力である。Mも社会に参加する時が来るであろう。その時に必要とされる力は硬直したパターン的な処理ではなく，少しでも筋道を立てて考えられる柔軟なM自身になることである。算数の学習は，そのための思考訓練の場でもあると捉えることもできる。

3)「やり方」を覚える学習から，「共同思考[注5]」型の授業を

私は，黒板全体を大きく使うことを心掛けた。私が一方的に指示し教授することは避け，問題文を板書[注6]すること以外は，常に，Mとの一対一の問答を通してやらせた。

問題文の意味をあらわした絵図を掲示したり，板書された計算と，その問題解決の進行に合わせた絵図の移動をも，私との問答を通し，Mにすべてやらせた。Mに十分考えさせる時間を取り，随時一問一答の時間をとり，考えさせた。

これは，私はMとの一問一答を通し，算数的思考のプロセスを，Mにも辿

注3）算数的理解がないのに，やり方だけ覚えて計算処理すること。

注4）一人の教師が大勢の児童・生徒に対して授業をするということ。

注5）算数的思考の筋道を，私とMで辿ること。

注6）黒板にチョークで書くこと。

らせることを，授業の場で行ったのである。これを私は「共同思考」と名付けた。Mにとっては，いわば思考訓練の場となったであろう，と考えている。

また，私は計算の仕組みの算数的な意味について，きめ細かく解説することもあった。Mが行っているパターン的処理についても，その本当の意味について，詳しく説明したこともあった。

後から振り返ると，Mとの共同思考のできる教材を見出すことができたことが何より大切であったと考えている。Mとの個別授業では，その多くの期間が，試行錯誤の連続であったが，その後半において，共同思考のできる教材を見出すことができたのは幸なことであった。Mのような生徒の教育では，あらかじめ教える内容を決めて取り組むのではなく，どんな教材がMの学びに役立つかを見出すことが，何より大切なことである。そのための試行錯誤は避けられない。その努力が実り，共同思考のできる教材に出会うことができれば，そこから新たなドラマが始まる可能性が拓かれるかもしれないのである。

3. じっくりと復習——第三期（半年間）

1）手ごたえのある授業

小学校の算数では，掛け算の筆算の学習をしてから，割り算の筆算を学習する。算数は積み重ねの教科であるので，当然の流れである。

ところが，Mの割り算の筆算の学習をしていて，掛け算の筆算の学習が足りないことを実感し，この学習に時間を十分割かなければならない，と判断した。じっくり腰を据えて，授業を始めた。まさか，この授業に半年間を費やすとは思わなかったが，Mの思考を育てている実感を抱きつつ，楽しい授業の場になったと，今思い返している。Mと一緒に絵図を動かしながら，問題を把握し，解くという作業は，週1回の授業だが，数カ月の間，毎回毎回行い，回を増すごとにMの理解が深まっているという感触も得ていた。Mとの「共同思考」の授業としては，手ごたえを感じる授業を数多くできたと思っている。

2）「思わず」出た一喝

腰を据えての授業に取り組んでいる中でのことであった。

今回の問題は，ややひねったところがある問題だった。少し筋道たって考えれば，正解は得られなくても，少なくとも，立ち往生ぐらいはしてもらいたいと私は考えていた。しかし，Mは算数的プロセスをまったく通らずに，それ

以前の長らく身に着けてきたパターン的にスラスラと処理してしまったのである。私がこれまで再三指摘してきた長年の癖がまた出たのである。

　私は「思わず」一喝していた。「今，何をしているの!?」
　かなりの勢いであった。

　「アッ！」という声が出るＭ。
　スゥ〜とＭに入っていくものがあった。
　入った感じがあったのだ。
　見えたのだ！

　また，やってしまったという「アッ」であった。
　私はＭが今考えるべきこと（算数的思考プロセス）について，問うた。自然に力が入っていた私であった。
　Ｍはすぐに理解した。

　私の一喝がＭのなかに「スゥ〜」と入っていった。
　この「思わず」出た一喝は，「今・この時」のＭの必要に応えた最も適切な役割を果たしたものと考えている。
　Ｍの中にまだあったパターン的処理の残滓に大きな一撃を加えたものと考えている。ここにおいてＭはパターン的処理をほぼ卒業できたのではないかと私は推測している。

4．新生への予感

1）Ｍのつぶやき

　新しい年になり，初めての授業だった。実は，この日の朝，担任から２年半に及ぶ授業が最後になることを知らされた。

　半年間の復習の期間が終わり，今日は，半年前に取り組んでいた教材に戻った。問題の答えを予想させた。Ｍがああでもないこうでもないといった様子で，頭の中でやっている表情であった。つぶやきが聞こえてきたのだ。自分の耳を疑った程のＭの変身であったので，私は驚いた。Ｍが頭の中でやっているこ

とを言葉にして私に聞こえてきたのは初めてであったのだ。そのつぶやきが，算数的思考の手順に従っているのである。私がMに求めてきたことであった。つまり，考えているのである（パターン的に処理をするのではなく）。

それに，つぶやくというのは，答えとしてではなく，Mの思考のプロセスを言語化しているのだ。それが，私に聞こえてきているのだが，それを気にしないで，自分の頭の中で起きていることを（思い，考え）を晒しているのだ。これは私への信頼感なくしてはありえない。Mと私の関係性なくしてはあり得ない。とてもうれしかった。

「以前は，答えの予想ができなかったが，今はできたね。実にすばらしい！」と私はMを賞賛した。半年前には信じられないことが，実際目の前で起こったことで，私は驚いていたが，賞賛は惜しまなかった。Mは少し照れたようで，顔が少し赤くなっているようであった。

2）答えの予測をする

答えの予測をするというのは，自分の頭の中で，筋道立って考えようとすることである。Mのなかに考える材料ができたということである。基礎基本が定着し始めたとも言ってよいのかもしれない。

ただ計算のやり方だけを教えたのでは，こうした考える芽は育たないだろう。算数は積み重ねの学問だから，少しでも先に進めないようなら，以前学習したところに戻って，十二分に学習するべきなのだ，と思う。

3）「わからない」という自己受容

この授業の中で，Mはわからなそうにしていた時があった。Mの表情から「わからないでしょ？」と私が言うと，「はい」とMはうなづいた。とても素直な表情であり，「はい」であった。

その「はい」が初めて「わからない」という，とても素直な自己表現でもあることに気づき，私は驚いた。Mのわからないという自己受容を私は賞賛した。「わからないと言えてたね。素晴らしい！」その賞賛はMのこころの中に浸透していくようであった。そして，もう一度さらに丁寧に説明した。

私の問いかけに対して，「はい」と答えたものだが，「わからない」という自分の自己受容であるのは，確かなことであった。2年半の授業実践の中から，

やっと産まれたものであったのだろう。「わからないなら，わからない」と言いなさい。もう一度説明するからといつも言ってきた。これは，Mとの出会いの体験の後，私はより真剣な言葉がけになっていたと思う。

　Mの「わからない」という自己受容は，私とMの出会いの体験と2年半にわたる個別授業により齎されたものであった，と私は考えている。もちろん，この更なる確認のためにも，後2・3時間，授業をしたかったと思うが……。

　ちなみに，特別支援学級の生徒であっても，「わからない」と言える，と言う。しかし，一見「わからない」と言えているようで，なかなか最後まで「わからない」と言えない生徒も多い。そこまで，教師の側が付き合えないからである。最後の方は，生徒の方が妥協するのである。

おわりに

　Mは中学に入学してから，居場所がなく，いたるところで他の生徒とぶつかっていた。そうした中で，私との個別授業が始まり，まもなく落ち着きだした。生活態度もしっかりしてきて，ノートの字もきれいになった。私との授業が軌道に乗ってきた「共同思考」の授業では，「授業がよくわかる」とMが話していると担任から聞いた。自信もでてきて，ますますしっかりした中学生になっていった。

　Mが落ち着いたのは，信頼できる大人ができたからだと，担任は言う。その通りだと私も思う。担任との協力の下，週1回の授業でありながら，Mにとって信頼できる大人の一人になりえたことをうれしく思う，そして，誇らしく思うのである。

　後から振り返ってみると，個別授業を開始後まもなく，Mは私を信頼してくれたように思う。私がMを信頼するようになるずっと前だったと思う。

　Mとの2年半の授業を振り返った時に，真っ先に思い出したのは，授業開始後，半年後に起こったことだった。これは，Mとのかかわりにおける画期的な出来事であった。

　Mが私の自作の教材でよく理解しているということで，私はご満悦であった。ところが，次の授業で，Mがまったく理解できていないことがわかり，やはり理解できないのかというやりきれなさ以上に，自惚れが地に落ちたことの憤懣があって，私はMに不当な怒りを浴びせてしまったのである。それに

もかかわらず，Mは私への信頼をまったく失わず，授業の終わりに丁寧な感謝の言葉を言ってくれたのだ。募る怒りを止めようとしても止められない混乱の極みにあった私は，思いがけないMの気持ちのこもった感謝の言葉を聞いたのだった。Mという存在に出会った鮮烈な出来事であった。ここにおいて，私とMは固い信頼感で結ばれたのだった。

　ここから，私はドッカリと腰を据えて，Mに向かい合ったのである。Mへの教育が少しでも成果を上げたとすれば，ここが土台であり出発点であった。

　すべての教育は，児童生徒との信頼関係があってこそ，成り立つ。教室に子どもが30人いる担任教師であっても，さまざまな子どもがいて大変ではあるが，信頼関係がベースであることは同じである。信頼関係は，教師が子ども達に誠心誠意コミットメントし続けるなかでしか，生まれてこないのである。

（須山一俊）

2節 いじめの対応とグループワーク

1. いじめ問題とは

1) はじめに

　筆者は私立，公立学校スクールカウンセラーとして 1997 年に勤務を始めてから小・中学校，高校への赴任は 20 年以上が経過した。また 2011 年福島県，宮城県の教育委員会の要請を受けて，東日本大震災で被災した学校へも緊急派遣カウンセラーとしてそれぞれ 5 年を超えて従事してきた。

　その時代時代に不登校，学級崩壊，社会的ひきこもり，発達障がいと特別支援，10 代の自殺，モンスターペアレンツなどのテーマがクローズアップされて教育現場で認知されてきた。

　2019 年現在は教育現場において，いじめの案件が喫緊の課題となっている。

　いじめ問題は，1987 年中野富士見中学校事件，1995 年愛知西尾中 2 自殺事件，2006 年福岡中 2 いじめ自殺事件，2011 年大津市中 2 事件という四つの事件を通して，マスメディアで報道された。四つの事件はそれぞれ波のように社会問題となってきた経緯がある（清水，2013）。とくに 2011 年に起こった大津市中 2 いじめ自殺事件がマスメディアによって大きく取り上げられたことが契機となり，「いじめ防止対策推進法」が与野党超党派の議員立法によって 2013 年 6 月に公布され，9 月に施行された。

　この法律を受けて学校現場では，いじめの発見と対策に早急に取り組むことになった。

2) いじめの定義

　1990 年代前半まで，いじめは当初日本固有の集団行動であり，外国の Bullying（「いじめ」と訳された）とは別の現象であると捉えられていた向きもあった。自分を世界の中心に据えて生きるヨーロッパ人や合衆国人と，いつも他人や世間への気づかいに生きる日本人との，基本的生活感覚の根深いちがいがそれぞれの母国語によってはっきりと人間関係に表れているので，いじめと Bullying を同一視できるか，という疑問からだ。しかしながら国際的な横断研究，比較研究が進む中で，あらゆる国の人間関係に見受けられる普遍的な問題行動と理解されるようになった（森田，1998，2001）。

さて『大辞林国語辞典』（三省堂）によれば，いじめとは「自分より弱い立場にあるものを肉体的精神的に苦しめること」と定義されている。

　文部科学省は 2006 年「児童生徒の問題行動等生徒指導上の諸問題に関する調査」においては，いくつかの変遷を経たのち，いじめについて以下のように定義した。

> 　本調査において，個々の行為が「いじめ」に当たるか否かの判断は，表面的・形式的に行うことなく，いじめられた児童生徒の立場に立って行うものとする。「いじめ」とは，「当該児童生徒が，一定の人間関係のある者から，心理的，物理的な攻撃を受けたことにより，精神的な苦痛を感じているもの」。なお，起こった場所は学校の内外を問わない。

　そして 2013 年「いじめ防止対策推進法」の施行に伴い，いじめの定義は2014 年から以下のとおり定義されている。

> 　「いじめ」とは，「児童生徒に対して，当該児童生徒が在籍する学校に在籍している当該児童生徒と一定の人的関係のある他の児童生徒が行う心理的又は物理的な影響を与える行為（インターネットを通じて行われるものも含む。）であって，当該行為の対象となった児童生徒が心身の苦痛を感じているもの」とする。なお，起こった場所は学校の内外を問わない。
> 　「いじめ」の中には，犯罪行為として取り扱われるべきと認められ，早期に警察に相談することが重要なものや，児童生徒の生命，身体又は財産に重大な被害が生じるような，直ちに警察に通報することが必要なものが含まれる。これらについては，教育的な配慮や被害者の意向への配慮のうえで，早期に警察に相談・通報の上，警察と連携した対応を取ることが必要である。
> 　（いじめの防止等基本的な方針　平成 25 年 10 月 11 日　文部科学大臣決定［最終改定　平成 29 年 3 月 14 日］）

　いじめ定義の変遷をここで要約すると，「いじめが発生している何らかの事実や証拠が認められれば，いじめと認知する」という客観的な定義から，「いじめを受けている本人が苦痛を覚えればいじめと認知する」という，いじめを

受けた本人の主観に基づいた定義へ変更されたことである。

　「自分が見えていることやものが，他人にもほんとうに同じように見えているのか」「はたして客観は存在するのか」という主観客観問題（他我認識のアポリア）は西洋で長年にわたって論争されてきた哲学上の大問題であり，ここで議論の深入りや文献の提示はしない。

　ただ，教師やスクールカウンセラー，学童指導員，看護師，精神の問題を扱う医師，少年の問題を扱う弁護士，福祉士・ケースワーカー・心理士等の支援職などおよそ人間関係に従事する者は，主観客観論はまず押さえておくべき重要なテーマであることを記しておきたい。なぜなら，いじめの認知や認定にあたって，とても難しいこのテーマを教育現場ではもろに突きつけられるようになったからだ。

3）ネットいじめ問題の所在と児童・生徒の人間関係

　本稿では，「LINE」等のSNSやICTが引き起こすネットいじめ（Cyberbullyingあるいは Internet harrassment または Online-bullies）に関しては，あえて取り上げない。なぜなら「ネットいじめ」の母体は，実は日常の人間関係や集団生活の基盤があるところで発生する旨，報告されているからだ。とくに荻上（2008）は取材による証言と既存のデータをまとめて，こうした「ネットいじめ」のメカニズムや状況を明確に分析している。

　土井（2014，2018）はインターネット依存の問題を「関係不安から生ずるつながり依存」として捉え，「本質的な問題は，ネット自体の特質や，その開放性にあるのではない。むしろ日常の人間関係の内閉化にこそある」と指摘している。

　斎藤（2011）は「ICT環境の進化とインフラの発展とともに社会全体がコミュニケーション偏重主義に落ちたのは半ば必然的な成り行きだった」として，若者に使われるキャラとキャラクターのちがいが生まれてきているわけを述べている。斎藤の言葉を使えば，キャラクターとは成長発展する可能性を持つ。一方，キャラとは固定したパターン化した演出だけである。

　キャラとキャラクターという言葉を用いて考察すると，自分のキャラクターを知ることは他者との関係性によって言語化できるしんどい作業でもある。そもそも「自己」を自分単独で理解する作業は「玉ねぎの皮むき」「万華鏡覗き」に陥る可能性もある。実体など見えず，剥いても剥いても何も残らない。だか

ら他者を知り，この世界を知り，自分を知るためには，他者へかかわり（コミットメントして），キャラクター理解を絶えず努めなければならない。自分のキャラクターを理解し，成長とともにキャラクターが変容していく作業を経て，われわれは囚われた自分からの開放と自信を手に入れることができる。その時，他者に対する受容や赦しも生まれるにちがいない。

　一方で，キャラであれば，そこまでの苦労は待ち受けていない。あたかも商品パッケージを剥がして，キャラの仮面をハメればいいのだ。しんどい言語化も要求されない。しかしながら，斎藤が示唆している通り「不本意なキャラを引き受けるのは辛いことであり，そのキャラを失ってしまったら居場所がなくなる」という代償とリスクを背負うことになる。事実「孤立している自分を周囲に見られたくない」という理由で，児童・生徒がトイレで昼食を取る，いわゆる便所飯というケースにも筆者は多数関わった。

　いずれにしても，キャラを被っていれば，よい人間関係をキープできる可能性はある。しかし葛藤や対立を乗り越えて創り上げた本当の人間関係は築けない。学校現場において，昨今の児童・生徒はお互い衝突やトラブルが起きないようにグループ化（いつものメンバーいわゆるイツメン）やキャラ化などを使って距離を保って対人関係トラブルや葛藤を回避している。つまり人間関係の問題が起こらないように起こらないように努めて相手のことを考えて行動している（土井，2009）。しかしながら，そのように気を使ったやさしい関係，皮相的なよい人間関係がエスカレートすると，ストレスやフラストレーションのガス抜きがどこかで必要になる。

　こうした状況であれば，やはり生身の人間関係やグループ，仲間集団で起こるいじめを理解することがまず先決である。そして現実に起こる人間関係や集団現象に対応する営為がネットいじめ問題を解決する基本になるといえよう。

4）なぜいじめが起こるのか

　いじめが起こる根源的（ラディカル）実存的な理由は紙幅の都合上，本稿では説明する余裕はないので，いじめ現象の機能・構造面で理解するアプローチを提示したい。

　筆者の実践経験からすると，いじめは図 1-1 に掲げた三つの条件❶❷❸が重なると発生する可能性が高まるようなのである（織田・高橋，2020）。これはあくまでも相談主訴やケースファイルから抽出した要件なので，厳密な精査を

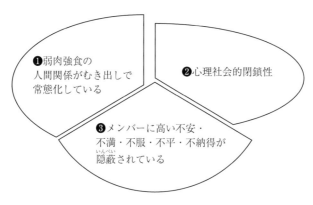

図 1-1　いじめ発生の構成要件 (織田・高橋, 2020)

たどればまだいくつもの要因が抽出される可能性は高い。ただ，この3要件を
イメージすることは，いじめ対応において整理しやすく実用的（プラグマティッ
ク）なので，参照されたい。なぜなら，この3条件の中でどれか一つでも条件
を解除，緩和すれば，いじめ発生の可能性は下がることになるからである。

❶はグループ・仲間集団の中で，上下関係や権力関係が発生し，グループ・
仲間集団内に通用する不平等・不公平・悪質なルール・掟・規律・約束が
あからさまに横行している状態である。

❷は所属や地位を同じくするメンバーが継続一定して何らかの生活を共にし
ていること。物理的閉鎖性が要件となるかどうかはわからない。

❸はグループ・仲間集団のメンバーに高い不安・不満・不服・不平・不納
得が隠蔽されていること。とくに教室に持ち込まれるストレスやフラス
トレーションはさまざまな要因が推察される。教師の態度や学級経営から
地震・津波などの自然災害まで多岐にわたる。文化祭や体育祭前のプレッ
シャーがメンバーに影響を与えることもある。

また，いじめを理解する上で重要な現象が二つある。

第一は，いじめは進化というか，ステージ移動というか，エスカレートする。
エスカレートすると，いじめる者たちは暴力を伴う激しい問題行動，攻撃行動
へ移行することが確認される。

第二は，いじめがエスカレートすると，いじめるメンバーが性欲のはけ口の
ような行動へ至る可能性がある。これは攻撃が引き出された時に見出される性

衝動，性欲の誘引が起こるようなのだ。思春期の男子だけとはまったく限らない。この第二の現象は生徒指導や生活指導を長年担当してきたベテランの指導者，教師であれば，いじめ案件に関して多かれ少なかれ経験しているエピソードである。

2．学校現場におけるいじめの現状と課題点

1）学校現場におけるいじめの現状

　量的なデータは文部科学省「児童生徒の問題行動・不登校等生徒指導上の諸問題に関する調査」をホームページで簡単に閲覧ができる。ここでは質的な変化を述べたい。

　ひと言にいじめと言っても，教室内で起こる嫌がらせや「キャラいじり」のレベルから，学校内を超えて凄惨なリンチへ発展するケースなど，いじめ現象はさまざまである。

　2000年代初頭までは，かつてのいじめ4層理論（森田，1986）で提唱されたようなグループ・仲間集団メンバーの役割（いじめる者，いじめられる者，けしかける者，傍観する者）が固定化した「排除」を中心とするいじめ態様が報告された。また，男子よりも女子児童・生徒に多くみられる「裏攻撃」（Simmons, 2002）が教師やカウンセラーの相談内容に反映される時代だった。女子児童・生徒にありがちな「裏攻撃」とはうわさを流す，ジロジロ見て笑う，無視をする，などの間接的な仲間はずれ行動である。

　ところが，2000年代初頭以後，グループ内でいじめられる者が移り替わっていく様相，あるいはいじめる者といじめられる者が順々に入れ替わるサバイバルゲーム，ルーレットゲームのような様相も呈してきた。具体的内容は言葉やしぐさによるいじめであり，対象者をもてあそんだり，困らせたりする「いじり」が含まれる。男子女子を問わない「裏攻撃」も含まれている。これをコミュニケーション操作系いじめと名づける向き（内藤・他，2010）もあるが，「本節1−3）」で述べた学校内や教室における昨今の人間関係が反映されていることは間違いない（土井，2016a）。実際は児童・生徒の学齢と所属学校（小学校か中学校か高校か）によって，あからさまなパワーゲームに基づく古典的ないじめ（4層理論）と，サバイバルゲーム，ルーレットゲームのようないじりや貶め（おとし）が教室内では混在している，と筆者は受けとめている。

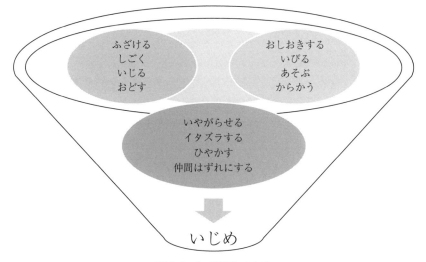

図1-2 「いじめ」の意味
（野林正路『いじめの構造―語彙の図式で読み解く』38-40頁より筆者作図）

2）いじめ対応の課題点とは

　国立教育政策研究所が行った「いじめ追跡調査　2013 〜 2015」によれば，暴力を伴わないいじめ（仲間はずれ・無視陰口）について，小学校4年生から中学校3年生までの6年間，被害経験をまったく持たなかった児童・生徒は1割程度だ。加害経験をまったく持たなかった児童・生徒も1割程度であり，多くの児童・生徒が入れ替わり被害や加害を経験している，という報告がある。

　つまり「いじめ防止対策推進法」の定義に従えば，全児童・生徒の約9割がいじめの加害者になっている可能性がある。教室の児童・生徒の大半が該当することになる。これは本当だろうか。

　おそらく図1-2に示したとおり，児童・生徒のネガティブな対人的行動すべてが，いじめという名詞に括られていくことを意味しているのだろう。すると人間関係を捉える動詞・形容詞・形容動詞を名詞へ収束する作業（名詞化作業）は，児童・生徒の人間関係に起こっている動き，変容，深化に対する理解を歪めたり，見落とすことになるリスクを負うことをあらためて確認しなくてはならない。どの学齢の子どもを対象（小学生？　中学生？　高校生？）にいじめという言葉を使用しているのか，慎重に受け取る必要がある。

　また，いじめ防止対策推進法を受けて，いじめは犯罪であるという認識が学

校現場へ広まってきた。そして，いじめ加害者，いじめ被害者という区分けがはっきりと意識されるようになってきた。このことによって人間の営為がいじめ被害・加害という言葉へ短絡的に帰結，収束されることが危惧される。

　教育や子どもの成長には，謝りと赦（ゆる）しが基本命題である。いじめ加害者，いじめ被害者という区分けが蔓延（はびこ）ると，教育現場において犯罪者と処罰者という不寛容（ゼロ・トレランス）が濃くなっていく。

　するといじめが起こった時に親・保護者・教師は検察や警察のように聞き取り調査，事案の把握などを行うことになる。この作業は教師にとってたいへんな精神力を強いることになる。ひいては仕事に対するやりがいの低下へ結びつく。あるいは親・保護者にとっては子育てに対する自信喪失や人間不信，生きがいの低下に結びつく。

　今問うべきは加害者・被害者へ短絡的に分けることではなく，子どもたちがいじめを解決していく力を育てることである。

3．いじめの対応としてグループワークが目指すこと

1）なぜ人間関係に着目したグループワークが必要なのか

　じつはいじめる理由の中で，「相手に悪いところがあるから」という理由をあげる子どもがいるが，回答の6割に及ぶという報告もある（森田・他，1986）。データが古いと見下してはならない。「本節1－1）」で述べたとおり，現在，4回の社会問題化の波を受けて，「いじめ」について子どもたちが本音を語る場面はネット以外見当たらなくなった。ポイントはその内訳なのだが，筆者の実践では，「相手の性格や欠点を直したい」「性格や態度や表情が気に入らない」という相談の主訴が含まれている。

　　　「ある子を仲間はずれにして，5人ぐらいで悪口を書いた手紙を渡しました。いじめた理由は，その子の自己中心的な態度が気に入りらなかったからです」（中学コース編集部編『助けて！　いじめ・学校拒否・自殺中学生10606人の真実の声』1998）

　相手に痛い思いをさせて改善を求める粗暴粗雑な手段は子どもたちの仲間集団やグループでは多かれ少なかれ見受けられる。痛い思いとは「無視・シカトする」「陰口・悪口を聞こえるように言う」などが昔から定番のやり方だ（礫川，1994）。

長年，夫婦のカップルカウンセリングを行ってきた家族療法家の佐藤悦子は，「人間関係における悩みや葛藤，軋轢（あつれき）を解決するためには，当事者同士の人間関係でしか解決できない」臨床知見を報告する（佐藤，1999）。

　つまるところ，教師やカウンセラーが児童・生徒から話や悩みを傾聴するだけでは（その時その場では児童・生徒はスッキリするかもしれないが），児童・生徒同士のトラブルや齟齬（そご）の解決には近づかない。最後は当事者がやれる範囲で何らかのアクションを起こす必要があるのだ。

　この時にグループワークを使って解決の糸口やきっかけ，解決のスキルを児童・生徒に学ばせる機会を大人が用意することができる。グループワークとは，利用者がグループのプログラム活動に参加することでメンバー同士相互の影響を受けながら，個人が成長，発達する援助活動をいう。学校現場で言うグループワークとは広い意味で使っており，社会で人と人とが関わりながら生きていくために欠かせないスキルを身につける練習，いわゆるソーシャルスキルトレイニングも含まれている。ボードゲームやカードなどのツールも使ったパッケージも販売されていて，対人葛藤を解決するために相手への接近，協力的提案，開示という方略を多かれ少なかれすべて活用する。

　留意したい点は，本稿で述べるグループワークとは①児童・生徒個々の成長，と②グループ自体の成長，を目指す実践であり，クラス・学級の班活動やグループ活動の単なる話し合いとは異なることである。クラスの班活動やグループ活動にも，①と②の要素は多分に入っている。しかしながら，グループリーダーやトレイナーあるいはファシリテイターたる教師や指導者がグループワーク実践における時間，空間の意味や児童・生徒の身体（からだ）の動きを多かれ少なかれ意識していくかどうか，が本稿におけるグループワーク実践を意味している。たとえば，45分授業あるいは50分授業というチャイムによる時計時間に加えて，グループメンバーにとっての体験時間を意識することになる。メンバーの自由記述では「つまらなくて長かった」「アッという間に過ぎた」という表現である。

2）グループワークが目指すこと

　人間関係の齟齬（そご）やトラブルがいじめという名詞によって昨今の教育現場では，大きく括（くく）られてしまっている現在，人間関係を理解することは大切である。その理由と根拠は案外ないがしろにされがちなので言及したい。なぜ大切かというと，相手やグループを理解することで冷静に対応する余裕が大人に生まれ

る。余裕が生まれると，かかわる大人の構えが変容する。もし，いじめやその当事者を理解しなければ，やみくもに相手を警戒したり，児童・生徒の一挙一動に対して，かかわる大人が振り回されたりしていく。この関係はいたずらにいじめを助長させたり，子ども同士が人間不信に陥ったりしてしまう。つまり大人の構えが変容することで，児童・生徒の構えが変容する。振り回される大人は逆に子どもが足元を見る。同時に子どもへ不安を与えることになる。あるいは警戒して猜疑心の強い大人の場合は児童・生徒から疎まれ，回避されるようになる。もちろんこれは，いじめ対応に限ったことではないが，人間の構えやたたずまい，有り体によってお互いの関係は動いていくのだ。

　つまりグループワークで起こることは，児童・生徒同士や児童・生徒と教師・指導者の間の刺激のキャッチボールではない。何らかのアクションとは，皮相的な相互行為（Interaction）ではないのだ。大人も子どもも，お互いのわからないところ，見えないところ（隠れた部分，盲目の部分）から解放され，自分自身が開かれていく（Transaction）プロセスであり，それは深化と変容である（畠中，1975）。

3）グループワークを行う上での留意点

　グループワークは安全な雰囲気の中でメンバーが成長し合うための実践の一つである。グループワークを学校や教育現場で行うためには，大切なルールや鉄則がいくつかある。児童・生徒の人間関係は SNS 等の影響を受けて建前（舞台）と本音（楽屋裏），表の表現と裏の表現がわかりづらくなっているので，グループワークを行うにあたって，以下のルールをしっかりと遵守させる必要がある。とりわけクラスや学年で目立つことや嫉妬や反感を買うことは，SNS 等で叩かれるリスクを児童・生徒は知っているので，場面設定，ルールや取り決めがきわめて大切になる。

　ルールや注意点のプレゼンテーションは児童・生徒の学齢（小学生か中学生か高校生か）によってわかりやすい言葉・やさしい言葉に直したり換えたりする。以下は一つの例として参照されたい。

　　ルール1　ここでの集まりはお互いの信頼関係をつくる集まりなので「悪者探し」「弱い者いじめ」「犯人探し」をするグループではない。誰かを追求したり，追い詰める集まりでは決してない。

ルール2　このグループで起きたこと，ここでの発言・表現はここで解決することと。後日持ち越さないこと。ここで納得できるように努力すること。したがってグループや集まりが終わった後で，陰口・裏口・悪口を絶対に言わない。言っている場面を見つけたら，大人はそのメンバーに対して厳しく指導することになる。

ルール3　時間が来て，伝え残したこと，言いきれなかったこと，言い残したことがあったらリーダー（学級担任，養護教諭，教育相談担当）へ伝えること。リーダーへ報告すること。

注意点

①　グループの場が教室や校内におけるパワーゲーム，サバイバルゲームを再現しないように配慮することがポイント。パワーゲームが起きた場合はリーダーがすかさず介入し，その課題点を指摘し，修正すること。

②　発達障がい児童・生徒や自分から表現しない児童・生徒の有り体も受けとめること。表現しないなら表現しないなりの理由がある。発達障がい児童・生徒は表現しないのではなくて，できないので留意すること。表現しない児童・生徒はその児童・生徒を理解するうえで，一つの糸口となる。

　教師や指導者はグループワークにおいて他者の気持ちや情動をうれしい，ドキドキする，悲しい，寂しいなどの動詞，形容詞，形容動詞でベタに伝えていくことである。つまり身体言葉のアクチュアリティ（今起きていること）を伝えていく行為も含むことになる。上記のルールや注意点は，今後さらに上書きや追加も必要になろう。

4．ケースを通して

　以下は，個人情報保護の観点からケースをコラージュしている。学齢・性別とも記さないが，コラージュできるぐらいの相当数ケースから構成している。ただし，紹介したケースパターンは学校という教育現場に限定された質的な実践報告であり，今後の展開と研究に資したい。

1）いじめの未然予防として取り組んだケース

①設定したグループ

> 学級数：3学級／学年　　学級人数：32人　　グループ人数：7〜8人
> グループ数：12グループ　　グループ実施回数：計4回
> 参加スタッフ：学級担任，副担任，養護教諭，スクールカウンセラー
> グループの目当て：集団における人間関係トラブルの解決と収束

②ケース概要

「クラスメートのトラブルが多く，当該学年の仲が悪い。口も悪い」という学年主任からの訴えで，スクールカウンセラーはグループワークを提案した。教員と事前打ち合わせした後，「本節3－3)」のルール・約束を参加者全員にスクールカウンセラーがオリエンテーションとして行った。1グループ7〜8人に構成して50分のセッションを行う。週1回だが，計4回設定した。各グループにはかならず，教員スタッフが一人リーダーとして参加した。スクールカウンセラーは各グループを巡回して参加する。実施内容は具体的に「メンバーの好きな点，感心できる点をたくさん。直してほしい点，気をつけてほしい点を一つだけ」というテーマを出して，紙面を読みながら一人ひとりが伝える，という展開を行った。

③グループワークの結果，どのようなことが起こったのか

「以前には人前で目が泳いで，（いじられないか）心配していた子たちの眼つきがしっかりと座るようになった。人間関係のグループワークは大変勉強になった」「相変わらずこの学年は落ち着き無いが，表情が明るくなった児童・生徒が多数見受けられる」という評価と証言を教員たちから得た。

④グループワークの中で，どのようなことが起こったと推察されるか

児童・生徒の自由記述によれば「伝えられてうれしかった」「自分自身が自分について思ってもいないことを友だちから言われて，意外でびっくりした」「相手の気持ちがわかって安心した」旨の回答が多かった。相手に対する不信感や警戒感を低減できたのではないかと思われる。

⑤ふり返り

　グループのリーダーは，児童・生徒の表現を否定してはならない。もし不適切な発言や相手を傷つける表現が出たら，グループのリーダーが言い換えたり，相手の気持ちを伝えて表現者に気づかせたりする。思春期の児童・生徒ならば拒否的依存（自立心に基づく羞恥心から，甘える対象に対して不快で嫌な，さげすんだ表現を出して甘えること）を行うのは当然のことである。拒否的依存が起こっても，グループリーダーは真に受けとめず，笑いやオチ，説諭や皮肉，言い換えや要約を使って，子どもに気づかせていく余裕やハンドルの遊びも要求される。

　教師や指導者，支援者などがグループリーダーとして活動できるように，スタッフ同士で共有することも大切な作業である。参加した教員も，気づきを通して自分自身から解放される機会となる。

2）いじめを発見したケース

①設定したグループ

学級数：5学級／学年　　学級人数：30人　　グループ人数：5〜7人
グループ数：4〜6グループ　　グループ実施回数：計3回
参加スタッフ：スクールカウンセラー
グループの目当て：児童・生徒の人間関係の理解と把握

②ケース概要

　カウンセラーは学年主任から「子どもの様子を把握してほしい」という要請を受けて，当該学年の学級の子ども全員と面接を行った。教員と事前打ち合わせした後，教員は同席せず，スクールカウンセラーがグループリーダーとなって，面接は1グループ5人から7人に構成して約30分程度の時間内で3回設定した。

　「本節3－3）」のルール・約束を全員にスクールカウンセラーはオリエンテーションする。

　グループのテーマは「自分が今まで大好きだったこと。今夢中になっていること。これからはまりそうなこと。何でもいいので自己紹介を兼ねて一つだけ皆の前で伝えてほしい」という提案からスタートする。

　グループワーク終了後，ある参加メンバーたちが相談室で，「隣のクラスだ

が, 特定の人をターゲットにしているAがいる。Aは勉強ができて運動も得意。自分たちもいつターゲットにされるか, 不安」という訴えをカウンセラーに聞こえるように話してきた。カウンセラーは当該児童・生徒の了解を得た上で, 学年主任と協働して, 案件に対処した。

③グループワークの結果, どのようなことが起こったのか

グループの参加メンバーが毎週昼休みに相談室へ来室し, 相談室にある箱庭や知育ゲームなどで遊びながらメンバーたちが日頃の人間関係に関して会話するようになった。会話の内容はクラスの人間関係, 部活の人間関係, 教師に対して, 異性に対して, など多岐にわたる。

④グループワークの中で, どのようなことが起こったと推察されるか

カウンセラー相談室は, 児童・生徒たちにとって, 表現しても安全な場所であること, お互いが支えあえる場所であることを確認できたのではないか。児童・生徒に対して, 安全感や安心感を保証したのかもしれない。

⑤ふり返り

学校現場では, 指導場面, つまりいつ, どこで誰が指導を入れるかという時間と場所の課題は多くの意味を持っている。

グループワークを通じて, 児童・生徒にとって教室や相談室という空間が安全な場所であると信頼された時, スクールカウンセラーの前でも本音を表現する機会が訪れることになる。教師や指導者も同様であり, 児童・生徒と信頼関係が築けた場合, 特定の教室空間という前提条件の下で, 児童・生徒が大人へ表現する可能性は高い。

3) いじめを受けた児童・生徒に対する登校援助
①設定したグループ

> 学級人数:38人のうち, 参加を希望した3～4人の生徒
> グループ人数:3～4人　グループ数:1　グループ実施回数:計10回
> 参加スタッフ:養護教諭, スクールカウンセラー
> グループの目当て:支援を必要とする児童・生徒の登校援助

②ケース概要

　クラスメートの大半から悪口や影口を言われて，バカにされていたＢは登校しぶりや五月雨登校（学校を出席したり休んだりする状態）へ陥った。保護者が心配してカウンセラーへ相談した。保護者がふり返るかぎりでは，２カ月前から食欲が落ちて無口になった，とのこと。

　保健室への来室も増えた結果，ある日養護教諭にＢはクラスの人間関係を打ち明けたのち，泣き崩れてしまった。それから登校しなくなった。

　カウンセラーは養護教諭と連携して，Ｂが保健室登校・相談室登校をできる準備をして，Ｂの安心感を保証した。Ｂは保健室登校をしても，当初背中を丸めて沈黙を続けていた。Ｂを理解するクラスメート数名が自発的にＢとの面会を希望したので，１日50分程度カウンセラーまたは養護教諭同席の下で，Ｂが好きな話題を話し合える場面を２週間ほど継続して設定した。

　学年の教員団はＢをバカにしたクラスメートたちに指導を入れ，謝罪文を書かせた。

　当該生徒たちは「Ｂに直接謝りたい」というので，教員団はＢの承諾と了解を得たうえで，謝罪する場面を設定した。

　そして当該生徒たちはＢの前で頭を下げて，直接謝罪文を渡した。Ｂはその時に黙っていたが，保護者の報告によると，その日直後に食欲が回復したという。

　１週間後から，週に何日かは授業枠単位で授業に入れるようになり，やがてＢは教室へ完全復帰した。

③グループワークの結果，どのようなことが起こったのか

　グループ３回目以降，Ｂは多弁になり，笑顔も見受けられるようになった。Ｂはクラスへの復帰を当初拒否していたが，Ｂをバカにしたクラスメートたちからの謝罪申し入れを受け容れた。

④グループワークの中で，どのようなことが起こったと推察されるか

　参加を希望したＢのクラスメートたちや同席した養護教諭へ取材したかぎりでは，趣味や興味ある話題にほとんど終始していた旨の報告だったので，よくわからない。ただし，養護教諭によると，グループの中でＢが他のクラスメートのことや部活動メンバーの動向を尋ね出した，とのこと。他人に対する信頼を多少なりとも回復してきた可能性はある。

⑤ふり返り

　いじめを受けた児童・生徒の心身体調を十分に配慮し，安全感や安心感を保証する必要があるので，参加を希望したBのクラスメートたちには，「本節3－3)」で提示したルールや留意点の遵守を確認した。参加メンバーが限られるので，事前に教員の理解と承認を得た上で，グループを行う必要がある。

5. 考　　察

1）グループワークの意義

　「4. ケースを通して」で紹介した三つのケースパターンのグループワークを展開した結果，児童・生徒に共通して見られるキーワード表現は，「安心」「信頼回復」という言葉にたどり着く。

　本田（2011）は中学2年生を対象とした質問紙調査を分析した結果，データから男子と女子の性差はいくぶん見受けられるものの，「総じて，クラスから学校へ，学校からその外も含む生活全般へ，という同心円状の影響関係はたしかに存在し，その核にあるのはクラス内の友だち関係である」旨を報告している。つまり中学生にとっては学力よりも友だち関係，人間関係が日常生活の明暗を左右することになる根拠を示している。

　「本節1－4)」で述べたとおり，いじめ成立の3条件で捉えれば，6-3-3制という日本の学校の現状では，児童・生徒は少なくとも1年間は，同じクラスメンバー・同じ学年メンバーと継続的に向き合うことになる。児童・生徒が独力で，❷の「心理社会的閉鎖性」を打破できる術は，登校拒否・不登校や転校以外には見つからない。それならば「グループ・仲間集団のメンバーに高い不安・不満・不服・不平・不納得が隠蔽されている」という❸の条件に着目することになる。グループワークで「不安」を低減，解除できる可能性は高い。

　また，いじめのきっかけ・端緒と，いじめる理由には「相手の性格や欠点を直したい，気づかせたい」という人間関係上のトラブルやボタンの掛けちがいがあり，子どもの粗雑・粗暴な手段としていじめを行うケースがある。

　さらに和久田（2019）は，いじめる児童・生徒の思い込み，偏見や勝手な解釈のような一連の誤った認識（シンキングエラー）を修正する必要性を説いている。

　こうした要件や状況が背景にあるいじめに関しては，ケースを通して検討したように，グループワーク実践に適応の可能性があるといえよう。

2) グループワークの限界点

　児童・生徒が誰かをいじめる理由については，未熟で粗雑な人間関係が織りなす「相手の性格や欠点を直したい」ケースがすべてではない。各報告や調査が示しているとおり，グループや仲間集団のストレスのはけ口にきっかけを持つケースや，グループ・集団内における同調圧力に適応せざるを得ない「逆らったら，今度は自分がいじめられる」という理由，いわゆる傍観者がおこなう対処行動のケースもある。したがってグループワークの適応範囲は限られる。

　また，いじめが進行し，エスカレートしたケースでは，たとえきっかけが些細なボタンの掛けちがいやちょっとしたトラブルであろうと，当事者を向き合わせることがもはや困難になるケースも考慮しなければならない。いじめた者がたとえ謝罪を誠実に表現していたとしても，いじめを受けた者が，何らかの症状や不適応行動を出している段階である。この段階では，グループワークによるアプローチはいじめを受けた者に逆にダメージを与える危険もある。

　さらに，いじめを醸成，助長させてしまうような現行の教育システム自体に課題があるとするラディカル（根源的）な見解（内藤，2006）もある。児童・生徒のパワーゲームやサバイバルゲームを生み出す学校空間自体が問題であり，このような閉鎖空間を設定した政府や行政にこそ責任がある，という視点（内藤，2017）である。この視点では，いじめとは教育政策上の問題であり，グループワークで解決できる次元ではない，という限界点を教えてくれる。事実「『仲良くする』『友だちになる』という声かけで，クラスメートが5分おきに交替して話しかけてくる。話しかけてきた全員が顔を見合わせて，自分を嘲笑していた」「授業などで，どれだけ仲良くするワークをやってみても，大人の前の顔だけであることを，みんな知っている。無視をするというやり方は，一番バレない」という相談も受ける。閉鎖的な空間で毎日同じ固定したメンバー（イツメン）がいくつかグループ化すると，次の一手を見すえた陰湿な行動が起こることは必然である。

　このようにいじめ対応において，グループワークにも適応の限界が多い。

3) おわりに

　子どもたちが共生と多様性に富む世界に生きるとはなんであろうか。精神科医の稲村博は，いじめを克服するために多様な人間とのグループ交流や集団生活を体験させることを「対人関係のトレーニングを」と題して，以下のように

1980 年代から提唱していた。

　　（前半略）まず家庭では，物理的にも心理的にも人と接する機会を増やすために，子どもの一人部屋は中学の後半以降程度とし（ただし，異性のきょうだいとは小学・中学年頃から別々），共用部屋を使わせ，また親とは極力いっしょに食事をさせるほか，年齢に応じて，ゲーム，テレビ，スポーツ，旅行などで心の深い触れ合いをふやします。客もなるべく家族ぐるみで招きます。
　　次は，学校ですが，とくに小学校までは全人教育に徹し，汗水たらさせ，土に接しさせ，共同の作業する機会をカリキュラムに多く取り入れます。また，異年齢の子との交流を増やすため，複式クラスの方式をかなり思い切って投入し，上級生にリードさせる訓練をします。また，地域の保育所，幼稚園，老人ホームなどと連携し，そこで世話や手伝いを通して小さな子や老人に深くふれ合わせます。
　　他の一つは，地域社会ですが，やはり小学生段階までは十人単位の異年齢集団を作り，子どもの自由な遊びや集団生活を促進していきます。また父親も母親も当番制で加わりながら，合宿旅行などの機会をふやします。
　　　　　（サンケイ新聞「いじめの構造」取材班編『ノーモア・いじめ』182 頁）

　ややもすると，いじめの原因を個人の特性・属性や家庭の問題，さらには俗な日本人論へ帰結させてしまう当時の認識からすれば，コミュニティという場面の力を活用したアプローチや人間関係へ着眼しているポイントは鋭い。人間関係が原子化して，私事化する現代社会（丸山，1968）の流れに逆らうような「基本に帰れ」という提言であり，「共同体の絆」という基本線は，その実現可能性はひとまず置いて，シンプルで説得力がある。原子化とは共同体や親族や家族のつながりが薄れ，人間一人ひとりが孤立すること，である。私事化とは人間一人ひとりが自分自身にしか興味関心を持たなくなり，他者との共同作業，公共作業が疎かになること，である。
　いじめはどこでも起こる可能性がある。教室でも学童保育でも，部活でもクラブでも，どこにおいても，である。
　いじめは無い方がよいに決まっている。少しでもいじめを減らすためには，子どもたちがいじめを解決する力を育むための協力と努力を大人は続けなくて

はならない。

（織田孝裕）

引用・参考文献

Best, Joel and Scott R. Harris（Eds.）（2013）Making Sense of Social Problems : New Images, New Issues. Colorado : Lynne Rienner Publishers.

ビオン，ウィルフレッド（小林ポオル・光吉俊・尾川丈一訳（2003）グループ・アプローチ．亀田ブックサービス）

土井隆義（2009）キャラ化する／される子どもたち―排除型社会における新たな人間像．岩波ブックレット．

土井隆義（2014）つながりを煽られる子どもたち―ネット依存といじめ問題を考える．岩波ブックレット．

土井隆義（2016a）いじめ問題はどう変わったのか？―その歴史的変遷と社会的背景．臨床心理学，16（6）；657-662.

土井隆義（2016b）内閉化した人間関係の病理―いじめ対応の新しい視点．月刊生徒指導，46（2）；30-32.

土井隆義（2018）流動化する社会関係，固着化する中間集団．日本情報教育学会誌，1（1）；15-22.

Espelage, D.L. & Swearer, S.M.（Eds.）（2004）Bullying in American schools. London : Lawrence Erlbaum Associates, Publishers.

Espelage, D.L. & Swearer, S.M.（Eds.）（2010）Bullying in Northern American schools.（2nd edition）London : Lawrence Erlbaum Associates, Publishers.

畠中宗一（1975）Interaction と Transaction. 年報社会心理学，16 号.

樋口和彦・岡田康伸編（2000）ファンタジーグループ入門．創元社．

本田由紀（2011）若者の気分―学校の「空気」．p.67，岩波書店．

堀裕嗣（2015）スクールカーストの正体―キレイゴト抜きのいじめ対応．小学館新書．

保坂亨・岡村達也（1986）キャンパス・エンカウンターグループの発達的・治療的意義の検討．心理臨床学研究，4（1）；15-26.

河村茂雄（2007）データが語る学校の課題．図書文化．

北澤毅（2007）フィクションとしての『いじめ問題』―言説の呪縛からの解放を求めて．（広田照幸監修／伊藤茂樹編著）リーディングス日本の教育と社会⑧―いじめ・不登校．日本図書センター．

礫川全次・田村勇（1994）いじめと民俗学．批評社．

國分康孝編（1992）構成的グループ・エンカウンター．誠信書房．

コノプカ，ジゼラ（福田垂穂訳（1967）収容施設のグループワーク．日本 YMCA 同盟出版部）

黒沢幸子・森俊夫，他（2002）「ギャング」「チャム」「ピア」グループ概念を基にした「仲間関係発達尺度」の開発．（安田生命社会事業団編）研究助成論文集 38 号．

黒川光流・古川久敬（2000）学級集団における対人葛藤に関する研究の概括と展望．九州大学心理学研究，第 1 巻．

丸山真男（1968）個人析出のさまざまなパターン．（マリウス・ジャンセン編）日本における近代化の問題．岩波書店．

文部科学省（2018）平成29年度児童生徒の問題行動・不登校等生徒指導上の諸課題に関する調査.

森田洋司・清永賢二（1986）いじめ—教室の病. pp.62-63，金子書房.

森田洋司総監修（1998）世界のいじめ—各国の現状と取り組み. 金子書房.

森田洋司監修（2001）いじめの国際比較研究—日本・イギリス・オランダ・ノルウェーの調査分析. 金子書房.

森真一（2008）本当はこわい「やさしさ社会」. ちくま新書.

内藤朝雄（2006）いじめの社会理論. p.14，柏書房.

内藤朝雄（2017）人格を壊して遊ぶ—日本で『いじめ自殺』がなくならない根深い構造.（2017/11/3付け記事 https：//gendai.ismedia.jp/articles/-/53333）

内藤朝雄・荻上チキ（2010）いじめの直し方. 朝日新聞出版.

日本グループ・ダイナミクス学会編（1950）グループダイナミクスの研究—民主教育と集団力学. 理想社.

野林正路（2014）いじめの構造—語彙の図式で読み解く. 和泉書院.

織田孝裕・高橋良臣（2020）いじめにかかわる7つの視点. 川島書店.

荻上チキ（2008）ネットいじめ—ウェブ社会と終わりなき「キャラ戦争」. PHP新書.

荻上チキ（2017）いじめを生む教室—子どもを守るために知っておきたいデータと知識. PHP新書.

尾木直樹監修／中学コース編集部編（1998）助けて！　いじめ・学校拒否・自殺中学生10606人の真実の声. 学習研究社.

斎藤環（2011）キャラクター精神分析—マンガ・文学・日本人. pp.38-42，筑摩書房.

サンケイ新聞「いじめの構造」取材班編（1986）ノーモア・いじめ—子どものSOS　親の嘆き・教師の苦悩. 日本教育新聞社.

佐藤悦子（1999）夫婦療法—二者関係の心理と病理. pp.48-49，金剛出版.

シェパード，C.R.（馬場明男・早川浩一・鷹取昭訳（1972）スモールグループ. 川島書店）

清水賢二（2013）いじめの深層を科学する. ミネルヴァ書房.

Simmons, R.（2002）Odd Girl Out：The hidden culture of aggression in girls. Houghton Mifflin Harcourt.（鈴木淑美訳（2003）女の子どうして，ややこしい！. pp.23-26, 草思社）

スミス，ピーター・K（森田洋司・山下一夫総監修／葛西真記子・金綱知征監訳（2016）学校におけるいじめ—国際的に見たその特徴と取組への戦略. 学事出版）

Smith, P.K., Cowie, H., Olafsson, R.F. & Liefooghe, A.（2002）Definitions of Bullying：A comparison of terms used, and age gender differences, in a fourteen-country international comparison. Child Development Vol. 73.

和久田学（2019）いじめの科学. 日本評論社.

Wang, J., Ianotti, R.J. & Nansel, T.R.（2009）Shoolbullying among US adolescents:physical, verbal, relational, and cyber. Journal of Adolescents Health 45.

3節　学生相談における「他者性」に働きかけることの意味と可能性

1.「誰でもいい誰か」のいる学生相談室

　日本国内のほとんどの大学には学生が無料で何度でも利用できるよろず相談所としての「学生相談室」が備わっている。大学によって「カウンセリングセンター」だったり「保健管理センター」だったり，その名称はさまざまであるが，臨床心理士により本格的なカウンセリングが受けられる場所であることは共通する。

　筆者はこれまでに複数の大学や専門学校の学生相談に従事しさまざまな立場のカウンセラー達と議論する機会を持ってきたが，多くのベテランカウンセラーの間で時々話題に出される共通認識に以下のようなものがある。

　　学生相談室の扉をあけたそのときに，その学生の悩みの半分は解決している。

　これをどう捉え，考えるかはさまざまに意見の分かれるところであろうが，上記は学生相談における「他者性」を考察するにあたり出発点となる重要なシーンだと考える。

　学生が何かに悩んで行き詰まった時に，一人で答えを出そうとせず，また身近な相談しやすい人に頼るのでもなく，あえて一対一でカウンセラー（臨床心理士）という他人と向き合う方法を選び自分から足を運んで話しにくい話を持ち掛けるということ，すなわち学生相談室の扉を開けるということは，彼らにとって未知の「誰でもない誰か」と急速に出会うことであり，それはすでに知っている誰かと会うことよりも断然難しいことである。彼らがその時に動員した勇気と判断と行動力は，その後のその学生の考え方や行動をプラスに方向づける原動力になるにちがいないし，何よりも「誰かと話す」ことに活路を見出そうとしたことはその後のプラスの展開を導くにちがいない。そういった意味で「その学生の悩みの半分は解決している」と筆者をはじめとした現場のカウンセラー達は実感するのである。

　だからこそ，迷いの中で心が弱りながらも「誰かがいる場所」として学生相談室の重い扉をあけたその扉の向こう側にいる学生の存在の重みを，われわれ

カウンセラーは「誰でもない誰か」の代表として，いかに重く捉え，受け止めていけるかが問われるのではないかということを学生相談における「他者性」の一側面として初めに提起しておきたい。

　学生相談室に寄せられる相談の内容は多岐にわたるため，相談の内容によっては，学生は「自分」や「心」をとくに表に出さず殻に入れたまま「誰でもない誰か＝誰でもいい誰か」との相談を何かしらの情報や回答を得ることで終えることができる。カウンセラーも「事柄」だけを扱う対応で「自分」を出さずに相談業務を終えることができる。そういった意味では「他者性」が問われない学生相談は多いと言える。しかし，年間100人の学生に出会ったとしたらおそらくその何パーセントかは，その学生が「他者」をどう理解していくか，またはカウンセラーが自らの「他者性」をどうその学生に示していくかが重要になってくるケースであり，それらは往々にして学生が失いかけた自信や自分の存在意義や生きる意味などを取り戻すための真剣で濃密な，場合によっては命がけの対話になる。その濃密さは学生だけでなくカウンセラーにとっても同様である。そこで本稿では，学生相談室での学生とカウンセラーとの出会いや相談や濃密な対話の中で「他者性」と呼べるものが果たすことのできる役割や可能性や意味について考察していきたい。

2. 誰かに相談するという解決方法について

　ここで，唐突だが本稿を読んでくださっているあなたに以下の質問を投げかけてみたい。

　　　あなたは学生時代に
　　　①自分自身や人間関係のことで，思い悩んだことはありますか。
　　　②自分自身や人間関係のことで，誰かに相談したいと思ったことはありますか。
　　　③自分自身や人間関係のことで，誰かに相談したことはありますか。
　　　④自分自身や人間関係のことで，学生相談室を利用したことはありますか。
　　　⑤当時の自分自身や人間関係の悩みは，どうやって乗り越えてきましたか？

質問を投げかけた意図は一つには，本稿をご自身が大学生の視点に一旦立ち戻って読んでいただきたかったことにある。もう一つには，学生相談室を利用するという方法が一般的な大学生の悩み解決方法としてはごく少数派であることを示しておきたかったからである。

　日本学生相談学会の2018年度全国調査報告（鈴木・他，2019；p.255）によると学生数5,000人以上のすべての大学に学生相談機関（本稿では「学生相談室」と総称する）が設置されている（小規模大学や高等専門学校などはクラス担任制が相談機関の役割を果たしている場合が多いとされている）。

　在籍するすべての学生に積極的な利用を促している学生相談室であるが，利用率の全国平均は約5％であり，大学の規模が大きくなる毎に利用率も下がる傾向を示す。学生相談室を利用しない95％の学生は「そんな部署があることを知らなかった，もしくは忘れていた」「自分とは関係のない場所」「必要のない場所」「行きたいけどなんだか怖い場所」「心病んでいる人が行く所だから行きたくない場所」等の理由で一度も利用しないまま卒業を迎える。学生相談室を利用しなくても相談する相手がいた場合はとくに心配はいらないのであるが，「何事も人に相談せず自分で決める」学生や「相談したかったが行けなかった」学生の中には，一人よがりに退学を決めてしまったり，孤立の中で人間不信を強めたまま卒業したり，カルト宗教に入信したまま戻ってこなかったり，自ら命を絶ってしまったりする場合がある。「相談室の扉をあけただけで悩みの半分は解決したようなもの」の反対の事例ということである（残念ながら学生相談室を利用しない95％の学生が誰とどのように相談しているかを論じる紙数はない）。

　一方，もし仮に大学の在籍学生の半数，50％が日常的に学生相談室を利用することになったとしたら，部屋数的にもカウンセラー体制的にもまったく対応不可能（現場はパニック）になりほんとうに必要な学生への対応が困難になり現実的ではないのであるが，「誰でもいいから」話を聞いてもらいたいが学生相談室の扉を開けられないでいる学生には「あなたの来室を待っている人はここにいますよ」ということを，学生相談室カウンセラーはできれば自分の名前や顔を露出させて，存在を示していくことで相談行動への敷居を低めていく必要はあるだろう。実際そのようにしている大学も多いが一般的ではない。理由は各大学によってさまざまあろうが，一つには「誰でもない誰か」がいる，としたほうが学生にとって敷居が低いということがある。相談に行く自分自身も

相手にとって「誰でもない誰か」であるほうが，未知の他人とは向き合いやすく，最終的に人と向き合わないで済む電話相談やインターネット相談が用意されるのもこの理由からであろう。

　さて，学生相談室は約5％の学生にとっては一度来てしまえば行きやすい場所となり，卒業まで必要に応じ何度も利用する場所になり「大切な居場所，唯一の居場所」になったりするのだが，実は利用学生の多くは元々人見知りだったり友人作りが苦手だったり，どちらかというと人間関係を得意としないタイプの学生たちである。繰り返しになるが，そんな学生が自分自身の問題に向き合うために，専門家とはいえ見知らぬ他者との相談・対話という方法を選び自分の大事な話を打ち明けようとする行動の希少価値とその意義はほんとうに大きいということを強調しておきたい。

　ちなみにさきほどの質問項目に対し筆者自身の回答は，①は「はい」であるが②〜④まですべて「いいえ」であり，⑤に至っては当時の悩みが何だったか未だに自覚できない。当時のはやり言葉で言えば「頭がピーマン（何も考えていない）」大学生であったことを告白する。

　筆者は「悩まない大学生」であった。思春期の人並みに自分が嫌になったり，実家が破産して家がなくなり家族バラバラになったりしてキツイ思いをしたりしたことはあったが「どうせ自分はその程度の人生」とか「はじめからなかったと思えば大丈夫」などと自虐的に自己完結するばかりで，自分の気持ちに素直になることもなければ家族や友人と率直に話をすることからも逃げていた（そんな自分のありようはずっと後になって気づいた）。大学生のときの自分は，自分にも人にも無関心で無頓着で，おそらく「大切な人」と自覚できる人はいなかった。そのことで別に誰かに迷惑をかけていたわけではなかったが，当時筆者に距離を感じて寂しい思いをした人がいたこともあとになって気づき忸怩たる思いがしたのも確かである。

　そんな筆者だからこそ，今では学生の相談を受ける仕事を生業にしているからこそ，大学生のときの自分が「悩みを誰かに相談する」という発想も勇気も持ち合わせていなかったことを，悪しき自然的態度（フッサール，1965）として肝に銘じる必要があると考えている。なぜならば，それは学生が「誰かに相談したい」と切に願い相談室に足を向けた思いの強さや，勇気や，恥ずかしさや，人生にとってどれだけ重要な局面に向き合っているかの重さをカウンセラーの

役割を持ちながらも無意識に軽んじてしまう危険性をはらんでいるということだからである。

しかし同時に，そんな自分だからこそ筆者は「自分の悩みを相談するために初めての場所を訪れ初めての相手に自分の大事な話をする」ことのできる学生たちに驚嘆し，心から尊敬し，その求めに全力で向き合える「相手」になり，役に立つ「相手」になりたいと願う。そのための方法論的基盤を本稿で明確にしたいのであるが，目指す方向を一言で表すと，それは相談担当者として学生にとっての「他者」でありつづけることだと考えている。

冒頭にも書いたがカウンセラーの「他者性」を前面に打ち出した対決を必要とするような"重い"ケースはそれほど多くはない。しかし，たとえば学生が自分と他者の気持ちや考え方の区別ができないことにより人間関係や自分自身に悩み，答えが見いだせないでいると思われるケースには毎日のように出会う。そんなとき学生相談のカウンセラーは，学生の前にあらたに出会えた「他者代表」としてその都度現前する役割があると思うのである。

3.「人は自分ではなく他者なのである」がわかると消える悩みがある

本稿で述べていきたい「他者性」には，カウンセラーがいかに学生にとっての「他者代表」として出会えるか，というカウンセラーの他者性が問われることとはちがうもう一つの側面がある。さきほど少しふれたように，「他者は自分と同じように感じているわけではないし同じように考えるわけではない」「他者は他者であって自分と同じではない。自分は自分であって他者と同じではない」という当たり前といえば当たり前のことに気づくことが，多くの悩みを解決するヒントになり学生達はさまざまな辛さから自由になりうる，という側面である。

「他者性」は哲学や社会学など各領域でさまざまな概念や定義があるが，本稿では「他者性」を語義として定義することを目的としない。また，ここでは特に学生相談室の現場で学生に対話を通したかかわりの中で実践化できる「他者性」に着目する。学生が「他者は他者であること」に気づき同時に「他者でない自分」に気づくことに貢献するための方法を考察していきたいからである。「他者性」の視点から筆者が出会ってきた学生の人間関係の悩みの代表的なありようを概観すると，他者に気づけないことは自分に気づけないことと表裏一体であることが見えてくる。たとえば以下のような学生の訴えにそれが表れていると言えないだろうか。

・自分がいない　・自分がわからない
・人が自分をどう見ているかが気になる
・誰も自分を見てくれない
・人から見られるのが嫌，怖い　・人に対してすごく鈍感かすごく敏感
・傷つきたくないから人と接したくない
・一人では不安だから常にだれかと一緒にいたい
・人よりも安定した世界（二次元等）の中で生きていたい

　これらを一括りにすることはできないが，各ケースにはいわば「他者性の疎外」と呼べる共通の要素が流れていると思われる。以下では，学生の他者性の疎外状態にカウンセラーが何らかの仕方で働きかけ，その人にとっての他者と自分のどちらかを回復させることで他者と自分の両方を瞬間的にでも見出すことのできた事例と，何もできなかった事例を通して他者性に働きかけることの意味と可能性について述べたい。なお，ここに記述する事例は筆者の経験と臨床感覚を通して典型的に「いそうな学生」をリアルに記述しているがあくまで架空のものである。

　A子は，入学早々学生相談室を自分の意志で利用し始めた。親，とくに母親に気に入られるような自分でいること，すなわち親による賞賛でしか自分を認めることができない学生であった。彼女にとっての課題は，そういった自分を見直したり変えたりすることではなく，「親の望む大学に入学できなかった自分は生きている価値がない」「自分の感情や考え方はすべて間違っている」という考え方の再確認あるいは強化して，「親の望む自分になるにはどうしたらいいのか」という切実な願望を満たすことであった。
　カウンセラーとして筆者が3年間にわたり何十回も精魂込めて会い，さまざまなかかわりでA子がA子自身を肯定的に受け入れられるように力を尽くしてもそれは彼女の望みではなくむしろ「母親に愛されたいから母親の望む自分にならなければいけない。自分はだめな子である」というスタンスを譲らないA子であった。しかし，4年生になったばかりのある日のカウンセリングの中で突然大きな気づきを得るに至った。その内容は以下のようなやりとりである。

　A子「昨日，あんたなんか生まなきゃよかったって，母親からペットボトル

の水を頭から2リットル注がれ続けたんですよ。家の中で。部屋も自分も
びちょびちょでした（笑）。いつものようにじっとうずくまって耐えてい
たんですけど，私が母から欲しかった愛ってこういうものじゃないんじゃ
ないかってふと思ってしまったんです。でも，そんなことを思ってしまう
自分はいけない子だと思ってつらくなってしまうんです。どう思います
か？」

筆者（平然と話すA子にショックを受け，A子の母親に怒りをおぼえながら）
「大変だったね。大丈夫？」

A子「大変なんですかね？　全然大丈夫ですけど（笑）なんかちがうなとい
う感じがした」

筆者「（A子はまだ"実感"している様子はなかったが）よく気づいたね」

A子「なんか気づいた感じはします。いつも母親の思い通りの自分じゃない
とひどいこと言われて，泣いたりすると〈だからダメなんだ〉って，母親
は〈こんなに愛しているのになんでわからないの〉と言いながら水をかけ
るから，今までは母のやっていることは愛で，自分がだめなんだって思っ
ていた」

筆者「今は，自分はだめじゃないって思えますか？」

A子「ここ（カウンセリング）では思える。お母さんに愛を求めると必ずち
がった反応が返ってきて，自分が考える愛とお母さんの考える愛は違うん
だなって思うと自分がダメなんじゃないって思える。だけど，お母さんの
求めるような子に自分はなれないから，お母さんが自分をダメな子だとい
うから，お母さんの前では自分はだめな子だと思ってしまうと思う。やっ
ぱりお母さんからは愛されたい。お母さんの求める子になるしかない」

筆者「うーん，そうか，でもやっと，〈自分はこう思う〉って言えたね。今
までは〈母親がこう言った〉ばかりだったけど，〈母親はこう言う。自分
はこう思う〉って言うことができたね。自分が求める愛情を親が与えてく
れるとは限らないと知ることは，とても辛いことだけど，愛する能力には
ひとそれぞれ限界があって，お母さんはそれで精いっぱいかもしれない。
愛されたいと思うことは間違いではないと思う」

　A子は，筆者の言葉をかみしめるように聞いていたが，受け止めるには時間
がかかった。A子はこのやりとりの後1年近くのカウンセリングを経て，自

分の気持ちや考えを母親に認めてもらいたいが限界があること，自分を認めてもらう相手は別に作って，そこから自分を見直すことの可能性に気づき「母親ありきの自分」から脱却していった。母親が望まない姿に育っていった自分を残念に思う母親と，自分のことを残念に思う母親を残念に思う自分を区別して考えられるようになった。筆者に対しては，

> A子「毎週カウンセリングに来たら迷惑ですよね」
> 筆者「迷惑じゃないですよ」
> A子「〈あんたの存在は迷惑だ。ほかの人も皆そう思ってるよ〉と母親からいつも言われていたから，先生も自分のことを迷惑だと思うと思ってました」
> 筆者「お母さんと私はちがう人間なので，一緒にしないでほしいな（笑）」
> A子「お母さんに求めてる愛情を先生（筆者）から与えてもらえるかもしれないと思っちゃう」
> 筆者「それを口にできたのはすごい成長だと思う。でも私はA子がお母さんに求めている愛情をお母さんのかわりに与えることはできない。だってお母さんじゃないから。それに，自分が求める愛は相手から必ずもらえるとは限らないよね。すべての恋愛が両思いでないのと似てる。でも私は，A子がお母さんに求めてる愛情はどんなものなのかとか，A子が自分を理解して受け止められるような話し合いはこれからも一生懸命やりますよ」

というようなやりとりや，「迷惑ですか？　迷惑じゃないですよ」の応答は何度も繰り返された。卒業時までA子は，母親から愛を得ることをあきらめることはできなかったが，母親が自分の求める愛をくれる人ではないことは理解できたのは前述の通りである。それは，自分が母親から愛されないのは自分が悪いからではないということ，筆者が母親と同じように自分のことを考えないこと，自分と同じようにも自分のことを考えないこと，筆者が母とも自分とも誰ともちがう「他者」であることを頭ではなく深いレベルで気づくことができ，他の人との関係を「相手はこう思うだろう」と決めつけずに気づけるようになる最初の体験的理解であったと思われる。A子は，少しずつではあるが，自分が母親から愛されたいという思いはかならず満たされる保証のあるものではないことを受け入れることができ「100かゼロか」の思考パターンも「50で上等」と柔軟性をもてるようになり笑顔が増えていったところで卒業をむかえた。

カウンセリング開始の頃は「母が持って行けというから」と言って，盆暮れにお菓子を持ってきていたＡ子だったが，筆者はそれの受領は断っていた。卒業式の日に，「今日を迎えられたのは先生のおかげです。ありがとうございました。いつだったか，〈生きなさい〉と本気で怒られなければ，どうなっていたかわかりません」と言って小さい花束を持ってきた。筆者は嬉しく受け取った。

　Ａ子が卒業式に持ってきた花束を美談にしたいのではない。クライエントからの物品の受領を心理臨床の倫理として例外なく否定する考え方もあるが，筆者はこの紙面を通じて，そういった学生たちの行為に肯定的な意味を与えておきたいのだ。学生相談カウンセラー仲間の間では，こんな会話もよくなされている。

　　カウンセラーの体調や苦労が目に留まって，「大丈夫ですか」と声をかけることができた学生は，もう大丈夫なところにきている。

　「他者」の存在に気づき，内向的になっていた関心を他者に向けることができれば，あとはそれを実践していくだけ，ということである。方法論的に言えば，自己執着や自己否定から脱するためには他者に目を向けさせることが特効薬になる，ということでもある。特に，自分のことをずっと心配してくれた人の存在に気づき，その人のことを今度は自分が心配する。お互いに関心を向け合う中で「ありがたい」と感じたり自分自身を実感したりすることは，その人が心理的レベルを超えて存在論的レベルで癒され，一歩歩み出た証である。人は皆自分のためだけには生きてはいないが，自分のことを一瞬でも見てくれる人がいたんだという体験は，自分が人のことを見る力になり，それが循環し生きる力になっていくのである。だから，学生がカウンセラーの存在や関わりに対し感謝を示すときは，「他者に目が向いたこと，他者の存在に目が留まったこと」を価値づけ強化することが学生の成長のためにも重要であろう。また同様に，カウンセラーへの感謝を受け止めることはクライエントの存在を受け止めることでもあるという意識をもつことは，カウンセラーの役割・専門性としても重要なことであると主張したい。これらは皆，「他者性の疎外」状態にいる学生が関係性に一歩踏み出すための方法論である。

　上記も含めＡ子に関していささか主観的な考察をさらに加えると，Ａ子の

贈り物を筆者が受け取ったことの意味として，母親から「ダメな子」「愛してもらえない子」というメッセージを受け続けたことによって「自分など，自分の贈り物など受け取る価値がない，受け取ってもらえるわけがない」と思い込んで人に感謝の贈り物を渡す行為などしてこなかったＡ子が「受け取ってもらえた」と感じられる体験になったことは，相手を信じて自分の存在を相手に示しても「ダメじゃなかった」体験として，その後のＡ子の人生において糧になる重要な場面だったと言えるであろう。

　Ａ子の卒業式の贈り物のエピソードから連想されるのはＢ介のことである。
　Ｂ介は，アイドル歌手のように美しい容貌，勉強もスポーツもでき性格もよく男女どちらからも好かれ人気があったが，謙遜ではなくＢ介は自分の容姿や人気や人望を実感しないどころか完全否定し，こんな醜い自分には存在する価値がない，生きる資格がない，自分の存在は人々にとって迷惑だから早く消えなければいけない，等と毎回のカウンセリングで真剣に語り卒業後の具体的な自殺計画を冷静に語るなどして筆者を狼狽させることしばしばであった。Ｂ介が自分自身について感じていることに嘘はなくＢ介の中では真実なのであるが，筆者の目に見えるＢ介の事実は容貌も人といるときの言動も含めてまったくＢ介の語る自己評価とかけはなれていて，Ｂ介の社交性からはまったく結びつかないくらい一人よがりに思えた。
　「そうか，Ｂ介は一人よがりなんだ，だから人の言葉が入っていかないんだ，いや，Ｂ介の場合は一人わるがりだ」とＢ介のありように妙に合点のいく解釈を見つけた筆者はＢ介の「人気者だけど一人わるがり」な存在の仕方にどうにかＢ介が気づき，人が自分に向けている好意を少しでも受け止めてくれないと，Ｂ介はほんとうに命を絶ってしまうかもしれない，おせっかいだがどうにかしたい，卒業までにどうにかならないものかと途方に暮れていたところ，Ｂ介のクラスメイトＣ太郎が学生相談室に来てくれた。

Ｃ太郎「Ｂ介が，卒業後は連絡を取り合わないようにしようと言うんです。何かおかしいです。助けてください」
筆者（よく来てくれた！と内心感謝しながら）「あなたとＢ介が話し合うところに立ち会います」

翌日

C太郎「卒業後連絡取り合わないって，俺のことが嫌いになったの？　何か嫌なことしたのなら謝る。訳を聞かせてくれないか？　俺は卒業後もおまえと友達でいたいんだけど」

B介「こんな自分にクラスメイトとして声をかけてくれて，今も優しく手を貸してくれてほんとうに感謝している。何も嫌な思いはしていない。でも，正直，卒業後も友人でいる理由がわからない」

C太郎「俺はお前を尊敬しているし，これからも付き合って，高めあっていきたい。お前はちがうのか」

B介「俺のほうがお前を尊敬している。でもこれから付き合うのは俺じゃないほうがいい。お前にはもっとふさわしい人がいる」

C太郎「なんなんだよ，俺の気持ちが伝わっていない気がする。わかってるか」

B介「わかっている」

C太郎「わかってない」

B介「わかってないか，申し訳ない」

C太郎「そういうことじゃない。先生，なんか言ってください」

筆者「B介は，C太郎に感謝しているんだよね？　だったら，感謝している人が一生懸命伝えようとしている気持ちを受け止めなきゃいけない。今，横から見ていて，受け止めているようには見えない。わかっているつもりでもわかっていない。C太郎の気持ちをほんとうにわかるために，もういちど，わかっていない自分に謙虚になって，わかるようちゃんとC太郎の話をていねいに聞いてみるといいと思う」

B介「やってみます。感謝しているのは俺のほうなんで」

C太郎「それがもうじれったい。俺なんだよ感謝してるのは。大学で友達がいなくて孤立して死にたくなっていた時に，声をかけてくれて，救ってくれて，人生楽しいかもしれないって希望を持たせてくれたんだよ，お前は。それなのになんで消えようとするんだよ。嘘だったのかよ。俺と遊んでたのは暇つぶしだったのかよ。だったらそれならそれでいいんだよ。そうじゃないのにお前が俺たちの前から消えようとしてるのが意味わかんねんだよ」

Ｂ介「そうなんだ，俺が声をかけたのがお前を救ったのならそれは嬉しい。でも，声をかけて救われたのは俺なんだよ。逆だよ。ありがとう」

Ｃ太郎「それで終わりかよ。ありがとうって言って，そのまま去るって，裏切りじゃないのか？　意味がわかんねんだよ」

Ｂ介「俺にはお前の友人を続ける価値がない」

Ｃ太郎「なんだよそれ」

Ｂ介「俺には，お前の友人でい続けるだけの価値がないということ。言わせるなよ」

Ｃ太郎「勝手に決めるな。俺の友人でいる価値のある人間の価値を決めるのは俺だ」

Ｂ介「え？」

Ｃ太郎「俺が，お前を友人として考えているのに，それを認めないってことは，お前は自分を認めていないんじゃなくて，俺を認めていないんだ」

Ｂ介「それはちがう」

Ｃ太郎「じゃあ俺を認めろ。お前を友人として認める俺を認めろ」

筆者「Ｂ介，ちゃんとＣ太郎の目を見て，気持ちを受け止めようね」

Ｂ介「はい」

（長い沈黙と少しのやりとり。Ｂ介がＣ太郎の目力をしっかりと受け止めるとＢ介の表情が緩む。Ｂ介の表情の変化をＣ太郎は見逃さなかった。）

Ｃ太郎「わかってくれたか」

Ｂ介「今，はじめてわかった。おまえがわかった。俺のことも。俺の価値は俺の中にはないことがわかった。俺は俺の中に俺の価値を探していたんだけどな，俺がいないんだから価値なんてあるわけないよな。いま，お前の中に，お前の友人として認められている俺を見つけた。やっとわかった。ごめん。いままでまったくわからなかった。見えなかった。何言ってるか自分でもよくわからん」

Ｃ太郎「いや。わかるさ。全部，わかってほしかったことだよ。通じてよかった。てことは，俺のこともお前の友人として認めてくれたってことだよな」

Ｂ介「俺でいいのか」

Ｃ太郎「ああじれったい。腹立つ。でも，これでお前の考えかたがよくわかった。これからは容赦なく言わせてもらう。先生，ありがとうございました」

筆者「男女の告白タイムに立ち会っていたみたいだったけど，私としても本

当によかった。Ｃ太郎が来てくれなかったら，Ｂ介は卒業後どうなっていたかわからない。ありがとう。Ｃ太郎が頑張ってくれて，Ｂ介がＣ太郎の中にいる自分に気づいてくれてよかった。ずっとカウンセリングしててもできなかったことが二人のかかわりの中でできたのはちょっと悔しい気持ちもあるけど（笑）」

　実は筆者は，人にも自分にも関心がなく人の好意に鈍感であった自分の大学生時代を思い出しながら「Ｂ介，気づいてくれ，Ｃ太郎，あきらめないでくれ」と念じながらこの二人のやりとりに脇から参加していた。

　ここで描写したＢ介とＣ太郎のやりとりは「他者の中にこそ自分がいる」ことに気づくプロセスそのものである。相手の存在に関心を持ってかかわり，相手の存在を感じることによって自分の殻をやぶってこそ，自分と必ずしも同じことを考えているわけではない「他者」としての相手に近づくことができる。関係性の中に存在するお互いを通してしか存在論的な実存の覚醒は得られない。このケースではＣ太郎から発せられたかかわりがなかったらＢ介もＣ太郎も，お互いの関係性における価値に気づきあうことなく関係が切れてしまっていたであろう。筆者はその仲介をしたに過ぎないが，Ｂ介を気づかせるものは「他者性」であるという筆者の中にある確信が，二人のやりとりのサポートになる役割で果たせていたことは特筆してもよいと思う。カウンセラーは時にカウンセラーではなく「他者性」を照らす照明係の役割を担うほうが，学生同士が他者性を感じあうことに貢献できるのである。

　さて最後に，卒業前に他者性を感じあえたＢ介とＣ太郎から連想して，忘れられない一人の学生Ｄ彦のことを思い出してみたい。あらためて言うが，この事例は架空のものである。

　Ｄ彦はおそらく，とてつもない「生きづらさ」を感じている学生だったにちがいない。「友達になりたい」という感情の表現方法もよくわからなかったかもしれない。有名進学高校を経て大学生になり，勉強だけはできたが「こんな低ランクの大学にいる人間はクズだ」と自分にも人にも平然と言ってのけて周囲に溶け込めずにいた。そんな調子で授業中にクラスメイトとトラブルを起こし教授に呼び出され注意を受け，悪意はないだろうと情状酌量されるかわりにカウンセリングをすすめられたが，何も言わずその日のうちに自ら命を絶った。

1週間後大学を訪れたお父様は，「正直，ほっとしている」と話されていた。自分たちの育て方が悪かったのかもしれないが，うちの息子は一生人とよい関係を築けないし，親としてもどうしていいかわからなかった。本人も決して楽しい人生じゃなかったと思うし，ひと様の命を奪うようなことがなく自分だけで逝ってくれたから，もうこれ以上ひと様に迷惑をかけることがない。よかったと思う，と本音を話された。ほんとうにほっとされているようだった。自死を選んだ学生の保護者のポストベンション・カウンセリングとしては，その気持ちに傾聴するだけでよかったのかもしれないが，筆者としてはどこか複雑な思いだった。死してなお，親にすら死を安堵されてしまうD彦の人生の悲しさに出くわして，何とも言えない思いだったのだ。D彦は，20年に満たない人生の中でいったいどれだけの人と本当の意味で出会えたのだろうかと考えてみた。もしかしたら明日にでもカウンセリングのクライエント－カウンセラー関係として出会えたかもしれないが結局は出会えることのなかったこの学生と，もし出会えたとしたら何ができただろうか。何ができたかわからない。しかし，実際面と向かうことはなかったD彦との出会いを通して私が学んだことは，人間関係に不器用でいたずらに敵を作ったり，関係を築いていけなかったりする人たちの多くは，人間関係を築かないことを望んで生きているわけではなく，どうしても人間関係の築けない人生が苦しすぎるから死を選んでしまったり人を傷つけてしまったりするのだろうということに，カウンセリングに従事する者は最後まで「わかろう」とする姿勢をなくしてはいけないという当たり前のことである。カウンセラーという職業を選んでいる筆者たちは，役割上，人との出会いや対話にまったく興味を示さない人と出会ったり，いきなり敵意を向けられる関係性を突き付けられたりすることがよくある。こういったケースには，感情に流されず淡々とカウンセリングの仕事をこなせばよいとも言えるのだが，私はD彦との出会いを通じて，難しいケースに出会った時こそ「私はこの人の最初の他者になろうとしよう」と思うことを心掛けている。「最初の他者になりたい」と自然に思うことは正直難しい場合がある。だからこそ「なろうとしよう」と自分を奮い立たせる必要があると思うのだ。

　誰でもない他者との対話を通じて，学生に「他者」があらわれ，学生も「他者」となっていく。学生相談が「対話」によってめざしているのはこういったことではないかと思う。

大学生たちは，幼少期の家族だけのつながりから幾人かの他者との出会いを重ね，喜びと恐れ，承認と非承認を感じ取り入れながら自分自身を形成して成人のスタートラインに否が応でも立たされていると言える。その多くが「他者」との関係性づくりに躓き，関係性を通した自分自身の形成に躓き，ある者は自分と他者との間に壁をつくり，ある者は周囲とかかわりながら適応し，ある者は対話によるつながりや承認を求め学生相談室に訪れる。

　大学生に限ったことではないのであるが，やはり子どもから大人への成長を自他ともに期待される大学生にとって「他者」と向き合い相談や対話によって自分の問題を乗り越えていこうとする行為に対しては，相談を受ける側も組織の一機能としてではなく一人の人間として学生に向き合う必要があると考える。当たり前のことではあるが，実は忘れられている態度ではないだろうか。臨床心理士やカウンセラーらは，職業的倫理によってよくもわるくも縛られ，その役割を脱ぐことはないからである。

　一方，長年にわたり日本学生相談学会の理事長をつとめた斎藤憲司（2002）は著書『ひとと会うことの専門性』の中で「クライエントとの信頼（広い意味では人間存在への信頼）と冷静なアセスメントとのはざまで，どこまで関わるかの判断をしていく」「クライエントとカウンセラーの二者関係に両者が埋没してしまっては，すなわち必要以上に関係性が面接のメインテーマになってしまっては，プロセスが進展しにくくなってしまう」と述べているように，クライエントの学生にとっての「他者」であることが，学生ではなくカウンセラーのための目的になってしまうことについては倫理以上に厳しい自己批判の目を持ち続けなければならない。

4. 出会いと別れの場面では「他者性」が現前しやすい

　最後に，夏目漱石の随筆『硝子戸の中』（1955）より，漱石自身が読者の女性に対してとった言動を紹介し，本稿を閉じることとしたい。ご存知の通り，夏目漱石は「自死」に関し親和的ともいえる考えをもった文豪である。その漱石に「前後45回」も会いに来た女性に関する記述である。

　　女の告白は聴いている私を息苦しくした位に悲痛を極めたものであった。彼女は私に向かってこんな質問を掛けた。

　　「もし先生が小説をお書きになる場合には，その女の始末をどうなさい

ますか」

　私は返答に窮した。

　「女の死ぬ方がいいと御思いになりますか，それとも生きているように御書きになりますか」

　（中略）

　私は女が今広い世間の中にたった一人立って，一寸も身動きのできない位置にいる事を知っていた。そうしてそれが私の力でどうする訳にもいかない程に，せっぱ詰まった境遇であることも知っていた。私は手の付けようのない人の苦痛を傍観する位置に立たせられて凝っとしていた。

　（中略）

　「もう十一時だから御帰りなさい」と私は仕舞に女に云った。

　（中略）

　曲がり角のところで女は会釈して「先生に送っていただいては勿体のう御座います」と云った。

　「勿体ないわけがありません。同じ人間です」と私は答えた。

　次の曲がり角に来たとき女は「先生に送っていただくのは光栄で御座います」と又云った。私は「本当に光栄と思いますか」と真面目に尋ねた。女は簡単に「思います」とはっきり答えた。私は「そんなら死なずに生きていらっしゃい」と云った。私は女がこの言葉をどう解釈したか知らない。私はそれから一丁ばかり行って，又宅の方へ引き返したのである。

　むせっぽいような苦しい話を聞かされた私は，その夜却って人間らしい好い心持を久しぶりに経験した。

　（後略）

　『硝子戸の中』の漱石と女の出会いの描写から示唆されたと筆者が感じていることを，少し述べてみたい。

　人は己の生きるか死ぬかを往々にして人に問うことがある。自分がそのような問いに直面した際は「自分で考えろ」と突き放すのではなく，その究極の問いを自分に向けて発してくれたことの重みを漱石のように受け止め相手に返していくことを筆者は漱石から学んだ[注1]。

注1）『硝子戸の中』における夏目漱石の応答が臨床的であるという点については伊東博（1992）が東京国際大学大学院の授業の中で指摘していた。

漱石の受け止め方は、「返答に躊躇」し、「自分と会って光栄と思うんだった
ら生きていきなさい」というものであった。「誰でもいい誰か」ではなく「あ
なただから」会いに来たのだとクライエントの学生が感じたとしたならば、そ
れを学生があらためて強く自覚できるよう働きかけることが必要になることが
ある。また、「あなただから」来たと学生が感じていることをこちらも喜ばし
く思うことは、相手を喜ぶことでもある。自分の他者性の価値を認めてくれる
相手を認めることは相手の他者性を認めることだからである。漱石に学び、筆
者も自画自賛や自信過剰と言われようが思われようが「自分と出会ったことを
喜んで、誇りにして、生きてくれ。私もあなたとの出会いを嬉しく思う」と断
言できる一人の他者でありたいと思う。

　学生相談の関係性においてカウンセラーは学生と「誰でもいい＝誰でもない
他者」として出会うのであるが、このような関係性においては、出会いや別れ
の場面に、共有時間のすべてが凝縮されているといっても過言ではない。皮肉
なことに学生がカウンセラーに対して「こんな他者であってほしい」「こんな
受け入れられ方をされたい」といった強い思いを持っているときほど、あっけ
ないほど簡単にカウンセラーは失望され、切り捨てられることも覚悟しなけれ
ばならない。クライエントは、こちらをまったく見ていないような顔をしてい
るが全神経を使ってこちらを見ている。カウンセラーはクライエントから見ら
れる存在であること、クライエントが見たいように見られている自覚が必要で、
彼らのまなざしを感じずともそのまなざしを受け止めることが必要である。

　当たり前のことをまた述べるが、カウンセラーは切り捨てられることに傷つ
いてはいけない。この出会いは、この出会いによる「他者」としての自分の存
在は、自分のためのものではないからである。カウンセラーに失望して、二度
と来ないと決めたとき、チャンスを失ってしまったのは学生の方である。学生
の再来を願うのが自分のためなのか相手のためなのか、常に胸に手をあてて考
えるべきである。
　些細で面白くない工夫と努力の方法ではあるが、学生の他者との出会いの
チャンスを逃させないために、カウンセラーは自分が失望される理由を他者で
ある学生の中に見出していく必要がある。カウンセラーのほうからむやみに関
係を切ることはご法度であるが、共有できる時間は有限であることを伝えなけ

ればならない。他者とは別れなければいけない。死を受け入れることと同じである。出会いの瞬間に別れを意識してあげるのだ。別れや見捨てられが怖い彼らは，自分が傷つくことのないように先手を打って相手の価値下げをしたり関係を切ったりする。いつ終わるかわからない共有時間ではあるが，カウンセラーが彼らと共有する時間の中で自分たちの出会いや別れを題材にしながら，彼らが人間関係について学び課題に取り組んでいくことへの後押しができれば，その学生の人間関係の構築の問題に大きく役立つことができるだろう。

　そして，1回カウンセラーを見限った学生が突然再来した場合，ドアをあけた瞬間に「よく来たね」のねぎらいの気持ちが湧き上がりそれが相手にきちんと伝わるくらいの他者性を持ち合わせたい。そういった他者としての関係性の持ちかたが相手にとってどれだけかけがえのない体験になるかを知っておくべきである。「また会える」ことがいかに奇跡的なことなのか，有限な命の中でひとと関わって生きていく楽しさを知ってしまったら，深いレベルで実感することになろう。その実感は一抹の「寂しさ」をともなうものになるかもしれない。しかし他者も自分も実感できなかった学生が「寂しさ」を知ることができたとしたら，その学生相談は，そのカウンセラーとの出会いは，意味があったと言えるであろう。他者は自分ではない。他者と自分はつながってはいない。他者を知ることは孤独を知ることであり，「寂しさ」をともなうものである。だからこそ，人間関係は喜びの〈源泉〉（菅野，2018）なのである。

（水戸部賀津子）

引用文献

フッサール，E.（立松弘孝訳（1965）現象学の理念．みすず書房）
菅野仁（2018）愛の本―他者との〈つながり〉を持て余すあなたへ．p.28，ちくま文庫.
夏目漱石（1955）硝子戸の中．pp.17-22，新潮文庫.
斎藤憲司（2002）ひとと会うことの専門性．p.124，垣内出版.
鈴木健一・杉岡正典・堀田亮・織田万美子・山内星子・林潤一郎（2019）2018年度学生相談機関に関する調査報告．学生相談研究，39（3）; 215-258.

4節　スクールカウンセリングで出会う親子の葛藤
——「毒親問題」の苦しみからどう回復するか

1. カウンセリングの場で出会う「親子の葛藤」

1)「毒親問題」として語られる親子の葛藤

　筆者は，中学校，高校，大学においてカウンセラーの仕事をしている。子ども達の相談内容は千差万別である。クラスになじめないなど人間関係の悩み，不登校やリストカットなどの問題行動,不眠や意欲の低下などのメンタル不調，進路や就活の不安など進路の悩み……などさまざまだ。これらの相談を受ける中で，親との葛藤が語られることはしばしばあるし，本人が自覚していなくてもそれが透けて見えることもある。「親と子の間でおこる葛藤」は，子どもの成長の過程の中でどこの家庭でも経験されることかもしれない。しかし，学校現場で多くの親子に接していると，「虐待」が疑われるケースも珍しいことではなく，いわゆる「毒親」と呼ばざるを得ないような親の存在が子ども達から語られることも想像以上に多い。

　米国のスーザン・フォワードが著した "TOXIC PARENTS" が『毒になる親』として日本で出版されてから，「毒親」という言葉が世間で広まった。また，実際に自分がどんな毒親に育てられ，その問題をどう乗り越えていったかについての自伝的なエッセイや漫画が数多く発表され，驚くほど多くの共感が寄せられている。

　「毒親」とは過干渉や暴言・暴力などで子どもを思い通りに支配したり，自分を優先して子どもを構わないなどして，子どもに大きな害を及ぼす親のことを言う。人間としての欠陥がまったくない「完璧な親」などというものは存在しない。どんな親でも子どもにとって理不尽な言動はあるものである。しかしフォワードによると「親子の間に基本的な愛情と信頼関係が十分にあれば，たまに親が怒りを爆発させることがあっても子供は大丈夫なものなのである。ところが世の中には，子供に対するネガティブな行動パターンが執拗に継続し，それが子供の人生を支配するようになってしまう親がたくさんいる」(フォワード，2001；pp.9-10)[注1] という。

注1) フォワード (2001) は，繰り返し継続し続けなくてもほんの1回の出来事であっても，子どもの心に計り知れないネガティブな影響を与えてしまうことがあるとし，「それは肉体的な暴力と性的な行為である」と述べている。

「毒親」という言葉は，医学的・心理学的専門用語ではなく，何をもって「毒親」と定義するのかということに関してもさまざまな見解がある。また，その問題をどう乗り越えていくのかということについても，ここでそれを決定的に論じきれるほど単純な問題ではない。ここでは，スクールカウンセリングの現場でも頻繁に登場する親子の葛藤について，主に「毒になる親」としてテーマ化されている問題を論じながら，「養育する－養育される」親子関係の中であれば多かれ少なかれ経験する葛藤について問い直してみたい。

2) 子どもにとっての「毒親」

　悩みを抱える子ども達から話を聞いていると，家庭が子どもにとって「安らぎの場」になっていない場合がある。たとえば次のような事例である。

　高校生のS美は，友達からバカにされたりクラスで省かれたりすることが多く，自分にまったく自信がもてないでいる女子だった。保健室で養護教諭がS美の腕にリストカットの傷を見つけて，カウンセラーへの相談を勧めてくれた。カウンセラーから「今，一番あなた自身が困っていることは何？」と質問すると，「人間不信なんです。誰も信じられないから，自分の本当の気持ちをいつも言えないでヘラヘラしてしまう。そんな自分のことが大嫌いです」と答えた。常に「こんなこと言ったら嫌われるのではないか」「人に迷惑になるのではないか」という考えでいっぱいであり，疲れがとれず，自分の部屋に帰るとカッターで自分の腕をひっかいてしまうという。痛みを覚えると少しすっきりするが，こんなやり方しか取れない自分をまた責めて自己嫌悪に陥る。S美は小学校低学年の頃から，テストで高得点を取ってこられないと母にひどく叱責されてきた。母は定規や布団たたきなどを使ってS美を叩きながらヒステリックに「こんな点数なら死んだ方がましだ」等ひどい言葉を投げかけるという。父は，あまり家にはおらず，時たま母の理不尽なS美への攻撃を見かけても見ぬふりをしてまったく関与してこない。実は，小学生の頃，近隣からの通報で児童相談所から家庭訪問されたこともあった。それ位叱責が激しかったのだ。児童相談所から注意喚起されても，母は大きな声や音を出さないようになっただけで，他の仕打ちは変わらなかった。学業成績で母の期待値に達することができなかったので，他のことでも褒められたり認めてもらえることはほとんどなく，ちょっとしたことで全否定する言葉を言われ続けていた（事例は複数のケースを組み合わせるなどして個人が特定できない形に加工してある）。

S美の事例のように，子ども達から理不尽な親の養育態度が語られることが
しばしばある。自分の意見だけが常に正しいと主張し他の家族を自分の思い通
りに操ろうとする親や，暴力的な親からまったく守ってくれないもう一方の親，
父（母）の悪口を子どもに言うばかりで本来自分がしなければならない父（母）
との交渉を子どもに担わせる親，いつも精神状態や体調が不良で子どもの世話
ができない親，などである。

　フォワードは，「毒親」に育てられた子どもたちの多くが，成長してからも
人間関係がこじれやすくて人を信じることができなかったり，自分について考
えることが難しかったり，本当の自分は誰からも愛されないと思いつつ自分が
"ニセ物"であることを見抜かれはしないかという不安につきまとわれたりし
ているという。また，感情的に不安定になりやすく，リラックスして楽しい時
間を過ごすことが苦手になりやすい傾向があるとしている。実際，カウンセリ
ングで出会う「毒親育ち」の子どもたちは，極端に自分に自信がなく，進路選
択においても自分の希望がよくわからず，また自分の思いを相手に適切に伝え
ることができず，いつも人間関係がうまくいかないと悩んでいることが多い。

3)「毒親」の親としての思い

　親の立場から，親子の葛藤はどのように体験されているのだろうか。カウン
セリング現場で親からの相談を受ける中で，この親は子どもにとってはいわゆ
る「毒親」かもしれないというケースにも出会う。親は，子どもが自分の思い
描くあるべき姿から外れているので「心配で」相談にやって来る。いくら「子
どものことが心配」で相談に来ていても，親から自己申告される状況を聞いて
いくと子どもへの接し方に大きな偏りが感じられたり，当の子どもから聞く家
庭内でのやり取りがかなり常軌を逸していたりする。

　先の事例のS美の母は，S美の学習面や進路の相談で学級担任に頻繁に電話
をしてきており，担任からカウンセラーへの相談が提案されてカウンセリング
ルームに相談に訪れた。母親からは，S美は小さいころから体が弱く手のかか
る子だったことや，小学校の担任とS美との相性が悪く母が校長にかけあっ
て担任を変えさせたこと，中学ではいじめにあっていたがその時も母が学校に
訴えて改善させたことなどが語られた。そして，S美のために何としてでも名
の通った大学に進学させたいが学業成績が振るわないのでどうしたらいいの
か，またS美の携帯電話を盗み見すると友達と上手くいっていない様子が垣

間見えるのでなんとかしたい，というのが母親の主訴だった。ある意味，「子どものため」という母としての愛情と善意にあふれていたが，言葉の端々にS美はダメな子どもで母である自分はできる限りのことをしてきたし，自分がどうにかしてあげなければならない，という使命感のようなものが感じられた。しかし，S美がどう感じているのかということやS美の希望ということについてはあまり関心がなかった。

　葛藤を抱える親子関係にはさまざまなタイプがあり，虐待と呼べる明らかな暴言，暴力，ネグレクトがある場合もあれば，傍目にはきちんとした生活環境や教育を与えており一概に「虐待」とは言えないような家庭もある。生活や子育てを彼らなりに精一杯こなそうと努力している親も多い。しかしながら，親のネガティブな行動パターンが執拗に継続して子どもを支配し，安定した愛着関係が築けずにいる親子関係では，たいていの場合，親自身は子ども自身の苦しみに気づくことが難しくなっている。そして，親自身は「自分のやっていることは子どものためにやっていること」と考えていて，さらには「こうしないと子どもがダメになる」とさえ思い込んでいることも往々にしてあり，親子の断絶を深めている。

4) どの家庭にも潜む「毒親」問題

　子どもは自分で生きていくには未熟すぎる状態で生まれてきて，その生命維持すらも親がコントロールしてやらねばならない。親は子どもの身体的な成長を育むだけでなく，生活のしつけとか，子どもが危険な行為や社会的に間違った行為をした時には叱ったり正したりする役割ももつ。親子という人間関係は対等な関係ではなく，一方的に「養育する－養育される」という関係である。親に比べて子どもは無力であり，子どもにとって親とは自分の命を左右する絶対的な存在でもある。そして，どんなに理不尽な心理的身体的暴力を受けていたとしても，小さな子どもは「親が悪いのではなく自分が悪いからこんなことをされるんだ」と解釈し，罪悪感を持ちやすいとも言われている。このように原理的に対等ではない関係の中で，子どもが自分の期待した通りでないと許せず，親が子どもに暴力や暴言を投げつけたりしてしまうことも起こる。また，子どもは親の思い通りに動くのが当たり前と思いこみ，自分の愚痴を聞いてくれる相手にしてしまったり，夫（妻）との調整役を担わせたりして，都合よく利用するといったことも起こる。

親子という対等ではない人間関係の特質上，このような不健全なコントロールは，多かれ少なかれ多くの親子関係の中で起こりうることでもある。それが繰り返し繰り返し執拗におこなわれて，親が子どもを支配するまで極端な形になったときに，「毒親」問題や「虐待」にまで発展するのだが，ある意味「毒親」問題や「虐待」の萌芽や可能性は，どの家庭にも潜んでいるとも言えるのではないか。

2.「親子の葛藤」その苦しみを生じさせているもの

1）親と子の「境界線」の喪失

　カウンセリングで出会うエピソードの中には，小学生の頃絵画コンクールに母が描いた絵を出展して賞を取ってしまいそのことが心の傷としてずっと残っているという話や，子ども自身は望んでいない中学受験や高校受験を無理やりさせられて入学した後に結局不登校になってしまった事例など，子どもの主体性を侵害するようなものがいくつも登場する。「毒親育ち」の子どもが書いたエッセイなどでも同じようなエピソードが多々あり，他にも子どものやることなすこと批判する親，子どもが嫌がっているのに愚痴や人の悪口を話し続ける親など，多くの似通ったエピソードが出てくる。

　親子の葛藤を特徴づける一つのキーワードとして「境界線」の喪失ということがある。

　　『健康な家庭では，子供の個性や責任感や独立心などをはぐくみ育てようとする。（中略）だが，「毒になる親」のいる不健康な家庭では，メンバーの一人ひとりが自分を表現することを認めず，子供は親の考えに従い，親の要求を実行しなくてはならない。だが，そういうことをしていると，個人間の境界がぼやけ，何が自分の本当の意思なのかがわからなくなってくる。こうして家族のメンバー同士は不健康な形で密着し，親も子供もどこまでが自分でどこから先が子供（親）なのかがわからない。そしてそのように密着することでお互いを窒息させ合っているのである』（フォワード，2001；pp.184-185）。

「境界線」とは，何が「自分」で何が「自分でない」かを認識する「自分という人間の枠組み」であり，自分の責任と他人の責任の領域の境界線のことで

ある^{注2)}。

　先の事例のＳ美は，母親の自分への仕打ちを振り返った後，次のように語った。「きっと母は自分と私の区別がついていないのだと思います。自分の思い通りでないと気がすまない。でも，母はさんざん私に絡みながら，私自身の心にはまったく関心はありませんでした。本当に辛いです。だけど，育ててもらった恩があるのだから，とか，親へは感謝するものとか，自分の中で声がして，私は，罪悪感にさいなまれながら，母のことが頭から離れないんです」

　親子の「つながり」や親子の「絆」というものは，深く強いものと言われる。お互いが何者にも代えがたい唯一無二の特別で大切な存在であり，実際強い信頼関係で結ばれていると感じている親も子も大勢いる。しかし，人間としての「境界線」がなくなってしまった時，その「絆」や特別な「つながり」と思われているものこそが，親子間の葛藤を生じさせている元凶になっているのかもしれない。「子どもは自分と同じように感じているにちがいない」「親が悲しむ（怒る）にちがいないから○○はできない」などという発想に支配されてしまう。自他の境界線があいまいな人間関係では，自分とはちがう相手の意思や思いは無いものとされたり，逆に自分が嫌なことや拒否したいことに対しても「ノー」と言えなくなったりということが起こる。

　「毒親」や「虐待」ほど極端ではなくても，親からの相談を受けていると，親の心配や不安が先行して当の子どもが置き去りになっているということはよくある。親は「子どもが困らないように」という気持ちでいっぱいであっても，「困るのは誰か？」という問いかけに，実は子どもは困っておらず親自身が困っているだけということはよくあることである。親が困ることをやめ，問題を子どもに返して子どもに困らせるようにすることが子どもの成長にとって必要なのに，親が肩代わりして困ってしまい解決策を一生懸命考えて，結果子どもの成長を阻んでいる。

2）子どもをモノ化してしまう親，自分をモノ化してしまう子ども

　親が子どもを自分の「所有物」のように扱い自分の思い通りでないと許さないあり方があるとするならば，それは子どもをモノ化し道具化していると言わざるを得ない。そして，小さな子どものころから親の過度な要求や期待に追い

注2）クラウドとタウンゼント（2004）は人間関係を健全にするためのものとして自己と他者の健全な「境界線」を発達させることが重要ということを説いている。

立てられた子どもは「人間としての自分の価値は，家族に対してどれほどのことをしたかによって判断される」という意識が染みついてしまう。そして自分自身をモノ化してしまう。

　「関係性の哲学者」と言われるブーバーは，人間の存在の二つの様式として「我－汝」と「我－それ」をあげた。「我－汝」は，相手に語りかける態度であり，相手をその瞬間一回限りの意味をもつ生き生きとした人格として現前化させていく。それに対して「我－それ」は相手やものを自分の目的に導くために利用していく態度であり，対象を操作的・作為的に支配してしまう。

　親子関係に限らず，私たちは人間関係の中で，お互いに相手をモノのように扱ってしまい精神的に疲弊し虚しさを感じることもあれば，お互いの人格を認めあいお互いに出会うことによって満たされた時間を過ごすこともある。しかし，「我－汝」という関係を生きることはそれほど容易いことではなく，常に「我－それ」と「我－汝」の間を行きつ戻りつしているのが実際のところである。しかしながら「人間は〈それ〉なくしては生きることができない。しかし，〈それ〉のみで生きるものは，真の人間ではない」（ブーバー，1979；p.47）ならば，親から人格を否定され続けたり支配されたりするだけの親子関係においては，たとえ親は無自覚・無意識であっても，「人間ではない」関係を生きているのである。

　人間はもともと関係的な存在である。人間関係のあり様がその人を形作るといっても過言ではない。人間が関係から形作られているとしたら，子どもをモノ化するとき親自身もモノ化され殺伐とした世界に生きているはずである。実際，「毒親」と呼ばれる親子関係に登場する親自身が，実は「不安」や「恐怖」や「孤独感」でいっぱいであり，精神的に満たされていないということは珍しくない。また「毒親」問題と親の「依存症」の問題が併発している事例も多くみられる。

3.「親子の葛藤」の苦しみからどう回復するか

1）境界線──「あいだ」の発見

　親子関係や家族関係の苦しみに触れるにつけ，人々は「絆」や「つながり」の幻想に苦しんでいるのではないかと思えてしまう。そもそもまったく同一のものには「あいだ」が無く，「あいだ」の無いところには「つながり」も「絆」も生まれようがない（「第Ⅱ部　3章2」参照）。「毒親」問題でも，極端な形での親子の「境界線」の喪失が苦しみを生み出している。

毒親を描いた「明日の約束」（フジテレビ，2017年10月17日から同年12月19日放映）というテレビドラマがあった。高校1年生の圭吾が自室で自殺するところから物語が始まる。圭吾の母親は，夫との不仲の中で自分を慰めてくれる優しい息子に，何一つ間違いのない人生を歩んでもらおうと異常なほど過干渉に接してきた。母の思い通りにすることが，息子の幸せだと信じていた。しかし，圭吾は，母が完璧にコーディネートした自分の部屋を真っ黒なカラースプレーで塗りつくした上で自死という道を選んでしまった。母親は大きなショックを受け，圭吾の自殺の原因は学校でのいじめが原因であると主張し始めるが，世間からは「毒親」だとのそしりを受けることになる。物語の終盤，圭吾の母親は圭吾の本当の気持ちを彼岸に行って聞きたいがために自分も死ぬことを決意する。まさにその時，圭吾とのカウンセリングを行っていたスクールカウンセラーが圭吾の母親を訪ねてきた。実は，このカウンセラーの母親も「毒親」と呼ぶに値する「娘を支配する親」だった。カウンセラーは，圭吾の母親にカウンセラーとして圭吾を救えなかった罪悪感とともに，自分自身の親子関係について，そして子どもの立場からの思いを伝えた。そして，母が死んだとしても圭吾の気持ちは分かるわけがない，と訴えた。圭吾の母は，初めて「私は……圭吾のことを何も分かってなかったんですね」と言って嗚咽した。圭吾の母は，息子と自分の境界線を喪失していた。息子が亡くなって初めて，息子のことがまったく分かっていなかったということに気づいた。疑うことすらなかった自分と息子の「つながり」を初めて問い直し，息子との「あいだ」を発見したのである。圭吾が亡くなる前に，母親がこのことに気づけなかったことがこのドラマの悲劇である。しかし，この後，それまで冷え切っていた娘（圭吾の妹）との関係が修復されはじめていくのであった。

　たとえ親子であっても，子どもという他者に対して境界線を引くことができなければ，他者である子どもに感受性（sensitivity）[注3]を開くことはできない。自分と相手のちがいを前提として刻々と変化していく相手の人格に関心をむけられなければ，物理的に相手と一緒にいても全人格的な相手と「ともにいる」ことにはならない。一緒にいてもお互いが孤立している状態である。親も子どももちがう人間で，それぞれがお互いに自分の人生に対する責任を持っているという当たり前の事実に立ち返ったとき，親子の人間関係に「あいだ」が発見

注3）早坂（1991）は，内側に閉ざされた「敏感さ」（sensibility）と外へと開かれ他者の気持ちをありのままに感じとる「感受性」（sensitivity）を区別している。

され，はじめて「つながり」や「絆」が可能になるのだ。

　「毒親育ち」を自覚して，そこから回復しようとしている子ども達は，「親を許さなくてよい」という言葉に救われると言う。自分の親子関係の中で今まで繰り返されてきた「境界線の失われた不健康なコントロール」の理不尽さを認識し，親が自分たちにしてきたことを「親の責任」としてしっかりと認識することが重要なのだ。親との境界線をきちんと引くことで，相手の問題と自分の問題をしっかりと分ける。そうすることで，子どもたちは，今の人生において自分がすることに関しては自分自身に責任があるということを自覚する端緒につく。そしてようやく自分の世界を取り戻すことができ，自分の足でしっかりと立って，他者との「つながり」にも開かれていくことができるだろう。

2）「つながり」の発見

　『毒親サバイバル』（菊池，2018）という本がある。実在の 11 人の「毒親育ち」の赤裸々な体験談とそこからの回復の物語を漫画化したものだ。彼らは親との関係に苦しみながら，自分が悪い，自分が変だと自分を責め，大人になってからは自分も親と同じ生き方をしてしまうのではないかという「連鎖」におびえるが，それでも必死に自閉的な世界から抜け出そうとしていく。それぞれの回復の物語に共通しているのは，そのプロセスに必ず他者の存在があったことだ。

　発達心理学者のワーナーら（Werner & Smith, 1982）が行った『弱きものされど打ち負かされざる者──レジリエントな子どもたちと青年たちの長期的追跡研究』という 30 年に及ぶ研究がある。ハワイのカウアイ島で 1954 年に生まれた 698 人の子どもたちについて 30 年余にわたって追跡調査をして，貧困や親の精神疾患，離婚や虐待など強いストレッサーの元に育った「ハイリスク」児がどれ位の割合で精神的に健康に育つことができたか，健康に育った子どもとそうなれなかった子どもにはどんなちがいがあったのかなどを調べた。困難や逆境からの回復力である「レジリエンス」を発揮して健康に育つことができた要因として，子どもの個人特性だけでなく，ストレス時にサポートを与えてくれる人が家族の中にいたことや，家族以外でも親せき，近隣の人たちや年長者に危機の時には相談をしサポートを得ていたことが報告されている。この研究の後に実施された虐待を受けた子どもや養育を放棄された子どもを扱ったさまざまな研究でも，カウアイ島の研究結果と同じように，子どもを心配しサポートを与えてくれる人物の存在が最も重要なレジリエンス要因になることが一貫

して示されている（参考：「レジリエンス研究の展開」仁平，2016）。

　健全な「境界線」を保った他者と「ともにいる」関係を体験することで「人は一人では生きていない」という「関係性」に開かれていったとき，ブーバーの言う「我‐汝」としての存在様式が体験され，やっと生き生きとした生が回復される。「つながり」の発見が親子の葛藤の苦しみからの回復を支えるのではないだろうか。

3）「関係性」の再発見

　先の事例のＳ美は，その後カウンセリングを続ける中で，徐々に母親の仕打ちへの怒りや，両親が自分の気持ちをまったく理解してくれないことの辛さや悲しさを多く語るようになっていった。父母に対する負の感情を語れるようになっていくとともに，自分の唯一の趣味であるアニメに関わる仕事がしたいので，大学への進学ではなく美術系の専門学校に進学したいという希望も語るようになった。

　相変わらずＳ美の母親は娘の希望など一切聞く耳を持たず，大学進学しか認めないと言い張ったが，Ｓ美は，今までにないほど母に対して反抗するようになった。そんなＳ美に対して母親のヒステリーも度を増してゆき，つかみ合いのけんかが起こるようになっていった。ある時，母とけんかをして家を飛び出したＳ美は警察に駆け込んで，そのまま児童相談所に保護され，養護施設で暮らすことを選択した。児童相談所や学校が親とＳ美との間に入ってＳ美を守ることとなったが，いつ親が無理やり連れ戻しに来るかわからないという不安や，決して楽ではない施設での集団生活を経て，Ｓ美は専門学校に進学した。

　そんなＳ美が高校卒業時にカウンセラーへの感謝とともに語ってくれた言葉が印象的だった。「今まで誰にも言えなかった親のことを初めて聞いてもらえて，私は私，親は親なんだって，あきらめがついたんだと思います。辛いことも沢山あったけど，みんなのおかげで今生きている。この間ふと，両親の両親，そのまた両親という自分の先祖の家系図みたいなものが脳裏に広がったんです。びっくりするくらい多くの命のつながりの中に自分があることを感じたら涙がとまらなかった。その時から，それまで頭にこびりついていた親への感情がちょっとスッキリしたんです」

　人間は，心理的に気づいていようがいまいが，「一人では生きていない」という「関係性」という現実の上に生きている。早坂は，「右のような（人びと

が『一人では生きられない』と感じたり，『結局一人ぼっちでしか生きていないんだ』と感じたりする）気持ちのゆれを心理（学）的事実と呼ぶとすれば，関係性の現実は存在論的と言って良いだろう」「単なる人間関係は意思や状況でつくったりこわしたり，できたり，こわれたりできるし，事実そうしたことは始終起こっている。関係性の現実はただ発見もしくは再発見が可能なだけである」（早坂，1994；p. ii）と述べている。

　親子という密接な人間関係の中ですら（いや，だからこそかもしれない），親も子も人格として実現されていく人格間関係から閉ざされた世界に生き，心理的に深く傷つけたり傷つけられたりする関係を生きなければならないことが多々ある。しかし，閉ざされた世界を打ち砕いて「関係性」を再発見させてくれるのもやはり他者との関わりである。そして，存在論的な「関係性」を再発見しながら，かけがえのない自立した自己としてかけがえのない他者との関係を生きることができるのだ。

（鈴木水季）

引用文献

ブーバー，M.（上重茂雄訳（1979）我と汝・対話．岩波文庫）
フォワード，S.（玉置悟訳（2001）毒になる親．講談社＋α文庫）
早坂泰次郎（1991）人間関係学序説．川島書店．
早坂泰次郎編著（1994）〈関係性〉の人間学．はしがき．p. ii，川島書店．
クラウド，H. & タウンゼント，J.（中村佐知・中村昇訳（2004）境界線（バウンダリーズ）．地引網出版）
菊池真理子（2018）毒親サバイバル．KADOKAWA．
仁平義明（2016）レジリエンス研究の展開．児童心理，70（1）；13-20.
Werner, E.E., & Smith, R.S.（1982）Vulnerable but Invincible：A longitudinal study of resilient children and youth. McGrowhill.

2章

介護・医療

1節　介護未満の親子関係の葛藤を生きる

はじめに

　老年期の家族問題というと，介護問題が取り上げられることが多い。介護問題については，介護保険を含めて制度的な対応が一定程度進められている。ここで介護未満と表現したことは，介護問題にまでは至っていないが，老年期の家族問題として確固として存在しているにもかかわらず，その個別性ゆえに可視化されていない問題を意図している。加齢に伴い認知機能が低下することで，これまでできていたことができなくなる。しかし，ライフスタイルが以前のままであれば，さまざまなトラブルが発生してくる。このようなトラブルは，現実の親子関係の葛藤を生きることでしか経験できない。その意味で，これらの家族問題は，個別的である。本稿では，現実の親子関係の葛藤を生きることで発生する老年期の家族問題に焦点を当てる。加えて個別的な家族問題が，実は，今日の日本社会では，これらについて共通の認識や可視化の作業が遅れているため，個別的な家族問題に止まっている。このことを明らかにすることで，現代日本社会に共通する家族問題として浮上させ，国民の共通認識にしていくことが必要であろう。

　本稿では，介護未満の親子関係の葛藤を生きる事例を紹介し，親の視点および娘の視点から事例を理解し，暫定的な考察を行い，さらに介護未満の親子関係の葛藤を生きることを再確認し，最終的に事例が示唆することについて，記述する。

1. 介護未満の親子関係の葛藤を生きる事例の概要

【第一段階】

　母親（83歳）は，地方都市で一人暮らしである。母親は，関西に住む長女（会社員：60歳）に，頻繁に電話をかけてくる。電話の内容は，足が痛いとか，生活費が足りないのでお金を貸してくれというものである。次女（50歳）は，母親と同じ市内に住んでいるが，あまり連絡を取っていない。次女の家族は，夫と子ども二人である。夫は，うつの病歴がある。長男は，今年関東の私立大学に入学した。長女は，現在高校1年生である。中学の時，摂食障害の診断を受け，現在も治療を受けている。

　長女は，母親に毎月月末に一定額を送金している。母親は，長女への電話のたびに，足が痛くて歩けない，生活費が足りない，生きていても何の楽しみもない，死にたい等と言う。長女はまた，次女の長男が関東の私立大学に入学するにあたって，奨学金を申し込む際，保証人を引き受けている。

　長女は，母親の様子を確認するために実家を訪ねた。その折，母親が知人の紹介で高額の布団（40万円）を購入したこと，親族にも借金していることが分った。長女が，理詰めで母親に問いただすと，母親は，生きていても仕方がない，死にたいと応える。母親は，遺族年金と自らの厚生年金で15万円の収入がある。自宅は持ち家である。長女は，高額の商品を購入するときは，相談するように母親に伝えた。長女の夫は，母親に対する妻の対応を静観している。

　長女の次女に対する認識としては，ケアスタッフとして病院で働いていること，夜勤があるため生活が不規則になりがちであること，長男の大学進学，長女の摂食障害，夫のうつの病歴等，心身ともに生活に余裕がないと理解している。そのため母親のことを気遣いながらも，実際の対応にまでは至らない。このような次女の状況を理解してか，母親は近くに住む次女ではなく遠距離の長女に連絡を取る。長女の母親に対する電話での対応は，きつめのやり取りをしている。

【第二段階】

　長女は，母親の普段の生活を確認するために，夫と共に帰省した。夫を同伴したのは，母親との話し合いのなかで感情が高ぶったとき第三者である夫に仲介役を期待したからである。最寄り駅で次女と合流し，最初に最近金銭的なト

ラブルになった親族を訪ね，トラブルの詳細について説明を受けた。すなわち，最近お金を借りにきたこと，返済金が1万円不足していたこと，きょうだいが貸すことを渋ったため言い争いになったこと，このようなことで親戚づきあいが気まずくなるのはいやなので，今後はお金の借り貸しはしないことにしたこと等である。その後，長女，次女二人で母親を訪ね，預金通帳やローンの全体の把握，消費全般のこと等を確認した。この訪問で明らかになったことは，某商店につけで商品を買い，その残高が13万円あり，毎月2万円ずつ支払っていることが分かった。またカラオケ仲間と年2回ほど旅行をしていることも分かった。その後，長女は，以下の提案を母親に行っている。すなわち，母親の通帳を次女が預かり，毎週2万円ずつ届けるという提案である。もう一つの提案は，介護保険を利用して，週1回風呂場などの清掃を依頼することである。第一の提案に母親は，通帳が手元にないことに不安を感じ，なかなか承服しなかったが，最後は，なんとか承知した。また第二の提案に対しても掃除は自分でできるから必要ないと言っていたが，最終的には了解した。

【第三段階】

　母親は，以前から金銭管理が上手ではなかったようである。古い通帳で確認しても年金の支給日には，大きな額を下ろしていた。2カ月おきに口座から引き落とされるものについての認識が低く，結果として残高が不足し引き落とせないということを繰り返していた。そのため，金銭管理が当面の課題と考え，長女は，次女と共同して母親に対応することにした。すなわち，毎週2万円を次女が届けること，予定外の出費が発生した場合は，長女が対応することなどを確認した。その後，母親から通帳を返してほしいというメッセージが出されたが，次女はお姉さんと相談して決めたことだからということで通した。母親との感情的なぶつかりもあったが，その都度，長女が母親や次女に対するフォローを行った。

【第四段階】

　約1年後，母親は，自動車の運転免許を返納した。運転免許の切り替え時，認知症の検査を受けたが，その傾向はないと医師にお墨付きをもらっていたが，接触事故等で車にもその傷跡が数カ所見られたことや高齢者の事故がメディアで報道されたことなども影響してか，返納に至った。

しばらく順調に推移したが，母親は再度通帳を返してくれと次女に言う。次女から連絡を受けた長女は，次女の気持ちの負担を想像した。そして，次女にしんどくなったら公的な機関に通帳管理を依頼することも考えていることを伝える。長女は，その夜胃の痛みがあり，数回吐いたとのことである。翌日，病院へ行き，薬を処方してもらった。解決の道筋が見えないなかで，次女のしんどさをも想像しつつ，長女のストレスもピークに達したのだろうと想像する。まだ胃のあたりのむかつきは続いている。

【第五段階】

長女は，母親に新たな提案をするため再度実家に足を運ぶことになる。今回は，新たな通帳を作成し，その通帳を母親に渡し，毎月一定額を振り込むと言うものである。すなわち，年金が2カ月単位で給付されるため，その半額を毎月振り込む。これで旨くやりくりできない場合は，第三者の力を借りることを母親に伝える。これは，毎週お金を渡しに行く度に母親からきついメッセージを浴びせられる次女への配慮も含まれている。また一連の過程で心身のストレスを経験した長女にとっても，また母親にとっても良い対応だと考えた結果である。長女の提案を母親は受け入れた。次女にそのことを伝え，新たな口座を設けた。

その後，2カ月余りが経過したが，以前のようなトラブルは起こっていない。

2. 親の視点から

常識的に考えれば，年金生活に入るということは，収入が減少するわけだから，収入に応じた消費を行うというのが理に適っている。しかし，これまで身に着けてきたライフスタイルを変えることは容易ではないということである。結果，少ない収入でこれまでと同様な消費が行われると，娘に金銭の依頼をすることになる。加えて，今日の社会システムは，高齢者にとって対応することが難しいことが想像される。たとえば，行政からのさまざまな通知文書について，的確に判断し処理することは，高齢者でなくても煩わしいことである。まして認知機能が低下してきた状態では，的確な判断や処理は難しいと想像される。年金が2カ月に一度振り込まれ，毎月引き落とさるものとひと月おきに引き落とされるもの，年間の一定時期に引き落とされるもの等に対して，的確に判断し処理することは高齢者にとって難易度が高い課題ではないだろうか。カ

ラオケや旅行の仲間がいることは，良いことであるが，世間体を気にしたり見えを張ったりすることで，余分な経費が積み重なり赤字になるということも想像できる。また車を失うことは，その行動半径を縮めることにもつながる。身体的・認知的機能の低下のなかで，これまでと同じライフスタイルを継続することは困難な課題である。その折り合いを自己の中で徐々につけていくことが必要である。おおらかに解釈すれば，身体的・認知的機能の低下という現実を受け入れることができずバランスを失っている状況が高齢者の多様な問題行動として顕現しているように想像される。また自己の年金であるにもかかわらず娘に通帳を管理されることは，消費行動への自由度を失うことでもあれば，ライフスタイルの維持も困難となる。通帳を返してくれ，という母親の叫びは，消費行動の自由度を担保しておきたいという切実な思いであろうと想像できる。

3. 娘の視点から

　長女の場合，現在仕事を続けているが，遠からず年金生活になることを自覚している。母親への送金も年金生活に入れば厳しいと考えている。母親の金銭感覚が今に始まったことではないと想像している。母親が仕事をしていた時代と仕事を辞めてからのライフスタイルに変化はないと思っている。仕事をしていた時代は，お金が何とか廻っていたのだろう。仕事を辞めてから金銭の不足が現実化したのだろうと想像できる。また商売をしていた下の妹から工面してもらっていた可能性も否定できないと考えている。母親の下の妹が他界し，お金の工面が難しくなり，親族にまで足を運ぶことになったのだろうと考えている。長女は，この親族から連絡をもらうまで，母親がこの親族に借金があることを知らなかった。

　次女の場合，以前は母親の住まいの近くで生活していたが，数年前夫の通勤に便利な駅近くに転居した。子どもの病気や本人の仕事のことで心身ともに余裕がない状況である。そのため，母親への連絡も滞りがちである。長女の次女への連絡から，母親の問題に気づいたような状況である。長女からの連絡後の次女は，これまでの対応が十分でなかったこともあってか長女との連携のもと，きちんと対応してくれるようになった。通帳の管理をするようになって，毎週母親を訪ねるようになる。そこで，母親から通帳を返してくれと再三言われるが，お姉さんと話し合って対応しているということで通している。長女の次女

への評価も，妹は動じないというものであった。家族の中で多くの懸案を抱え，それらに対応してきた経験が，次女を成長させたことは間違いない。また長女と次女の関係は，それほど頻繁に連絡するというより必要に応じて連絡するという関係であるが，姉である長女と10歳年下ということもあって，次女にとって長女は，頼りがいのある姉であり，長女にとって次女は，妹のことを気遣う姉というイメージである。老親の問題に二人で対応する姿勢には，そのことが現れている。別な表現をすれば，老親への対応をめぐって，姉妹関係がより緊密化し，信頼関係がより強化されてきたようである。

4．暫定的な考察

　ここで例示した介護未満の親子関係の葛藤を生きる事例は，老年期の家族問題として特殊なものではない。多くの場合，介護の対象になって，家族問題が構成されると考えられることが多いため，ここでは，あえて介護未満という用語を使用した。そこには，介護の対象にこそなっていないが，それゆえ，家族問題として可視化されることは少ないけれども，多くの老年期の家族が日常的に抱えている課題である。可視化されないことによって，個別的な家族問題として認識されているが，実は多くの家族が直面している課題でもある。ここで取り上げた事例から，どのようなことを読み解くことができるであろうか。

　第一に，高齢者のライフスタイルは劇的に変化することはない，ということである。収入が年金に限定される状況は，これまでの消費を縮小することで対応するのが理に適っている。ライフスタイルが変わらなければ，家計は赤字になることは自明である。このことが頭でわかっていても，これまでに身に着けたライフスタイルはなかなか変化しにくいということである。

　第二に，娘にしても親の金銭的な不足分を穴埋めすることには限界がある。そのことを母親にメッセージとしてきちんと伝えておくことが必要であると長女は考えた。加えて，長女は，遠方のため，個別的な対応では次女の協力が必要であると考えた。

　第三に，次女の場合，これまで家族内に課題を抱えていることもあり，老親に積極的にかかわることができなかった。そこには，長女に対する後ろめたさもあったかもしれない。今回，長女の提案で，老親の通帳を預かり，毎週一定額を手渡すという役割で協力することになった。これは，老親の安否確認を兼ねている。この役割を実行することで，長女への心理的負担も軽減することに

なる。姉妹が協力して，老親に対応するという枠組みができたことになる。

　第四に，母親への対応をめぐって，長女と次女が共同歩調を取ることによって，次女は，母親から通帳を返すように再三言われる。その都度，次女は長女に電話で連絡をした。長女は，次女が，矢面に立たされていることに不安も感じていた。しかし，次女は，お姉さんと約束したことだからと，毅然と言い返していたようで，長女は，次女に対するイメージを変えることになる。これまで持っていた妹への軟弱なイメージが，肯定的なものへと変化した。長女の言い方を借りれば，妹が逞しく思えたとのことである。確かに，夫の病気，子どもの病気，子どもの進学といった生活課題は，心身共に，加えて経済的な問題も含めて一種の修羅場を潜り抜けてきた経験が，次女を一回りも二回りも大きくしたことが想像できる。長女は，次女に協力してもらっていることが，頼もしく思えてもいるのである。このような姉妹による共同歩調が，母親に太刀打ちできないと思わせているかもしれない。その後，通帳を返せという言い方はなくなる。

　第五に，高齢者による自動車事故が頻繁に報道されたこともあり，母親は少し自信を失ったのか，免許の返還を決意した。

　ここで取り上げたような事例の場合，対応の仕方によっては，親子関係が暗礁に乗り上げる可能性を否定できない。この事例のポイントは，長女が，母親に誠実に向き合い，母親の状況を受容しつつ，長女の思いも伝えていることである。また母親も認知機能が低下するなか，ライフスタイルの変化に柔軟に対応することができない訳であるが，自己の状況を率直に伝えていることである。時には，感情的になりながらも諦めずにコミュニケーションを続けてきた。母親の場合，当初は，娘に金銭的な迷惑をかけることよりこれまでのライフスタイルを維持することに比重が置かれていたが，相互のやり取りの中で，少しずつこれ以上娘に迷惑をかけることはよくないというスタンスに変化してきたのかもしれない。このスタンスの変化の背景には，娘たちが親のことを大事にしているということを感じたからかもしれない。人間関係は，誠実に対応すると葛藤はつきものである。老親の思いと娘たちの思いが，ぶつかることもしばしばである。それでも諦めずに向き合うことが重要である。誠実に向き合うことで，お互いの思いを感じることができれば，解決への道筋は見えてくるのではないか。

5. 介護未満の親子関係の葛藤を生きる

　この事例では，老親と娘たちが，誠実に関係性を生きていたように想像する。関係性を生きるとは，他者を存在として受容し，自己の思いも伝えることができる。これが，相互性のなかで展開される現象を言う。また関係性のなかでの自立とは，関係性を生きており，他者に飲み込まれる関係でも，他者を飲み込む関係でもない，自分は自分であるという在り方を言う。したがって，他者を存在として受容するだけでも，また自己の思いを伝えるだけでも，関係性を生きているとは言えない。事例では，娘からのネガティブ・メッセージに対して，老親が電話を切る場面も見られたが，娘は，即座に再度電話をしている。老親も一時的に感情的になったが，再度の電話には出てくれた。思い通りにいかない現実に，腹が立ったとしても，相互に諦めないで対話を続けることが重要である。しかも自己の思いを伝えるだけではなく，他者の状況を受け止めながら，メッセージを届けている。これが相互に続いていくと，次第にお互いの思いや状況が見えてくることもあり，折り合うという視点も浮上してくるのではないか。関係性を生きるということは，お互いの思いを相互に理解し合うことで，新たな折り合い点を見つけ出すことにつながる。これを可能にするためには，相互に忍耐強くないといけない。煩わしいとか面倒くさいという感情が出てくると，関係性を生きることが難しくなってくる。

　個人的なことであるが，今は亡き両親のことを記述してみたい。母は，1987年1月に62歳で他界した。成人T細胞白血病という病気は，当時治療法が確立していなかった。母は，病床で微熱が続いていたが，私は最後まで病名を告げることはなかった。しかし，母は，自分が不治の病であることを自覚しているようであった。こちらの嘘に，騙されたふりを最後まで通した。母は，本当のことを言えない私の辛さを感じるがゆえに，最後まで騙されたふりを演じ通したと私は理解している。これは，母の私への愛情だったと受け止めている。死の数日前，母と転職のための公募に応募している話をした。母は，旨くいくと良いねと喜んでいた。その公募の面接に出かけていたため，母の葬儀には間に合わなかった。親戚からは，長男はどこにいるのか，と厳しい言葉が飛び交ったと後日聞いた。私の行動は，世間からは非難されたが，母は理解してくれているだろうと思っている。また父は，2011年5月に91歳で他界した。喉頭がんを切開し，声帯を失ったが，手術の意思決定は，父の意思であった。また数

年後，末期がんと診断されたときも，話すことのできない父の思いを代弁した。父の性格を知る者として，父であれば，こう判断するだろうと推測して対応した。父は，私の判断に異議を挟むことはなかった。ホスピスから施設へ転院した時は，当初必死にリハビリに励んでいたが，しばらくすると，ベッドに寝たきりとなった。最後の段階のコミュニケーションは，瞬きだった。こちらが，言っていることに，父は瞬きで反応していた。息子の嘘に騙されたふりをして対応した母，喉頭がんの切開手術を自己の意思で選択した父，最後まで病気と闘い続けた父，いずれも老年期の家族課題に対して，それらが避けられない現実であったこと，そして息子としてそれらに対応してきた事実である。

　私の両親の場合，病気や介護の対象として，家族関係を生きることであった。そこには思い通りにならない現実を受け入れることが含まれるが，そのことが家族に伝えられることは少ない。母は，生前息子である私に愚痴を言ったことがあった。トイレもままならない状況にあって，親族が見舞いに来ると，父は，後はよろしくといった振る舞いをしていた。母は，トイレの介助を親族ではなく，父に頼みたかったようなのである。このあたりの夫婦のコミュニケーションは，やはり両親の時代を反映している。このような父であったが，母の死に直面した時には，号泣していたと後から聞いた。父は母を愛していたようだが，その愛が母に伝わっていたかどうかは微妙である。母の私に対する唯一の愚痴は，死を間近にしての母の本音が吐露されていたように想像する。

　私も老年となり，夫婦関係を振り返ってみると，父のことを批判することはできない。確かに父の世代よりは，愛情表現をしているのかもしれないが，それが相手に伝わっているかどうかは自信がない。お互い仕事をしていると，朝食の20分と夕食の40分ぐらいしか会話をすることはない。お互いのことにどれほど関心を持っているかも疑問である。どちらかが定年を迎えたとき，この生活がどのように変わるのか不確かな部分が大きい。子育てに目途がつき，漠然とした死を意識するこの頃，再度夫婦として向き合わなければならない時期に近づいている。同時に，老親としてのわれわれ夫婦が，子どもたちからここで取り上げた母親の事例と同様なことを突き付けられるかもしれない。

6. 事例が示唆すること

　私の両親の事例と比較すると，本事例が示唆することは何であろうか。ここでは，介護未満という表現を使ったが，この言葉の使用は，個人的な問題と同

時に社会的な問題であることを可視化することが，その意図の第一であった。個人的な問題が，個人的な問題に止まる限り，それは社会的問題には成り得ない。しかし，個人的問題であることは確かであるが，それが同時に多くの人々が抱える問題であることが理解されれば，われわれの対応は幾分容易なものになっていく。本事例では，歳を重ねることで老年に至るとき，われわれは，知的にもまた身体的にも衰退を経験する。これまでできていたことが，できなくなるという経験をする。しかし，それを受け入れることは，本人も周囲も戸惑うことが多い。より厳密に言えば，本人より周囲の戸惑いの方が大きいように想像する。加えて，長年身に着けてきたライフスタイルを変更することは容易ではない。ここでも本人が意識的に変更する意思がなければ，それはより困難な課題となる。したがって，周囲は，一方で老親の変化に戸惑いながら，他方で相変わらずのライフスタイルに二重の戸惑いを感じることになる。この二重の戸惑いをどこまで自覚できているかによって，老親とのかかわり方が変わってくるように想像する。

　本事例の第一段階では，老親である母親から娘である長女へ電話があり，足が痛くて歩けない，生活費が足りない，生きていても何の楽しみもない，死にたい等が訴えられている。第二段階では，長女が母親の現状を確認するために夫と出かける。第三段階では，長女と次女が共同して母親への介入を開始する。母親への介入は，年金の範囲内で生活ができるように老親の金銭管理を行うことであった。通帳を次女が管理し，毎週一定額を渡すやり方を取った。母親は，このやり方に反発を繰り返すが，次第に現実を受け入れるようになる。これら一連の対応において，老親の加齢に伴う問題行動は，長女によって現状の確認が行われ，金銭管理のできない老親に対して，次女と協働して対応したことが，結果として問題行動への対処として成功につながっている。この対処の過程で老親である母親は，通帳を娘に管理されることに抵抗していたが，最終的にはこれを受け入れた。この対処の過程では，長女が老親である母親の現状を受け入れながら，娘としてのメッセージも伝えている。老親と長女が，きちんと向き合い関係性を生きることを通して，相互の折り合い点が模索されている。老親にしても通帳を管理する能力がないことを当初は認めたくなかった訳であるが，相互のやり取りの中でそれを認めざるを得ない状況に至ったのである。娘たちが通帳を管理し勝手に使用するのではないかという不安が，相互のやり取りや毎週顔を見せてくれる次女に対しても，さらに長女に対しても信頼のよう

なものに変化したのかもしれない。このような過程において，自動車免許の返納に至る。長女は，老親がこれまでと同様，カラオケや旅行を制限することなく，それらを楽しみながら生きてほしいと伝えている。それらによって生じる支出で赤字が出るようであれば補填すると伝えている。娘たちの思いは，年金の範囲内で生活を送ることである。約1年かけて多少のいざこざはあるものの落ち着いた生活になりつつある。1週間に一度は，相互に電話で安否確認をし，妹からも適宜報告がある。

　超高齢社会にあって介護問題だけがクローズアップされるが，介護未満の問題であっても社会的に共有すべき課題があるのではないか。介護未満の問題を抱えながら，親子関係がぎくしゃくし，老親の孤立や家族関係の希薄化が促進され，さらなる悲劇が生まれないように，われわれは，介護未満の諸課題を他人事とすることなく，われわれの問題として認識することが必要である。

　介護未満の家族問題は，継続する微熱のようにくすぶり続ける。それは，抜本的な解決策がないところで，それでも関係性を生きるところにある。このような状況を生きていると，ある日プツンと糸が切れ，親子関係を切断することもあるかもしれない。長女の場合，老親への思い，そして妹への思い，加えて自身の心身の不調が重なると，最終的にはどうでもよいという心境になっても不思議ではない。このような現実を生きているのが，介護未満の家族ではないか。

　最後に，問題が発生してから2年近くが経過しているが，老年期の家族問題は，娘の長女や次女から見れば，母親は，ええかっこうしいであり，自己の思いを通すためにはその場しのぎの嘘を平気でつくということになる。また母親から見ると，長女や次女は，自己のライフスタイルに介入するやっかいな存在ということになる。しかし，お金が足らなくなると，長女に貸してくれと電話で泣きついてくる。長女にすれば，母親は甘えていることになる。家族だから親族だから，困っているときは助けて当たり前と母親は思っているようである。この甘えを受け入れてくれていた母親の妹も他界し，母親のライフスタイルを維持していくことが難しくなっている。長女も，定年を迎えると，年金生活に入る。余力がなくなれば，母親を援助することも難しくなる。そのような先々を予測して，早めの対処を行ったことになる。今回の一連の対応において，長女は，最悪のシナリオとして，親との縁を切ることも考えていた。多分そのような覚悟がなければ，親との関係で一定の提案をしてもなし崩し的に現状に流

されていく可能性が高い訳である。長女の覚悟が言葉の端々から窺えれば，それが母親の意思決定に影響しないわけがない。長女の老親を思う気持ちがないわけではない。それを上回る理不尽さが，長女に覚悟を自覚させたのである。世の中で起こっている老年期の家族問題の多くは，当事者の覚悟がないために，泥沼を迷走することになる。世の中には，理性では判断できない理不尽なことが多く存在する。それは，人間の愚かさでもあるが，老いることによって人はその愚かさへの執着を残存させたまま生きていくのかもしれない。だからこそ理不尽さと向き合う覚悟や老親と家族の縁を切る覚悟が必要になる。ここで取り上げた事例では，長女は，次女と共同して，母親と誠実に向き合い，関係性を生きようとしている。すなわち，母親を存在として受容し，長女の思いも伝えている。しかし，母親が，同じスタンスで長女に対応したかは，疑問である。どちらかというと，母親の思いだけが長女に伝えられている。このような老年期の家族関係は，多いのではないか。諦めて済むことであれば，それも一つの対処法であることは確かである。多くの事例では，老親の他界で問題が終息することも少なくないのではないか。長期の介護から解放された家族から，これでやっとほっとしたと，幾分不謹慎な発言を聴くにつけ，それが本音であることは事実である。

　本稿で取り扱った事例は，一定期間における老親関係の推移である。期間を延長することで，さらなる変化が予測されることは事実である。たまたまこの期間において一定の終息が見られたということである。したがって，ここでの主張点は，一定の覚悟を持って，向き合うことを続けていくしかないということである。われわれは，問題の解決や終息を期待しがちであるが，それはある意味一瞬のことであって，次の瞬間にはまた新たな課題が浮上してくる。生きるということは，そのようなことだと思料する。読者のなかには，なぜそのようなしんどいことを続けなければならないのかと疑問を持たれる方もいらっしゃるかもしれない。この課題が，個人的な課題であれば，回避することが楽である。われわれが志向する共に生きるための人間関係学は，課題や問題にかかわる当事者が，関係性を生きることで共に納得していくためには，それが必要だということである。他者から存在として受容されていることに気づくと，自己肯定感が高まる。この感覚が相互的であれば，まさしく共に生きていることを実感することができる。煩わしさを回避する傾向が強い現代社会において，煩わしさや葛藤を回避することなく誠実に向き合うことが，当事者間の信頼関

係を新たに構築していくことにつながっていくと確信する。人間に対する信頼を再発見していくためには，煩わしい葛藤や関係性を生きることが必要不可欠である。そのように生きることの結果として，関係性を生きることは，共に生きることを可能にする。

（畠中宗一）

参考文献

畠中宗一編（2009）関係性のなかでの自立．現代のエスプリ，508．ぎょうせい．

畠中宗一（2010）関係性のなかでの自立―その意義と課題．（日本家族心理学会編）家族心理学年報　28．pp.134-146，金子書房．

畠中宗一（2018）福祉における個と家族支援の今日的課題．（日本家族心理学会編）家族心理学年報　36．pp.2-12，金子書房．

畠中宗一（2018）巻頭エッセイ　関係性を生きる力を育てる．家族社会学研究，30（2）；183-184．

2節　患者の意思決定支援と共同主観化

　現代の医療の発展はめざましく，これまで不治とされていた悪性腫瘍も，今やゲノム医療の発展によって，治る病気となってきている。昔から，死を不浄のものとして取り扱ってきた人間にとって，病気が治るということはある意味喜ばしいことである。しかし，医療に身を置くわれわれにとっては，喜ばしいことばかりではない。

　たとえば，これまで専業主婦として家事，家庭菜園を楽しみに生きてきた高齢の女性が，ある日，突然進行性の難治性のがんを宣告され，治療効果が50％の抗がん剤による治療を医師から勧められたとする。夫や子ども達は治療を望むが，本人は「そのような慣れない環境（病院）で，治療を受けるより，家で，のんびりこれまで通り細々と自分らしく生きたい」と言った場合，いったいどのような意思決定が最善なのだろうか。患者本人の意思は尊重すべきと言われているが，果たして，医学的知見や家族の思いは無視していいのであろうか。医学が進歩する中で，多くの命が救われる治療法が出てきている反面，その治療を受けるか否かの意思決定に悩む事例が医療現場では多く見られるようになった。

　そのような状況を受け，日本看護協会や厚生労働省では，人生の最終段階における医療・ケアの決定プロセスにおけるガイドライン（厚生労働省，2018a）や，認知症の人の日常生活・社会生活における意思決定支援ガイドライン（厚生労働省，2018b），「救急医療領域における看護倫理」ガイドライン（日本救急看護学会，2009），さらには，身寄りがない人の入院及び医療に係る意思決定が困難な人への支援に関するガイドライン（厚生労働省，2019）などが作成され，患者やその家族の意思を尊重したより良い医療を提供するための手順や基本的考え等が示されている。しかし，このようなガイドラインは患者や家族のためと言いしも，時には医療者側の防衛手段として利用されることが懸念される。つまり，たとえば人工呼吸器を装着するか否かの意思決定支援をした場合，本来であれば，患者により良い人生を送ってもらうために，患者やその家族の話に耳を傾け，共に最善の方法を考えるための支援として利用されるべきである。しかし，場合によっては医療者側が「治療の意思決定にはこのガイドラインに添って意思決定支援を実施したのだから，今回の方針やその支援方法には問題はありません」という，医療者側の言い訳に利用されかねない。

このような問題が生じるのは，医療従事者が多忙で患者の問題に目を向ける時間がない状況であることや，他者の意思を尊重した対話を実践する能力の未熟さなどが要因である。そのためガイドラインが発表されても，医療の現場ではいまだに患者の意思決定支援にさまざまな問題が生じているのが現状である。

そこで，本節では，こういった患者の意思決定支援における，説明と同意の中に見られる医療従事者の患者との関係性について考えていきたい。そのことで，医療者のみならず，自分や家族が死を避けることのできないような病気になったときの意思決定の時にとる態度のヒントが見つけられれば幸いである。

1. 臨床におけるインフォームド・コンセント（informed consent）と意思決定支援

まず，医療現場におけるインフォームド・コンセント（informed consent 以下，IC とする）について考えてみたい。

現在の医療現場においては，患者が病に罹患してその治療方針を決めていく場合，医師から現在の病状の説明を受ける。そのうえで患者や家族がどのような治療を受けたいのかまたは受けたくないのか，それはなぜなのかという意思表示をしたうえでどの治療を患者に行うのかが決められる。このように，医師からの説明を実施したうえでの患者の合意が IC といわれている。この IC は本来，「十分な情報を得た（伝えられた）上での合意」を意味し，患者や被験者が治療や臨床試験・治験の内容について十分な説明を受け，その内容を理解した上で，患者が自らの意思に基づいて医療従事者と今後の方針において合意し共に決めていくことである。この際，単に治療をすることへの「同意を確認する」という意味だけでなく，説明を受けた上で治療を「拒否する」ことも「合意」の意味には含まれている。しかし，現在の医療の現場でも，患者やその家族は「医師がこの方法が最善というのだから」「私は，医学のことがよくわからないから医師のおっしゃる通りにしていれば安心だから」「医師の勧める治療方法を断ると今後見てもらえないかもしれないから」という理由で，医師から勧められるがままに治療に同意するというパターナリズムの中で行われる意思決定が少なくない。

2. 胃瘻造設に悩む患者の意思決定の問題

　以下の出来事は私の父親の事例である。

　父親は頑固な性格で，たとえば禁煙を勧めても「自分の生きたいように生き
たい。煙草をやめるくらいなら生きている意味がない」とかたくなに自分の意
思を貫く人であった。30歳頃から夫婦で飲食業を営み，70代後半まで長男夫
婦と共に店を切り盛りしており，足腰は丈夫で日常生活もほぼ問題なく一人で
行えていた。しかし，ある寒い冬の日，夜中暖房をつけていたことがきっかけ
で脱水症状を呈した。医者嫌いだった父親は，単に体調不良ということで店に
は出ないだけで，1カ月程自宅療養をとっていた。しかし，高齢ということも
あり，症状はみるみる悪化し，脱水による腎不全との診断で入院となった。そ
の頃には体力も落ち，お茶を飲むと時々むせるなど誤嚥が見られていたため，
看護師の介助以外では飲食禁止との医師からの指示が出ていた。しかし，隠れ
て食べてしまうことがたびたびありよく注意を受けていた。抗生剤などの点滴
投与がある際は点滴を無意識に抜いてしまうようで，手を抑制されており，時
には怒りを訴えていたとのことである。2週間程入院が続いたある日，今後の
療養場所の検討と共に，退院後誤嚥性肺炎にならないためには，胃瘻からの栄
養補給が提案されていた。しかし，強い難聴があった父親は，小さな声で専門
的な説明をする医師の説明を十分理解することができず，「わしは，難しいこ
とは分からない。治療のことは息子（長男）に説明して決めてくれ」と話した。
医師や看護師は，患者の理解度が悪いとの判断で，長男に現状や今後の方針に
ついて説明を行い，今後の治療方針を長男である息子に一任することになった。

　兄は父親の今後の治療方針について，父親の意向を確認したうえで検討しよ
うと考え，兄なりに誤嚥の危険性について父親に話していた。父親は誤嚥の予
防のために勝手に水分をとってはならないことについて「分かった」と答えて
はいたものの，時々「おいしいアイスが食べたい」「口から食べられなくなっ
たらもう生きている意味がない」と話していた。また，胃瘻の話になると「胃
瘻を作ってまでして長生きしたくはない」と長男に話していた。長男は胃瘻を
作るべきか否かに迷い，県外で仕事をしている私に電話で「父親は食べること
が大好きな人だったし，胃瘻や点滴だけでの栄養補給での人生は送りたくない
と本人もいっている。自分も本人がそう考えるなら尊重したいが，おまえはど
う思う」と相談してきた。兄から初めて父の状況を聞いた私は，兄は父親の性

格から考えて，すでに胃瘻をつくることにあまり積極的でないように感じた。また，私も父親が食へのこだわりがあることをよく理解していたので，兄の考えと同じであると答えた。兄は私からも同意が得られたため医師には胃瘻をつくる処置を断る意思を伝えた。その後，兄からは，胃瘻を作らない方向となったとの連絡を受けていた。

　その後も父親は徐々に体力が低下していく状況と聞いていたので，私は父親の看病のために長期休暇をとり，父親の入院している病院に向かった。ある日，父親のベッドサイドで口腔ケアなどを行っているとき，若い医師が「明日は胃瘻の手術となりました」と言うので，これまで兄から聞いていた話とのちがいに驚き，「いや，私が兄から聞いている話とはちがうのですが，どういうことですか」と医師に尋ねると，昨日，主治医から兄に電話をし，胃瘻を作ることに同意したということであった。今までの話と大きく変わったため，どうしてそうなったのか，また，本当に兄は了解しているのか疑問になった私は，「兄に確認をとってみます」とその医師に伝え，兄に仕事が一段落したら病院まで来てほしい旨を連絡した。

　兄は「2日程前の仕事で忙しいときに，医師から電話がかかってきて『医療者間でいろいろ検討した結果，あなたのお父さんは食事が食べられない状況なので，このままでは死に至るしかありません。今は，胃瘻を造設することがベストな選択ということになりましたので，よろしいでしょうか』との連絡があった。仕事中でもあり，熟考もできず，また，医師がベストだというのに医師の提案を断るという勇気はなかった。自分の決めた胃瘻をしないという決断によって，父親の死を早めてしまうかもしれないと考えると，その責任をとる勇気がなく，どうすることがいいのか揺らいだ」とのことであった。兄は，私より9歳も年上であり，市や町内のさまざまな活動に積極的にかかわり，その際も自分の考え意見を持ってしっかり発言する人であった。以前の治療を断る内容の電話の際も「覚悟はしなければ」とのことを話していたため，父親の治療法については，私以上に覚悟して決断していたものだと思っていた。しかし，この日久しぶりに兄と直接会って話を聞き，大きく心が揺らいでいる兄を感じた。

　私は，医療関係者でもあるため，胃瘻を作らずまた血液透析もできない（シャント手術[注1]はしたくないといっていたので継続して血液透析もできない）という決断によって，父親の身体が数週間後にどうなるかは予測できており，ある程度の覚悟もできていた。また，患者本人（父親）のこれ以上治療を受けた

くないという意思は尊重すべきであり，その意思を家族であっても奪うことはできないと考えていた。父親の意思を尊重した上で，父親が父親らしく生きるための生を支えたいと思っていた。

　そう考えていたため，私は長期の休暇を取っていた。しかし，父親の看病の前に，意思決定に苦しむ兄を感じた私は，兄をケアする必要性をとっさに感じた。つまり，私は終末期患者の家族の立場でありながら，同時に，終末期患者の治療への意思決定を支援する看護師の立場にもなっていた。

　私は，これまでの話の中で，「治療をしない」という意思決定は一旦白紙にし，再度今の情報を整理し，どのようすることが一番いいのかについて兄と話し合った。

　父親は軽いせん妄状態になっているものの，私が胃瘻を作ることがどういうことか，透析治療とはどういうことかについてわかりやすく話をすると，顔をしかめ「そんなこと（胃瘻を作ること，透析治療すること）はしたくない。食べれなくなったらそれまでや。むりして治療は受けたくない」としっかりした口調で話をしてくれた。電話で兄は，父親の望むとおりにしてあげたいといっていたが，今日は，その父親の言葉を聞いても，最終決断をすることに苦悩していた。医師が治療を勧めているのに，それを拒むことへの抵抗感と，父親の死を早めてしまう決断をする重責からであった。そこで，私は胃瘻を造設した後の父親の生活のイメージがわくような話をした。父親と同居している兄が，現在，高度の認知症の母親も自宅で介護しつつ，父親の自宅療養が可能か。また，父親を自宅で介護できない場合，訪問看護を受けるか，療養型の施設に入所するという方向となると思われるが，本人はそれを望むのだろうか（ヘビースモーカーであることもあり，施設での禁煙を強制されることの問題）。また，これまでの父親の生活を見て，食や嗜好では規制されることを嫌い自由奔放な生活に価値をおいている状況から，胃瘻をつけ透析を受けつつ，飲食を規制された生活を送ることが，治療を拒んでいる父親にとって幸せな人生かどうかについても話し合った。また，今回治療を受けない場合は，確かに2週間程度で死を迎える可能性のあることを話し，その場合，この2週間足らずの日々をわ

注1）腎臓の機能が低下して，血液透析が必要となった時に行う手術。血液透析では，血管に針を刺して血液を持続的に取り出す必要があるため，動脈と静脈をつなぎ合わせて，動脈の強い流れの血液を一部静脈に流すことで，透析に必要な血液を静脈から取り出せるようにする。このような，動脈から静脈へ直接血液が流れる通り道をシャントと呼ぶ。

れわれが父親とどうかかわりどう支えるかで，父親の人生は豊かになる場合も
あると話した。そして，兄が胃瘻を作らないと決断しても胃瘻を作ると決断し
ても，私はその決断は最善と賞賛するし，兄の決断を非難することは一切せず
尊重することを伝えた。兄は，最終的には父親が残りの人生をどう生きたいの
かを尊重し重視したいと話し，最終的には胃瘻を作らない決断をした。そして，
主治医にその意思を伝える時には，私も同席し兄の考えを支持した。ようやく
主治医はその長男の意思を聞き受け止めてくれ，胃瘻の造設はせず，また，緊
急時の蘇生等も行わない（DNAR）の意思も尊重，その後は一人の人間とし
ての最期が送れるようにと方針が変更となった。

　この話し合いの後は，飲食制限も緩くなり，私は毎日父親のベッドサイドに
寄り添い，好物の食の介助ができた。甘い物が大好きな父親は，アイスクリー
ムやあんこも2〜3口ではあったが口にし「おいしい！」と喜んで口にした。
また，大好きな飲み物を勧めると少量を口にしては「全部飲んでしまうともっ
たいないから，半分は後でもらうわ」と冗談を交え話したりしていた。結局，
胃瘻も点滴，透析もしないという意思決定はしたものの，その後は父親の人格
を尊重した彼らしい生を生きていたと家族全員が感じていた。また，以前は点
滴による身体抑制をせざるを得なかったが，それもなくなり，幸せそうであった。
最後は，家族全員が見守る中，「ありがとうな」と言い残し，長い眠りについた。

　さまざまな意思決定のガイドラインが作られてはいるが，未だにパターナリ
ズム的なICによって治療が進められることはよくあることである。現在，た
とえば患者本人が自分の意思を十分に表現できない，あるいは，他者の説明が
理解できず，諾否の意思を伝えられないと見なされた場合は，家族と医療者に
よって，患者のこれまでの価値観などに添いながら代理意思決定をすることに
なっている。私がたまたま大学の実習指導である病院に行っていたとき，以下
のような事例に出会った。

　高齢の夫（80代後半，認知症がある胃がん患者）に対して，病院での数週
間の治療後，自宅に帰れないのであれば，胃瘻を造設し施設で療養生活を送っ
てもらう方法がいいと医療チームで検討され，医師が妻に胃瘻の造設の説明を
し実施することになった。しかし，胃瘻造設後も認知症のため，身体抑制を
されている夫を見て，妻は「本当は胃瘻を作りたくなかった……。でも，やはり
夫の命を奪うことになることが心残りで，胃瘻を造設したが，その後の夫の人
生がこのように身体を縛られることになるなんて思いもしなかった」と本当の

思いを話してくれた。私の父親の事例を話すと，「そうだったんですか。断ってもよかったんですね。でも，その勇気はなかったです。もっとこのように話を聞いてくれる人がいれば……」と悲しそうに話していた。

3. IC と意思決定支援

このように，現在行われている IC では，医師が患者やその家族に病状や医師がより良いと考えられる治療内容について説明をしたということに重点がおかれ，その医師が勧めた治療に対して，患者や家族に同意を求めているだけの場合が多い。しかし，このようなパターナリズム的な IC の中で，私の兄や先ほどの老女は苦しんでいたのである。

医師と患者家族の説明と同意のプロセスの中で，患者のこれまでの価値観や治療後の予測される療養生活まで配慮し，患者の今後の人生にとってその治療がどういう意味を持つのかを含め共に考え意思決定をゆだねることは少ない。前者のような IC は，本来の意思決定支援ではないと清水ら（2015）は指摘している。そして，患者の人生を支える意思決定として，新しく「情報共有－合意モデル」（清水，2015）を提案し，これまでの IC の問題を指摘している。清水らのいう「情報共有－共有モデル」では，患者本人（あるいは家族）が今後の方針について決めることを勧めるという特徴を有している（本人や家族だけで決めることを勧めているのではない）。つまり，これまでの IC では，状況の説明に対して単に同意するか否かであったのに対して，清水らのモデルでは，本人のかけがえのない1回限りの人生にとって何がよいかを共に話し合い，そのプロセスの中で，患者を取り巻く人たちの考えと一致することを目指している。この清水らの情報共有モデルは，早坂のいう「共同主観」（早坂，1999；p.67）という概念に一致しているように感じる。

4. 意思決定支援での共同主観化における成長

早坂は，「臨床の場とは，『臨床の知』の方法を『主観主義』や『集合主観主義』が『共同主観』的認識へと成長し，客観化されていく訓練と学習の場でもある」（早坂，1999；p.67）と述べている。

たとえば，前にあげた私の父親の事例における意思決定支援で，パターナリズムに傾いた IC でも，また逆に，患者まかせの意思決定でも患者やその家族にとっての最善の意思決定とは言い難い結末になることが予測される。では，

早坂のいう，「共同主観的認識へと成長し，客観化されていく」とはどういうことであろうか。

　まず，ここで，「主観主義」「集合主観」「共同主観」という馴染みのない用語があるので，簡単に説明する。

　主観主義とはいわゆる一人の勝手な思い込みだけの主観を重視するもので，それが医師や患者本人にとって素晴らしい判断であっても，医学的視点や患者や家族の意向を無視した，押し付けの医療になっては本来の支援とはいえない。たとえば，上の例で言えば，兄が父親の意見を聞かず，自分の勝手な思いで「僕は治療した方がいいと思っているから，父親も治療したいと思っているにちがいない」という自分だけの思いこみで父親の胃瘻造設をすることを決断する場合である。そのような意思決定は決して父親にとっての最善の結果になるとはいえないであろう。

　また，集合主観（早坂，1999；p.60）の意味は，哲学や心理学でいわれている intersubjective（相互主観的または間主観的）と呼ばれているもので，多数の知によって客観的あるいは善と認識されることを意味する。たとえば，上の例で，父親の主治医をはじめ病棟看護師のほとんどが，この病状であれば胃瘻を造設し，透析治療を受ければあと1年か2年は延命できるので，その治療を受ける方が患者にとって幸せであろうと判断され，治療を実行した場合を考えてみたい。このような意思決定によって治療がなされた場合も，治療を拒んでいる父親やその家族にとって最善の方法とは言い難いことは明らかである。私が出会った老女の事例がまさにそうであったのである。

　では，早坂のいう共同主観とはどういう主観であろうか。これは，2名以上の人間が，他者との対話を通して，決して自分一人では気づかなかった意識が立ち現れる様相を意味している。たとえば，私は兄と電話で話しているときには気がつかなかった兄の苦悩が，直接対話をしたことによって自分とはちがう兄の考えや思いを感じることができた。つまり兄に関わり対話をすることで新しい意識が立ち現れてきた。また，兄も今後どうすることが最善かについて私と対話したことによって，一人では気がつかなかった意識（やはり，治療をしない方法をとっても，父親にとっては幸せな場合もあるという意識）に改めて気づくことができた。さらに，治療を勧めていた主治医に，われわれ家族が父親の思いや自分たちの考えを伝え，父親のより良い人生を考えた上での治療方針について，対話することによって，父親にとっての新たな最善の医療はどう

するべきかの合意の意識が立ち現れたといえよう。

　つまり，本来の臨床の場とは，病院という臨床に身を置いているという意味ではなく，目の前の患者に対して，医師や看護師，その他の医療従事者が患者・家族がともに対話を持ち，その対話の中で共同主観的認識へと客観化されていくことで，互いに認識が発展・成長させられ，それに関わる者達の訓練と学習の場でもあるということであろう。もし，主観主義や集合主観の立場で医療を提供していても，それは臨床に身を置いているとはいえないのである。そのことは，この意思決定支援の事例からも理解できる。

　私の父親のような事例では，医師は一般的には胃瘻を造設し介護施設か自宅に帰すよう検討することが多く，時には，その治療によって数年は延命できるかもしれないのにどうして治療をしないのだろうと思うことがある。また，進行がん（ステージⅣレベル）で治療の見込みがないにもかかわらず，なぜ患者は治療を希望するのだろうかとジレンマを抱くこともある。さらには，その逆で，進行がんの状態で4クールの化学療法の後，患者が副作用のつらさに耐えきれず「どうせ完全に治らないなら，もう治療をやめたい。こんなつらい治療で病院にいる意味がない」と弱音を吐いたとき，医師は「ここまで頑張ったのに，中止するなんて。もう少し頑張ろう」と言う場合がある。そのような場に遭遇した際，患者のためをと思い医療者だけの考え（主観）だけで判断すると，目の前の患者の意思を無視していることになり，本人にとってより良い医療を提供していることにはならない。患者を取り巻く者達は，自分の主観を大切にしながらも，患者や家族の意思に耳を傾け，対話の機会を持つことで，最善の医療の提供につながるということであり，そのことは結果的に患者やその家族のみならず医療者自身の成長にもつながるのではないだろうか。それが，とりもなおさず臨床の場に身を置く者達の責任なのである。

（牧野智恵）

引用・参考文献

Frankl, V.E.（大沢博訳（1979）意味への意志―ロゴセラピイの基礎と適用．pp.83-90，ブレーン出版．
早坂泰次郎編著（1999）現場からの現象学．p.60，p.67，川島書店．
一般社団法人日本救急看護学会（2009）「救急医療領域における看護倫理」ガイドライン．
　（http://jaen.umin.ac.jp/pdf/nursing_ethics_guideline.pdf）

厚生労働省（2018a）人生の最終段階における医療・ケアの決定プロセスに関するガイドライン.（https://www.mhlw.go.jp/file/04-Houdouhappyou-10802000-Iseikyoku-Shidouka/0000197701.pdf）［2019.8.15］

厚生労働省（2018b）認知症の人の日常生活・社会生活における意思決定支援ガイドライン.（https://www.mhlw.go.jp/file/06-Seisakujouhou-12300000-Roukenkyoku/0000212396.pdf）［2019.8.15］

厚生労働省（2019）身寄りがない人の入院及び医療に係る意思決定が困難な人への支援に関するガイドライン.（https://www.mhlw.go.jp/content/000516181.pdf）［2019.8.6］

Milton Mayeroff（田村真・向野宣之訳（2006）ケアの本質. p.13, p.18, pp.22-25, p.29, pp.50-54, ゆるみ社）

清水哲郎（2015）本人・家族の意思決定を支える―治療方針選択から将来に向けて心積りまで. 医療と社会, 25（1）; 35-48.（https://www.jstage.jst.go.jp/article/iken/25/1/25_35/_pdf.）

3節　医師 – 患者関係を生きる

はじめに

　医師になって40年余り，早いものである。66歳，自分も高齢者という範疇に入ってきたことを認識するようになってきた。1978年に医学部を卒業し，計8カ所の病院で臨床医学を学び，勤務医を続けてきた。医師になりたての頃——研修医時代と比較すれば現在は患者さんを診る，看る，観る眼が少しは深くなってきたのであろうが，経験知を深めて人をよく知るようになれたという感慨は，残念ながら無い。臨床医を仕事として遣り甲斐を感じることは少なくなかったが，患者さんの病気や死に対する不安，心配，恐れに直接触れることにより，自分も悩み，先輩や医療に従事する多くの仲間とのコミュニケーションを通じて，医師としてそしておそらく人としての考え方，他者とのかかわり方も少しは変わってきたとは思っている。が，自分以上に社会の変化，患者さんの考え方や価値観も大きく変わってきており，病気を診断し治療する医師やケアに携わる医療従事者と，病気を見つめる患者さんとの関係性も変わってきているのは自然な流れであろう。誰しも年齢とともに価値観の変化はあるもので，私の場合，現在の心境が「成長」といえるものか否か，自問自答してもなかなかイエスとは答えられないのが実情である。

1. 病と死

　諸行無常——何事も時の流れとともに変化していく。多くの人は日常生活では意識していないが，人は誰しもが生，老，病，死の変化の道程にある。生，老，病，死は人の常であるが，これを受容することはいつの時代も誰しもが難しい。老化の影響と思われる症状を，なかなか受け入れられない患者さんは多いが，老いて死に向かっている状況を認めたくないのは医師も同じである。一休禅師は「門松は　冥途の旅の　一里塚　めでたくもあり　めでたくもなし」と詠まれた。人は誰しも年を重ねて死に向かっていると考えれば，暗い気持ちになってしまうものだ。

　疾患の種類によっては，病＝死と直結する印象が強く，病を得ることで人生の終わりを考え，悩み，不安，恐怖に苛まれることになる。図2-1に，日本人の死因を示した。かつて国民病とまでいわれた結核は，現在一般的にはあまり

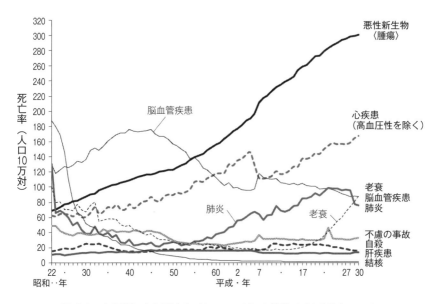

図 2-1　主因別にみた死亡率（人口 10 万対）の推移（厚生労働省，2018）

注目されていない状況にあるが，1950 年（昭和 25 年）までは日本人の死因の第 1 位であった。感染予防，抗結核剤の適正使用などで結核死は激減したものの，現在でも高齢者結核，日本で働く外国人労働者の結核は大きな問題となっている。しかしながら，結核は激減し，最近では死の恐怖をすぐに思い浮かべる疾患は，何といってもがんであろう。がんは，1981 年（昭和 56 年）から日本人の死因の第 1 位になっている。人口の高齢化とともに，がん患者は増えている。医療の進歩とともにがん死は減少に転じているが，情報化社会となってがんという疾患に対する恐怖心は益々強くなっている印象がある。

2. がんをめぐる諸問題

1）がん病名の説明法

　がんは，慢性疾患であり，診断されてから死に対する恐怖を実感する時間が長い，怖い病気である。私の患者さんたちの中には，急性心筋梗塞や脳卒中で，いわゆるピンピンコロリで一気に死ぬことを希望される方がおられる。どこまでが本心であるかは不明だが，どうせ死ぬのであれば，がんのように長い時間死の恐怖と対峙することは避けたいという気持ちはよく分かるのである。

私が医学部の学生の頃のカリキュラムでは，疾患の診断と治療を習うのみであり，実際にがん患者にどういう説明をすべきかという系統だったプログラムはなかった。私が医師になりたての頃は，がん患者に病名をそのまま伝えることは控えられていた時代であったので，初めてがん患者の担当医となったとき，どのように対応すべきかを知らなかった。そこで，実臨床でどのようにがん患者に説明がされているのかを知るため，まず先輩ドクターが患者さん，患者さんのご家族に病状説明をされる場に同席させていただき，説明方法を学んだのである。また，悪性腫瘍の患者さんに実際に自分が説明を行うときには，事前に指導医に相談し，経験を積んでいったのである。がんは死につながる病気であるとの認識が非常に強く，患者さんの不安感を増大させないことが一番大切と考えられていた。患者のためには本当のことは話さない方が良いと信じられていたのである。がん病名を告げることは，死の宣告と同じであり，患者に死の恐怖に直面させるのは「可哀そう」という思いやりから，がんという病名を避け，ちがう診断名を伝えることが多かった。たとえば，肺がんを肺膿瘍といって，抗がん剤を抗生剤といって，これが効けば治る病気です，などとウソのストーリーを語るのであった。残念ながら，いくら「上手い説明」をしても，所詮ウソを含んでおり，患者さんの疑心暗鬼が表情にみられることはしばしばあった。が，ウソで安堵する人も確かにおられたのである。

　がんであっても病名を告知すべきとする議論は当時から常にあった。アメリカでは病名を直接告げており，日本式の「おもいやり病名」の是非，問題を問う声も小さくはなかった。医療は科学であり，論理を持って患者に対応すべき，という議論である。病名は告知していいけれど，指導医からは，エリザベス・キューブラー・ロス（1926 ～ 2004）の『死ぬ瞬間』（1971）にある死の受容にいたる5段階プロセス——否認と孤立，怒り，取り引き，抑うつ，受容——を教えてもらい，もし病名を告知するのであれば，以後の患者さんの反応のすべてに必ず対応するという覚悟をもつように指導を受けたが，その勇気がなかった。がん告知率を示すデータを図2-2に示す。当時の告知率は，全国的に見ると10％程度であった。告知派は少数だったのである。

　私の場合は，あまり深く考えることなく，精神科医ではない自分，精神科医的要素が乏しいということ，がん病名を告げたあとの患者の反応に対応する力がないことを言い訳にして，当時の多数派のやり方を是としていた。振り返れば極めて短絡的な考えであったが，真の病名を告げることは控えて患者の心の

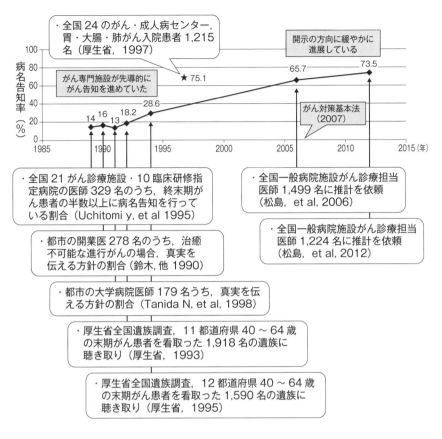

・全国 24 のがん・成人病センター，胃・大腸・肺がん入院患者 1,215 名（厚生省，1997）

開示の方向に緩やかに進展している

がん専門施設が先導的にがん告知を進めていた

★ 75.1

65.7

73.5

14　16　13

18.2

28.6

がん対策基本法（2007）

1985　　1990　　1995　　2000　　2005　　2010　　2015（年）

病名告知率（％）

・全国 21 がん診療施設・10 臨床研修指定病院の医師 329 名のうち，終末期がん患者の半数以上に病名告知を行っている割合（Uchitomi y, et al 1995）

・全国一般病院施設がん診療担当医師 1,499 名に推計を依頼（松島，et al, 2006）

・都市の開業医 278 名のうち，治癒不可能な進行がんの場合，真実を伝える方針の割合（鈴木，他 1990）

・全国一般病院施設がん診療担当医師 1,224 名に推計を依頼（松島，et al, 2012）

・都市の大学病院医師 179 名うち，真実を伝える方針の割合（Tanida N, et al, 1998）

・厚生省全国遺族調査，11 都道府県 40 〜 64 歳の末期がん患者を看取った 1,918 名の遺族に聴き取り（厚生省，1993）

・厚生省全国遺族調査，12 都道府県 40 〜 64 歳の末期がん患者を看取った 1,590 名の遺族に聴き取り（厚生省，1995）

図 2-2　日本におけるがん患者への病名告知率の推移
（2014 年 2 月 14 日　がん対策推進協議会資料）

安静を保つことを是としていた。気持ちの中では何かが引っかかる葛藤が常にあったものの，これでいいのだと信じていた。

2）事例

　大学卒業後は消化器内科の臨床を中心に学んでいたが，思うところがあって，呼吸器疾患の臨床を学ぶことを当時の教授に希望し，1983 年 1 月に国立療養所に赴任させていただいた。現在では国立療養所は独立行政法人　国立病院機構という冠がつく病院名になっているが，私が赴任した国立療養所は呼吸器と循環器に特化した専門病院であった。当時も今も結核病棟があるものの，結核

患者よりも圧倒的に肺がん患者が多い病院となっていた。ここでは，多くの肺がん患者を診る機会があった。呼吸器内科医として肺がんと診断し，根治術が期待できるので呼吸器外科に紹介できるという症例は少なかった。抗がん剤，放射線による治療成績が悪かった時代で，手術対象とならない肺がん患者は内科医が最期まで看取るのである。肺がんの治療成績は，現在では大きく改善しているが，当時の手術できない肺がん患者の5年生存率は極めて低かったのである。今でもがん疾患診療で言われている「早期発見，早期治療」が根源的対策であると，心の底から考えていた。

　これまで多くのがん死を看取ってきたが，印象的な3人のがん患者さんについて紹介しておきたい。

事例Aさん

　私は医学部卒業後8年目にある県立病院呼吸器科に赴任し，さらに多くの肺がん患者を診ることになった。常に15人程の患者を受け持ち，半数近くが肺がんであった。

　このころ，会社の経営者で60歳男性，Aさんに出会った。私が初めて病名をしっかり伝えたがん患者さんである。咳が続くということで病院に来られ，諸検査で肺がんと診断し，まず奥様にその話をしたところ，「本人に今後の見通しを含め，すべてを話してほしい。従業員が500人いるので会社の方向性を決めるよう言ってほしい」という要望が出た。ご家族と同席の上，Aさんご本人に病状説明をした。実は，患者さんよりも私の方に多少の緊張感があったように思う。すでに覚悟をしておられたようで，病名を説明したことにまず笑顔で感謝の意を述べられた。これには私は少し驚いた。そして，予後の見通し，今後の治療方針について質問された。転移があるため手術適用は現時点では難しいこと，ステージ4の平均的予後は半年程度であるが，これは個人差があり，何とも言えないことを説明した。数日後，Aさんから3回目の病状説明を希望され，その場には会社の重役の方が同席された。結局Aさんは1年後に永眠されたが，その間少なくとも私の前では，否認→怒り→取引→抑うつ→受容という反応はみられなかった。最初から死を受容していたという印象ではなく，自分の感情は押し殺して周囲には余計な心配はかけたくないという意志が強く，最期まで気丈にふるまっておられたように見えた。自分のことよりも，自分が居なくなってからの家族のこと，会社の行く末を心配されていた。

私が病室に回診にうかがったとき，一度だけ後悔めいたお話を聞いた。これまで仕事人間で，タバコ，お酒は必要な習慣と思ってきたこと，忙しさのために病院受診が遅れたこと，この生き方がかえってご家族や会社の従業員に迷惑をかけてしまう結果になったという言葉に，ご本人の矜持を感じたのである。落ち込んだ表情はみられたが，感情の揺れを見みせることはなく，凛としておられた。死を初めから受容しておられたのか，真意は分からなかったが，自分のことよりも他者のことを常に気にかけておられたことが印象的であった。病状をしっかり伝えることの重要性を教えていただいた患者さんである。しかしながら，病名をしっかり伝えることが患者さん自身のためにも良い症例はあるものの，やはり個人の考え方，価値観のちがいを考えると，告知はケースバイケースであると思うようになった。

事例Bさん

　その後，同じような事例を経験することになった。私の先輩医師，B先生である。大学では画像診断グループのトップであった方で，いろいろなことを教えていただいた。大学病院を辞して，ご自分の病院を引き継がれ，院長として診療をされておられたある日，定期的血液検査で肝機能異常がみつかった。そこで自院で肝臓のエコー，CT検査を受けられ，腫瘍を発見，全身の検査を行って，大腸がんの肝転移とご自身で診断され，大学病院に入院された。病気をご自分で診断した患者である。主治医−患者はまったく対等の立場で，ロジックをもって治療方針が立てられたものと推察する。私は他病院に勤務していたのであるが，B先生の病気が判明してからしばらくして，大学の医局長の指示がありB病院に赴任することになったが，その時初めてB先生の病状を知ったのであった。B先生は大学病院での1カ月程度の入院治療後に退院され，ご自宅での療養生活を送っておられた。その後，大学病院へ入退院を繰り返されたのであるが，基本的にはB病院の隣にあるご自宅での療養となっていた。私はB病院での診療後，B先生宅にお邪魔することが多くなった。B先生は安静療養中ではあるものの，食事もとれたし，毎日30分程度の散歩をしておられた。5分程度のご挨拶で帰るつもりでご自宅に伺い，話し始めると2時間がすぐに経過してしまうことが度々あって，遅くまで長居したことを奥様にお詫びして帰ることが多かった。医師でありがん患者であるB先生とは改めて多くのことを話し合った。がん患者さんとしては，私の医師人生の中で最も長くコミュ

ニケーションを重ねた方である。いつも実に淡々としておられたが，臨床の話題となると生き生きといろいろな経験を話されることが多かった。その中で一番気にしておられたのはご自身の病院，病院スタッフのことであったが，この時既にご自身の病院の経営権を他の医療法人に委ねられており，病院の方向性を決めておられた。「来年の桜は見られないかもしれないなあ」という言葉が出るようになり，最初の診断から2年後に永眠された。享年50歳，病院葬でお送りすることを決め，私が生まれて初めて葬儀委員長を務めることとなった。葬儀にはB先生の恩師も東京から来られ，1,500人ほどの市民の方々の弔問があった。

　自分であればB先生のように最期まで平静でいられただろうか，そういえば，Aさんも同じような心境だったのかなあ，というようなことを思い起こしていた。B先生との話し合い以降，ご家族の反対がなければ，私はがん病名告知派になったのである。

事例Cさん

　もう一人，忘れられない患者さんがいる。B病院で診た患者Cさん，当時70代後半で，肺がんと診断，ご家族と相談し最初から病名を告げた。ご高齢ではあるが元気な方であったのでいろいろな治療法を説明し，一旦帰宅となった。帰宅時には，Cさんは冷静に病気を受け入れておられるように見えた。一晩考えられ翌日になってご自分の考えを述べられた。手術は希望せず，化学療法＋放射線治療を希望される旨の報告をいただいた。病理学的には，放射線感受性のある肺がんで，治療効果は十分期待できるものであった。入院していただき，治療が始まった。毎日短時間ながら診察を兼ねていろいろな話をして，Cさんの背景，人となりを徐々に理解したつもりでいた。治療開始後1カ月で腫瘍は縮小し，経過は極めて良好であることを説明したところ，お盆に外泊をしたいと希望された。8月14日に自宅に戻られた。8月15日夜，警察から連絡があり，Cさんが自宅で自死されたことを知った。カルテを持って現場に赴き，警察に診療経過を訊かれ，ご家族の許可を得てから病状を警察官に説明した。ご遺体の状況からも事件性がないことを確認し，死体検案書ではなく，死亡診断書を記載した。多くの戦友を失って，自分だけ長く生きてきたことに対する申し訳なさのような言葉が遺書に書かれていたそうだ。大きな副作用も苦痛もなく順調に治療が進み，食事もしっかり食べられている，一人での生活が

十分可能な状態で，Cさんはがんで死ぬことはないだろうと考えていた自分としては，大きな衝撃であった。肺がん治療を勧めたことがかえって精神的苦痛であったのだろうか。がんという病名からやはり死を想定し，抑うつ状態になられたのであろうか。自分は結局は論理がすべてを解決するという思い上がりがあったのか，Cさんのことをどれほど理解していたのだろうか，いろいろなことを考え，ご遺体を前にした時はしばし呆然としていた。

3）がん告知問題の経緯

　キューブラー・ロスは，200人の死にゆく患者との対話の中で，死の受容にいたる五つのプロセスを示したのであるが，彼女はシカゴの病院で，心のケアを必要としている死期の迫っている者に，医師も看護師も誰も寄り添って耳を傾けようとしていないことを精神科医として問題視する意見を述べている。患者の本心を知ること，患者との関係性の進展は，病気だけを診ている医師にとっては洋の東西を問わず，難しいものがある。昨今では，緩和ケア病棟に精神科医，宗教家が入ることも徐々に増え，心のケアに踏み込もうとする活動は増えてきたものの，体制としてはまだまだ不十分であろう。欧米では牧師さんが病室に入り，患者の精神的苦痛に寄り添っているという報告を聞いたことはあるが，日本と欧米との文化的背景のちがいというものを理解するに至っていない。

　現在では医師に任せる治療から，患者の自己決定を重視する医療への転換が図られている。インフォームド・コンセントが重視され，医師と患者の関係性はこの30年で大きく変化してきた。変化が端的に表れているのが，がんの告知問題である。日本では1990年ころから，ようやくがん告知が始まった。がん対策推進協議会の資料（厚生労働省，2014）によれば，1989年ころのがんの告知率は14％であったが，2014年の国立がんセンターの院内がん登録全国集計では94％となっている（図2-2）。この30年で，がんという疾患を見据えて，医師と患者とのコミュニケーションは随分変わってきた。

　がん告知問題が社会にインパクトを与えた事例を二つ挙げておきたい。一つは1983年の事件で，ある医療従事者が疼痛のため病院を受診し，「重症胆石症」と診断され強く手術を勧められたが，「胆石なら手術を受けず経過をみよう」と考え通院を止めてしまった。この患者さんは半年後に胆のうがんで亡くなられたが，「医師が病名を隠したために治療が遅れて死亡した」としてご主人が病院を提訴された。裁判では医師の過失責任は否定されたのであるが，実病名

を伏せることで患者の不安感を軽減させることを良しとする風潮が招いた事件であり，多くの医療関係者が真の病名を語らないデメリットを認識する事例であった。

　二つ目は1993年，ある著名人が自らがんであることをメディアに公開したことである。当時としてはまだまだ大変珍しい事例であったが，これ以降はがん告知をめぐる議論が大きく前進したように思われる。

　事実に基づく話し合いがあって医師と患者の間の信頼関係が構築され，適切な医療がお互いの納得のうえに提供できるようになる，という当たり前すぎることに気づくのに本邦ではずいぶん時間がかかっている。最近では著名人が白血病であることを自ら公表し，治療を受けている事例も目にする。患者も患者家族も，医療者も納得する形に到達するのに本邦では随分時間がかかってきた。

　それは，何故だろうか？　本当のことを言うことはかえって患者さんに精神的苦痛を与えるから良くない，という「やさしさ」であろうか。あるいは，患者さんの予期せぬ行動に責任がもてないという医師の考え方があったからであろうか。日本人には周囲に合わせよう，自らが突出した行動は控えようという傾向があり，「出る杭は打たれる」という行動を避けることを良しとする風潮があり，医師にも世間の流れに沿っておこうという安易な平和主義があるのかもしれない。これは，相手のことを考えてのものではなく，結局は自分が後から批判されるような行動はとりたくないという自分本位の考え方ではなかっただろうか。医師ががん患者となった場合，多くの医師は真の病名を容易に知ることになるし，感情の動揺は必ずあるものの，論理的な考えをもって病気と対峙していくことが多い。一般的な患者さんの中にもＡさんのような思考論理をもっておられる方もいるが，今でも患者本人には病名を伝えないよう希望されるご家族も少数ながらおられる。

3．がん告知に影響する要素

　がん告知が進んだ背景を考えてみる。

1）情報化社会
　患者さん側の医療情報量が増えたことは良いことである。誰しも自分の病気に関係すると思われる情報には関心が高く，熱心に求めるものである。インターネットの発達によって，医療情報は得やすくなった。口コミも相変わらず大き

な情報源である。かつては『医者からもらった薬が分かる本』がベストセラーになったことがあるが，今では医療側からお薬手帳が出され，副作用情報まで提供されている。医療情報の明示化，共有化は患者さん自身の判断力，納得感を支える重要事項である。簡単に言えば，ウソの病状は信頼を失うだけということが，明白になってきた。誰しも自分が病気なった時には現状を把握して治療の有効性を知りたいのであり，病気と対峙しようという気概が自ずと高まってきているように思う。病名を受け入れる準備，素地は，情報化社会によって大きくなってきたのではないだろうか。有名人ががんであることを社会に告知し，病気の治療を進めていることを皆に知らしめることは，がんは日常的な疾患であること，自分一人の問題ではないことを知っていただく良い機会になっていると思う。

2）医療の進歩

　一般的にはあまり知られていないことかもしれないが，30年前に比べればがんの診断，治療は格段に進んでいる。特に治療法の進歩が大きいと思う。治療法がほとんどない時代に，その真実を告げることは医師もつらかった。かつては，そして今でも固形がんが発見されれば手術が一番いい治療法であろう。昔とちがうのは，手術適用にならないがんであっても，次なる治療法が用意されていることである。Xという薬が効かなくなったら，Yという薬が有効な場合がある，ノーベル賞受賞で有名になったZという薬もある，という伝え方ができるようになったのである。診断で終わるのではなく，治療の可能性を示せるようになってきたことは，医師にも患者にも極めて大きな意義があると思う。この30年間で，がん全体の5年生存率は男性で30％から60％，女性で50％から66％程度にまで向上している。一般的には，がんはまだまだ死すべき疾患であるという印象は強く，治療成績が良くなっていると感じているのは医療者のみかもしれない。治療法の進歩のみならず，健診などによる早期発見例の増加も背景にはあるだろう。

4．医師－患者関係

　医師は，仕事として患者を診ている。最近の患者さんは，自分に関心のある多くの医療情報を勉強しておられるが，逆に医師と患者間の情報格差，考え方のちがいについては認識しておられないことも増えてきた。今回，事例で紹介

した患者さんたちだけではなく，私はこれまで患者を観察はしていたが，その心の奥底にあるものに触れることはなかったように思う。表面的なものしか見てこなかった，と言えよう。ただし，長時間にわたってコミュニケーションを続けることができたB先生の気持ちはわずかながら垣間見えた気がした。おそらくB先生も私という人間を感じられたのだろうという気がしている。B先生はある大学の放射線科の講師を務めてこられ，ご自身の病院を継承するために内科の研鑽を積む目的で，私が所属する医局に入られた先輩である。私はB先生の治療を直接担当した医師ではなかったし，仮にたとえそうだとしても上下関係のある，利害関係のある関係性ではなく，先輩でありながらまったく同じ立場で「医療」「社会」「死ぬこと」「生きること」の話ができる状態であったように思う。医師として患者としての両方の立場を経験されて初めて，「医者も患者になると名医になるといわれるが，やはり患者の気持ちは患者にならないと分かるものではない」とおっしゃっておられた。

　私はがん患者に限らず，臨床医が患者の気持ちを完全に理解して対応できることはあり得ないと最初から諦めている。もう少し図々しい言い方をすれば，患者とのコミュニケーションを重ね，関係性を深めようという余裕は現実臨床の場では少ないのが現状であろう。多くの業務を抱える中で，どこに時間を充てるかは重要度，優先度を考えて仕事をしている臨床医の価値観が問われることになるのであろう。この状況のなかで，医師が患者に及ぼしている影響を患者の言動から積極的に感じ取って，さらなる対応を考慮するということはかなり難しい。非対等関係にある医師と患者，社会的役割が絡んだ人間関係では，マルチン・ブーバー（1967）のいう「包合」という概念が重要だということを，最近になって知った。役割の遂行者（医師）が相手方（患者）に及ぼしている影響を感じとって，能動的に更なる対応ができる医師は素晴らしい存在である。キューブラー・ロスのように，死にゆく患者の心に寄り添うケアができる医師の存在は，患者に安心感や心の平静を少しでも増やすことができ，もし自分が死を現実的に意識する状態になれば，不安，恐怖心を共有できる誰かが傍にいてほしいと勝手に思うことはある。私のように病者の心の深奥をみれない医師でも，患者さんとの関係性を少しでも良くしたいと考えて心がけていることがある。それは，なんといっても双方向のコミュニケーションに努めることである。具体的には以下の点に留意していくと，臨床の現場では患者さんとの関係性を深めることができるかもしれない。深刻な病状を説明するときには，①病

状，治療方針についての情報の共有化に時間をかける，②医師の価値観を患者に押し付けない，③患者の感情の揺れに向き合っていく。最低限これらを注意点としていると，患者さんとの関係性を良好に保つ端緒にはなると考えている。

（齊藤雅也）

引用・参考文献

ブーバー, M.（田口義弘訳（1967）ブーバー著作集 1　対話的原理 I．pp172-175, みすず書房）
厚生労働省（2014）第 42 回がん対策推進協議会資料．（https://www.mhlw.go.jp/stf/shingi/0000037448.html）
厚生労働省（2018）平成 30 年（2018）人口動態統計月報年計（概数）の概要（https://www.mhlw.go.jp/toukei/saikin/hw/jinkou/geppo/nengai18/）
キューブラー・ロス，E.（川口正吉訳（1971）死ぬ瞬間．読売新聞社）

4節　医療現場における実存の可能性

はじめに

　他人のことがわかるとは，どのようなことなのだろうか。病院に勤務していて，日常的に私は，職場の同僚たちとチームの一員となり，一緒に仕事をして，言葉を交わしコミュニケーションを図り，お互いにお互いのことはわかり合っていると思っている。お互いに齟齬なく意思疎通できているという確信をもち，それは疑う余地もなく明瞭なことだと思っている。

　入院してくる患者は，現病歴や既往歴，食生活や家族背景などがわかれば，その人のことをわかったつもりで，一応わかったことにして，そこからケアが始まる。しかし，患者に属する情報，つまり「患者について」しか知り得ていないのである。「患者（自身）を」本当には知らないのである。それでも，わかったつもりで，私たちはそのことを了解し，わかったことにしている。それは，患者だけでなく，チームの同僚に対しても同じである。そうであるなら，「私」も「あなた」も「認識」されるだけで，「存在」は忘れ去られていることを意味する。日常性の中で，「私」と「あなた」が現実存在として出会い，本当にわかり合える可能性を探ってみたい。

1. A氏との出会い──関係性を生きる

　その日の準夜勤。

　ナースステーションに入ると，隔離室のモニターから，「外せー，バカヤロー！誰か居ねぇのかぁ。ふざけるなぁ」怒声と共に，ベッドで暴れ軋む音が聞こえてきた。申し送りでは，15時に措置入院になった患者だった。A氏は，30歳後半の男性。身長178cm，体重76Kgと大柄で，バイクで走行中に信号無視で捕まった。取り調べ中に警察官へ殴りかかり，公務執行妨害で逮捕されたが，言動が支離滅裂で，精神科への入院歴があったため，緊急措置入院になったと説明があった。

　夜勤は3人で，男性は私一人。リーダー看護師から「隔離室はお願いね」と言われ，「ハイ」と返事をする。

　申し送りが終わり，隔離室のドアを開けると，ベッドに拘束された熊のように大柄の男性が手足，胴体を抑制帯で拘束されて，頭だけを起こし，射抜くよ

うな鋭い視線をこちらに向けていた。

ベッドサイドに立ち，「これからあなたを担当する，佐藤です。よろしくお願いします」と挨拶すると，鋭い眼光で「担当だったら，さっさとこれを外せ」と怒鳴る。それはできないと応じると，「何のための担当なんだ」と畳みかけるように怒鳴る。身の回りのお世話をするため，できるだけ早く落ち着けるようにケアしたいと話すと，「こんな具合に縛られて落ち着けるわけがないだろう。落ち着かせたかったらさっさと外せー」とまったく聞き入れない。

かける言葉も失い退室した。

本人の気持ちになれば，交通違反で公務執行妨害が加わったとして，何が何だかわからないままに，精神科病院へ連れてこられて，その上ベッドに縛り付けられてはまったく納得できないだろう。警察官や精神科に携わる医療者からみれば，自傷他害の恐れがある患者であっても，当事者にすれば，それなりの言い分があり，人権も尊重されるべきだと思っているだろう。いくら精神障害があると言っても，こんな扱いされてたまるかと，私なら思う。だから，できるかどうかわからないが，A 氏に寄り添いながら，この勤務帯を A 氏の看護に集中しようと思った。他の病室の患者は落ち着いていて，女性看護師 2 名で十分に対応可能であったことは幸いであった。

しかし，怒鳴られ続けながら看護するのは，正直大変なことだと思った。だから，30 分毎に A 氏の元に行き，手足の抑制帯を順番に外し，皮膚の損傷がないか，循環障害がないか，麻痺がないか観察し，発汗があれば蒸しタオルで清拭し，そして拘縮予防のために，他動運動をすることに決めた。抑制されている患者の傍らで何もしないで話をするのは，医師の場合であって，看護師にはとてもできないと思っている。「治療できない患者がいても，看護できない患者はいない」とは，中井久夫氏の言葉だが，この言葉が私の支えになっている。

気を取り直して，隔離室のドアをノックして入る。A 氏は頭を持ち上げて「また，おまえか，何しに来た。これを外すのでなければ出ていけ」と凄まじい表情で威嚇する。威嚇を無視して，A 氏に近づき，しっかりと A 氏の眼を見て，まず，顔を拭くことを伝えた。鋭い視線を受け止めながら，蒸しタオルで顔を拭くと「気持ちいい」と声が漏れる。それから，両手をタオルで拭く。身体の快不快は精神疾患の有無にかかわらず共通だ。たとえ，身体抑制されていても，できるだけ安全，安楽に過ごせるようケアするのは看護師の責務だ。次に，「抑制を外すことはできないけれど，できるだけ苦痛を少なくするように，これか

ら30分毎にここに来て，抑制を1カ所ずつ外して，皮膚が擦りむけたり，赤くなったりしていないか，痺れや痛みがないかを確認します。それから，関節を動かして筋肉の疲労を取り，拘縮を予防します。協力してください。他に何かあったら言ってください」と一通り説明して，右手の抑制を外し，観察と他動運動を行っていった。A氏はされるまま，憮然とした表情で，天井を見ていた。右手，左手と終わり，右足の抑制を解除した。蹴られる不安があったので，注意して行ったが，蹴られることはなかった。一通り終わり，再度抑制したことを確認した。A氏は「何故外せない」と問いかけてきた。私は，精神保健福祉法という法律に則り，精神保健指定医が診察して，合法的に抑制していること。抑制を外すためには，精神保健指定医が，自傷他害の恐れがないか診察して抑制が解除されることなどを説明した。

　A氏は，「診察など受けていない。その精神保健指定医というのが，これを外せるなら，そいつを今すぐここに連れて来い」と徐々に興奮して語気を強めて言い出した。私は，「たとえ精神保健指定医の先生を連れてきても，今の興奮しているあなたを見たら，診察する以前に抑制の継続を指示すると思う」と話すと，さらに興奮して「縛られているのだから，興奮するのは当たり前だろう」と怒鳴った。今の状態では，どのような説明も，無駄であり，有害ですらあった。私が退室すると部屋は静かになった。

　リーダー看護師から，「あなたが行くとかえって刺激になって興奮するみたいだから，A氏のところには，あまり行かない方がいいんじゃない」と注意された。でも，私は「A氏と約束したので，30分毎に入ります」と言った。リーダー看護師は，仕方ないといった表情をした。私がリーダー看護師の指示を受け入れないと考えているように思えた。勝手なことをしていると。

　隔離室へ入ると，頭を持ち上げ，「また，おまえか。これを外せないなら来るな」と，怒鳴ることはなかったが，押し殺した声で威圧するように口を開いた。前回と同様に，蒸しタオルで顔を拭き，右手の抑制帯を外すと，太い右腕で，私の胸ぐらを掴み，引き寄せて「人間らしく扱え，これを外せ」と凄みのある太い声で，言った。私は一瞬怯んだが，A氏が私の目に視線を向け，じっと見ていることに気が付いた。A氏の視線は，私の目に届いていた。その目には，憎しみや怒りというより，悲しみが感じられた。私はA氏の視線に応えようと思い，A氏の目を見て，真剣勝負と覚悟し，視線を合わせ続けた。そして，視線を合わせたまま，両手でA氏の右腕を掴み「人間らしく扱いたいから，

こうして約束を守り，オレができることを全部やっているんだ」と静かに伝えた。しだいに右腕から力が抜けていった。右手を元に戻し，左手，右足，左足と順番に観察と他動運動を行った。その間，A氏は黙って天井を見ていた。

　30分間，隔離室から声は聞こえなかった。寝ているのだろうか，そんなことはないと思いながら，隔離室へ入った。すると，A氏は頭を持ち上げると同時に，抑制されている右手を動かせる範囲で私に差し出していた。A氏の目には威嚇するような眼光はなく，落ち着いているように見えた。

　近づくと，「ベテラン看護師よ，あんたの気持ちはわかった。オレを縛り付けているものを外せない悔しさが，あんたにもあることがわかった。だから，もう外せとは言わない。どうやったら外せるのか一緒に戦ってくれ」私の目を見て，彼は言った。穏やかな目だった。その目に偽りはないと確信できた。どんな状況でも，わかり合うことができる。心が震えた。涙が出そうになった。そんな私を見て，A氏が微笑んだ。もう，抑制はいらないと判断した。

　右手の抑制を外して，自分で動かすようにと伝えた。A氏は右手を持ち上げると，確認するように，自分の顔の前に持っていった。手のひらを見て，返した。手を握ったり，開いたりして，自由を実感しているように見えた。右手をそのままにして，左手の抑制も外した。自分の判断に誤りがないか，しばらく，これで様子を見させてもらえないかと話をすると，「いいよ」とぶっきらぼうに答えた。少し不安になって，自分の判断でやっていることなので，しばらくしたら，もう一度抑制すること，自分の勤務外では，抑制を外せないことを説明すると「ああ，十分だよ。ありがとう」と，人が変わったように穏やかに答えた。実際，隔離室を退室する時に，もう一度両手の抑制を行ったが，A氏は自ら両手を身体の脇に置き，抑制しやすいように協力してくれていた。

　身体抑制などの人権に関わる行動制限は，精神保健指定医でなければできないが，行動制限の解除は看護師でもできる。しかし，自分の判断だけで，行動制限を解除することはほとんどない。関係ができていない医師や看護師に対してどのような態度をとるか，まったくわからないからである。患者からみれば，統一した対応が求められるが，カンファレンスで方針を決定しても，一人ひとりの受け止め方にはちがいがある。さらに，そのちがいを乗り越えて，わかり合うのは，非常に難しいと感じている。まして，この夜勤帯で，行動制限を解除する，明確な根拠を示すことができたとしても，他の看護師二人と共有することは困難だと思った。なにしろ，A氏に関わっているのは私だけである。他

の二人は，隔離室に近寄ることもないので，A 氏のことはまったくわからない。私の報告から想像するだけの傍観者でしかなかった。

　30 分間，A 氏は穏やかに過ごしていた。私は，手足の抑制をすべて外して経過観察して良いと判断できた。抑制を外すと A 氏は，「ありがとう」と言って，体を横に向けて寝息を立て始めていた。私はそれだけをして退室した。もう，何もすることはなかった。

　当直医は，精神保健指定医であり，病棟主治医であった。主治医に A 氏の経過と現在は落ち着いていて，抑制の必要がないことを報告し，診察を依頼した。しかし，主治医は一時的に落ち着いていても，急性期症状がまだ潜在していることで，わずかな刺激で容易に興奮状態になることの注意を私に告げると，「そんなに落ち着いているなら，明日診察しても遅くないでしょう。なにしろ，今日入院したばかりだから」と言って，隔離室を覗くこともなく病棟から出ていってしまった。無力感から虚しい気持ちと，A 氏に申し訳ない気持ちで一杯になった。A 氏は寝息を立てて休んでいた。

　夜間 0 時，勤務交代時間に，A 氏の手足を再び抑制した。看護師が交代するので，きちんとこれまでの経過とあなたの状態を申し送っておくが，夜勤の看護師の判断で抑制を続けるかもしれないが，我慢してほしい。興奮することなく，朝を迎えてほしいと伝えた。再抑制を拒むことなく，協力的に応じてくれた。退室時に小さな声で「ありがとう」と言った。

　深夜勤の看護師は，私よりベテランの男性看護師が 1 名含まれていた。準夜勤での A 氏の状態を詳細に説明し，30 分毎にケアに入り，抑制を解除できたこと等を申し送った。深夜勤務者は，平然と申し送りを聞いていたが，抑制を解除したことを話した時に「えっ，抑制を外したの？　許可は受けたの？」と，その時だけ質問があった。一抹の不安がよぎった。

2．関係性を忘却へと導く医療の日常性

　翌朝，病棟へ行くと，隔離室から「外せー，馬鹿野郎！」と大声で怒鳴る A 氏の声が聞こえてきた。深夜勤務の男性看護師は，苦笑いしながら「あんな状態で，抑制は外せないよね」と，私に向かって言った。私は「30 分毎に見てくれましたか」と申し送った内容を確認した。すると，「深夜だよ。そんなことできるわけないじゃない」と返答されてしまった。「だったら……」と私は言いかけて止めた。何もしていないことがわかったからだ。

深夜勤務の看護師からの申し送りでは，A氏は午前3時頃に覚醒し水を要求した。対応も落ち着いていたが，顔を拭いてほしい等，しだいに要求が多くなった。患者はあなた一人ではないから要求は全部通すことはできないと説明すると，聞き分けがなく怒りっぽくなった。刺激になるといけないので，安静を促して怒鳴っていても対応しなかった……ということであった。そして，「とても抑制を解除できる状態ではありません」と申し添えた。

　私は，隔離室で経過観察しなければならない患者ほど，きちんとケアしなければならないのではないか。まして，両手足が抑制されているのだから，精神科では重症患者に入り，他の診療科なら，ICUの扱いになる患者であるから，細かな配慮と的確な観察が必要ではないかと意見した。この病院はかつて先進的な精神科医療を実践し，その質の向上に貢献してきた歴史がある。先輩看護師はそこにプライドを持ち大切にしていた。だからこそ，わかってもらえると思って意見したのだった。

　師長から，「昨夜のあなたがどのような看護をしたのか聞いています。抑制が解除できたことは素晴らしいと思う。けれど，特別扱いした結果があれで，A氏は怒鳴ってばかりで他の看護師とは関係が築けない。看護はチームで行うものだから，足並みはそろえてもらわないと困ります。昨夜，リーダー看護師が言うことも聞き入れなかったと聞いています。あなた一人が勝手な行動をすると，他の先輩看護師が迷惑します。そして，一番気の毒なのはA氏ではありませんか。今日は，隔離室の担当を外します」と言われた。なぜ，抑制が外せたのか，なぜA氏との関係が築けたのか問われることはなかった。

　昨夜，当直していた病棟主治医からは，「自傷他害で措置入院した患者が，入院早々落ち着くわけがないよ。佐藤君は看護師になってまだ日が浅いから，無理かもしれないけれど，先輩看護師のようにプロの目で客観的に観察して，きちんとアセスメントできるようになってください」と，おそらく私は指導を受けたのだろう。

　その日，隔離室担当の看護師は，「昨日，（抑制を）外しているからなぁ。外せって聞かなくて，収まりがつかないよ」と苦笑していた。

　A氏とは，心が通じてわかり合うことができたのに，看護師同士では，まったくわかり合うことができなかった。

　病棟主治医が言う，プロの目，客観的観察とはどのようなことだろう。精神科看護に携わるものとして，精神医学の知識はもとより，精神分析学や精神症

状に対する看護，精神保健福祉法などの法律に関する知識は基本的知識として修得している。

　A氏の場合，措置入院であるから，自傷他害という要件がある。一般的な観察では，幻覚や妄想などの精神症状が背景にあるのかどうかはわからなかったが，些細なことで怒鳴る。多少のことでも我慢ができない。一方的な要求を繰り返す。興奮状態が続いていて医師や看護師とコミュニケーションがとれない。これらのことから，アセスメントすると，精神症状はともかく，我慢の耐性は低く，社会性の欠如や人格の偏りや未熟さがあり，対人関係上の問題があり，社会生活を営むことは困難である。治療方針としては，現在観察されている興奮状態は，人格の未熟さによるもので，精神療法で治療できる性質のものではない。まず，興奮状態に対処することが最優先される。早急な薬物療法が導入されるべきだが，病識がないため，内服に応じないことも予想される。そうなれば，電気ショック療法も選択肢に入るだろう。精神科看護師であれば，このような観察，アセスメントが共通認識として共有され，チーム活動における判断や意思の疎通，治療・看護の根拠となる。

　しかし，客観的に観察することが，本当にその人を知ることになるのだろうか。そもそも，客観的観察とは，かけがえのない一度きりの人生の大切な今を，尊厳をもった人間がそこで苦しんでいるという事実を，まずは感情から切り離す。そこに共感すると，患者の感情に巻き込まれ，振り回されることで，正確な観察ができなくなり，的確な治療や看護ができなくなると考えられている。したがって，客観的観察は，対象を自分との関係から切り離し，事実のみを見ることから始まる。そこには，感情の交流などあり得ない。相手の痛みも感じないようにして，自分が欲しい情報だけを切り取るのである。そこに血の通った人間は忘却され，対象化された「もの」として存在するだけである。生まれてからこれまでどんな人生を送ってきたのか，現在，どんな家庭で過ごし，会社や友人との関係，どんな楽しみがあり，将来はどうしていきたいのか，いたって個人的な思いも，一般化され単なる情報として判断の材料になるだけである。こうした看護のプロに求められる客観的観察の技術が，本当に患者のニーズに対応できるのだろうか。

　私は看護教育を受けるプロセスで，看護が科学的方向性を目指す程に，患者のリアルな真実から離れていくような違和感を抱き続けていた。

3. 実存との出会い

　A氏との初めての出会いは，最悪であった。ここで措置入院となった，興奮した精神疾患患者としてだけで，看護のプロとして観察していたならば，先に得た情報が先入観や偏見の土壌であることを，疑うことなくそれを根拠として，A氏を理解したつもりになっていたと思う。否，誰もがそのようなアプローチをしているのである。

　しかし，私がそれをしなかったというより，できなかったのは，その日，初めて隔離室に入るなり，A氏は私の動きに合わせて，私の眼を射抜くように，視線を外さずじっとみていたことに気づいたからだった。私は日常的にケアの場面で，心病む人々，特に統合失調症患者は，人の眼しかみていないことに気づいていた。ただし，覚せい剤依存症で受刑経験のある精神障がい者は例外で，すぐに視線を外す。刑務所内で視線を合わせることは敵意の表明でいらぬトラブルを招くことになるので，視線は合わせないと教えてくれた患者がいた。なるほど，これまで出会った，受刑したことがある依存症患者では，誰もが視線を合わせることはなかった。早坂（1994；p.192）によると「サルトルのまなざし論では，サルトルにとって他者のまなざしは基本的に自己に対する侵害であり，脅威である。そうであるかぎり，まなざしのとどきあいとは征服するかされるかの闘争以外ではありえず，基本的には敵対関係である外はない」と述べられていることが理由として考えれれる。A氏のまなざしは，まさに敵意そのものであった。しかし，威嚇するその眼が脅威とは感じなかった。

　その人を理解しようと思えば，その人の言葉からであるが，日常生活の場では，他人を知ろうとすれば，まずその人を見ることから始まる。そして，眼は口ほどにものを言う。

　私はA氏の眼を見た。視線を外さないA氏のまなざしから，私のまなざしがA氏に対する侵害や脅威にはなっていないことが理解できた。おそらく，A氏の頭の中は，怒りと混乱でいっぱいだったのだろう。A氏の世界は敵意に満ちている。誰もが敵に思える状況で，怒りが自分を支えているように見えた。自分のことしか考えられないA氏ではある，だからこそ相手の言葉や行動から，ごまかしや嘘を見抜き，心を探ろうとする。『デボラの世界』（グリーン，1971）という統合失調症患者の心象を描写した小説の中に，「心病む人は世のどんな猟師よりも鋭く，残酷に，獲物の急所に槍をつきさす能力をもって

いる」と書かれている。その視線は過敏であるがゆえに，鋭く人の心を感じ取る。だから，Ａ氏も人の眼しか見ないのだと，私は思っていた。そうであるなら，関係が開かれる可能性があるはずなのだ。自分の心からごまかしや嘘を排して，誠実に回復を願っていること，手足の抑制から解放することはできないけれど，この苦痛を少しでも和らげることはできる。できること，できないことを正直に伝え，できることは実直に実行した。そこでは，「見る－見られる身体」のリアリティを生き抜く覚悟が必要だった。視線から眼をそらさず，Ａ氏の苦悩を真正面から受け止めるということは，真剣に関わる姿勢でもあり，私のＡ氏に向けられた視線は，Ａ氏と共に戦う覚悟を伝えることでもあった。

　日常的に私たちは人の眼を見て話すことはあまりない。それを失礼なことだと考える人もいる。しかし，私は，他人を本当に知るためには，眼を見て話すことが最も重要であることを精神科看護の臨床経験から確信していた。実際，Ａ氏との関わりでは，Ａ氏が心を開くまで，言葉が無力である中で，視線を交わす以外に気持ちを伝えることができなかったのである。

　Ａ氏が私の胸ぐらをつかみ，私を自分の顔に近づけた時に，私の気持ちが，視線がとどいたのかどうかわからなかったが，おそらくＡ氏には「見えた」のである。Ａ氏の自由を奪っている憎むべき敵であるはずの私が，味方に「見えた」のだろう。それは，Ａ氏にとって思いもよらないことであり，世界がひっくり返る体験であったはずだ。その後の沈黙は，混乱の意味をＡ氏なりに考えようとしていたのだと思う。

　30分後，私の気持ち，そして思いがＡ氏にしっかり届いていることが確信できた。「ちがい」を越えて和解できたのである。それは，「"違い"の相互受容であり基本的信頼の成立を意味している」（早坂，1994）。

　「見る－見られる身体」のリアリティは，自分（の思考）を越える（自分を無にする）ことで，相手を受容した時に重要な意味をもって新たな世界を現出する。そして，そこには実存としての出会いがある。私たちが本当に人をわかるということは，他者を実存として認識（受容）できた時であると思う。

4. 「わかり合える」ということ

　人は一人では生きていない。自分が「誰か」を問う時，そこには他者の存在がある。誰かを気にするから，自分が気になるのである。「我それ自体というものは存在しない」と，Ｍ・ブーバー（1978）が述べるのも，人間は関係性に

おいて生きる存在だからである。このことは存在論的事実ではあるが，日常的には忘れ去られている。このことに気づくのは，ほんのわずかなごまかしも許されない，真剣な関わりが求められる対人関係の場面であると思われる。A氏との抜き差しならない関わりにおいて，まなざしをとどけ合うことは，世界を共有することであり，A氏の世界に踏み込むことは，関係性の発見であるとともに，実存との出会いでもあった。本当にわかり合うというのは，理屈でわかるということとは別次元のことで，実存として出会うということであると思っている。

　私たちの日常は，むしろこうした抜き差しならない状況にならないように，なったとしても，うまく誤魔化していくような生き方が身についている。本当にはわかり合えなくても，ある程度わかり，自分が納得できれば，生きていく上で支障がないと考えている。これが，私たちの日常性であり，関係性を忘れた日常である。

　私がA氏と和解しわかり合えたとしても，それはいたって個人的なことで，チームで共有できることでない。むしろ，例外なのだと決めつけることで無視し，チームが乱れないことを優先する。つながりを何より重要と信じる「良い人間関係」に支えられている，こうした日常に身を置くことで，関係性は忘却の淵に追い込まれていく。真剣な関わりは忍耐と努力を要する。ちがいを越えて相互理解（受容）に至る「ほんとうの人間関係」を，多忙な業務の中で，一人の患者だけに時間を掛けることはできないと言い訳しながら否認している方が楽である。

　しかし，こうした日常性こそが非本来的自己の有り方なのであり，非日常的な実存の覚醒こそが本来的自己のあり方なのである。日常性に埋没しながらも，いつでも本来的自己に立ち戻れる感性だけは失わずにいたいものである。

（佐藤幸男）

引用・参考文献

ブーバー，M.（田口義弘訳（1978）我と汝・対話．みすず書房）
グリーン，H.（佐伯わか子・笠原嘉訳（1971）デボラの世界．みすず書房）
早坂泰次郎（1991）人間関係学序説．川島書店．
早坂泰次郎編著（1994）〈関係性〉の人間学．川島書店．
早坂泰次郎編著（1999）現場からの現象学．川島書店．
中井久夫・山口直彦（2001）看護のための精神医学．医学書院．
トラベルビー，J.（長谷川浩・藤枝知子訳（1974）トラベルビー人間対人間の看護．医学書院）

5節　看護教育において教員が問われていること

はじめに

　今日の超高齢社会において，看護師[注1]は，従来の病院等の施設内での活動に加えて，地域における訪問看護など施設外での活動が求められている。看護師の業務は，保健師助産師看護師法により「療養上の世話」と「診療の補助」とされており，病院の中で医師の指示の下になされる診療の補助業務は，医学・医療技術の発展に伴って，深化・拡大し続けている。一方では，訪問看護における看護活動は，高度な医療技術を伴う看護から，療養上の世話に関わる看護まで複雑多義にわたり，看護師の自立性・自律性と専門性が大きく問われている。

　こうした社会的要請に応えるべく看護師を育成する教育は，基礎教育においては実践能力を培うことを目指して，卒業時のコンピテンシーが明らかにされている。継続教育では認定看護師養成が続けられ，大学院教育では専門看護師育成に加え，高度実践看護師（ナースプラクテショナー）育成などが模索されている。

　この大きな転換期にある看護教育において，激変している社会の要請に応えるとともに，医学・医療技術の発展に対応しつつ，看護師育成を目指す中で最も重要なことは，看護の本質を見失ってはならないということである。看護師の専門性の追求が，ミニ・ドクター化しかねないという大きな落とし穴が待ち構える中で，看護教育に携わる者として，改めて看護とその教育のありようを原理的に考えていきたい。

1. 看護教育の目的

1) 看護教育の推移

　日本の看護教育は，1990 年初頭までは 3 年制の専門学校での教育が主流で，大学は 9 ～ 11 校で推移していたが，この 30 年間で大きく様変わりしている。今日看護系大学は 272 校 285 課程あり，全国にある大学の 3 校に 1 校が看護系の学科をもっていることになる。博士前期（修士）課程は 180 校，博士後期課程は 99 校（2019 年 4 月現在）となっている。

注1）本稿では，看護師と表記して，保健師・助産師・看護師等のすべての看護職を含むものとする。

私たちは学生時代に，自らの受けた教育に不満をもち，看護教育は専門学校による職業教育ではなく，医師らと同様に専門職者を養成する「大学教育であるべき」と望んでいた。その実現が急激に進み，あっという間に今日に至っているという思いが強い。それは，世界に先駆けて超高齢社会に突き進んでいる日本の社会的要請による結果であろうが，看護教育に携わる者としては歓迎すべき要請であり，大学・大学院の増加も喜ばしい現象だと思っている。しかし，「箱モノはできたが魂が追いつかず」であることは否めない。すなわち，大学・大学院教育に関わる教育者の質的問題が残されている。

　アメリカでは，大学・大学院化を進めるために，1960 年代にコロンビア大学ティーチャーズカレッジで，管理者・教育者の養成を積極的に行ってきたが，我が国では，個々人の努力によって海外や他領域で学位を取得した人達が今日の看護教育を支えており，十分な教育者養成がなされていない現状にある。その中でも，激変する社会的要請に応えるべく模索しながらも続けていかなければならないのが，今日の看護教育であろう。

2) 学生の意識・背景の変化

　私たちが学生であった 50 年前頃は，看護師になることを親に反対されない人はいなかった。「大切な娘を人さまの下の世話までするような過酷な仕事はさせられない」が，親たちの平均的な感覚だった。「医師の手伝いをする人」的に社会的評価も低い時代であった。

　しかし今日では，看護師は国家資格を有する専門職として社会的評価もあがり，親の反対はほとんどないようである。親の勧めで看護系大学に入学した人，または，国立大学の看護学系学科に入った人は，単に偏差値が高いからという理由で，看護師になるなどとは考えていない人もいると聞く。私立大学では，新入生の 3 分の 1 は親族が看護職，あるいは医師や医療職であるという傾向は続いている。これらは，看護教育が大学・大学院での高等教育化し，社会的にも専門職として認知されつつあることに大きく関連しているものと考える。

3) 看護教育の卒業時の目標

　専門学校による職業教育的色彩の強い時代の看護学生たちは，それに呼応して将来は看護師になるというモチベーションは，暗黙のうちに培われていたのであろう。というよりは必然的にそう強要されていたのかもしれないし，それ

に疑問さえもちえなかった教育だったのかもしれない。

　アメリカで看護理論が盛んに提唱され始めたのが1970年代からであり，それが邦訳され我が国で広く読まれ始めたのが1980年代である。それまでの看護実践は経験主義的傾向が強く，病院などの実践の場は徒弟的傾向が強かったと言えよう。そうした中で育った私は，「理論なき実践は盲目であり，実践なき理論は空虚である」とのクルト・レヴィンの言葉に出会った時は，胸のつかえがとれたような爽快な気分になった記憶は今も鮮明である。

　19世紀のナイチンゲール以降，最初の理論書は1952年にペプロウ（Peplau, H.E. : 1909〜1999）によって，"Interpersonal Relations in Nursing"（邦訳『人間関係の看護論』1973）として出版された。その中で彼女は，「看護学校の基本的課題は『患者に対する関心』であってはならない。それは看護サービスの課題である。看護学校の課題は，患者の助けになるような方法で彼らを看護〈したい〉と望む人間として，……育成していくことである」（Peplau, 1952）と明記している。すなわち，入学時の動機がどうであれ，看護教育を3〜4年間受けることによって，卒業時に「看護したい」と思うことができ，改めて誇りをもって看護師になることを選べる人間に育てることが，看護基礎教育の究極の目的であるというのである。今日の我が国の状況にも大きな示唆を与えてくれる名言であると思っている。

2.　看護教育における二重構造性

1)　看護を教えるということ

　1970年代に我が国では，「患者中心の看護」という言葉がもてはやされた[注2]。当時専門学校の新米教員であった私は，学生に「先生たちは，患者さんを大切に，患者中心にと言うけど，私たちは先生たちに大切にされた覚えはない」と言われた。学生は何げなく言ったのだが，衝撃であった。今日まで私の教師としての，原点になっている言葉である。

　これまで多くの理論家が，看護をさまざまに定義してきた。ナイチンゲールに始まり今日のベナーまでどの理論家にも共通していることは，看護は，看護を必要としている人間と，それを提供する看護師という人間の，両者の関係を基盤にして成り立っているということである。専門学校であれ大学であれ，看

注2) 1966年に医学書院から出版された，大森文子・都留伸子・稲田八重子編『患者に目を向けよう』が契機になっている。

護を教えるということは，まず何よりもこの点をしっかりと教えなければならない。しかし，医学・医療技術の急激な発展に伴い，求められる看護技術は多岐にわたり複雑・高度化しているために，その対応に追われて，看護がもつこの本来的な人間関係を基盤にして看護は成り立つという認識が，教育者の中で希薄になっているのではないかと危惧している。その具体的な現象が，たとえば，診療看護師[注3]の資格保持者は，自らを看護師と認識せずに医局に属することを誇りと考えるものがいるということに現れている。まさに，ミニ・ドクターであることが，看護師であることよりもランクが上であるように錯覚しているのである。

　こうした現実に現れている悪しき現象は，基礎教育において「看護とは何か」「看護師とは何をする人か」を明確に教えられていない結果であり，卒後・継続教育の敗北だともいえる。看護の基礎・卒後・継続教育において根幹として揺るぎなきことは，看護は看護師と患者らの人間関係を基盤にして成立するものだということである。

2）看護師−患者関係を教える教育者−学生関係

　前述の学生の言葉が示すのは，教育の全過程において教員は学生を大切にしていかなければならないということである。すなわち，ペプロウが言う看護師のもつ「患者への関心」を，看護学生に教えるということは，教師自らが学生に関心をもつということである。「他者を援助する過程を学生が深く理解するのは，指導者−学生関係において」（Peplau, 1991）なのである。

　特に実習の場で，学生は実に多くのことを学ぶ。ある実習病棟で，鬼の○○と学生たちに恐れられている実習指導者がいた。確かに彼女は学生たちに厳しいし，患者さんたちにも厳しい。しかし，彼女の知識・技術は抜群であり的確な看護をしている。どれほど厳しくとも患者さんらから信頼されている。やがて学生たちは，彼女の厳しさは，自分たちの勉強不足や不誠実な学習態度に向けられたものであることを理解できるようになってくる。彼女は，看護師−患者関係のありようを，実習指導者−学生関係において見事に伝えてくれていた。

　私の前任校の入学試験面接で，なぜ本学を選んだのかと問うと，オープンキャンパスに参加した時に，「先生たちが仲良くて，学生たちとも親しそうだった

注3）診療看護師とは，日本 NP 教育大学院協議会の下で 2008 年より大学院で養成されている，絶対的医行為を除く診療行為を自律的に提供できる看護師である。

から」と答えた。大学内のそうした文化的風土が安心した学習環境となり，学生が「大切にされている」と感じることによって，暗黙裡にも看護師－患者関係を学んでいくのだと考える。

3）関係性の二重構造と知識・技術の二重構造

　教員や臨床指導者などの教育する側と，それを受ける学生との関係性の中で，学生は患者らへの関心を学び，患者らとの人間関係を基盤にして看護が成り立っていることを学んでいく。看護教育におけるこの関係性の二重構造に加えて，看護に必要とされる知識・技術にも二重構造が存在するのではないか。

　たとえば情報科学や自然科学においては，知識・技術は学ぶものの人間性などには関係しないだろう。しかし看護では，人間関係を基盤に展開される以上，看護師の人間性が問われざるを得ない。看護学は，実学であり実践を支える学問領域であるのだから，看護に関する知識を机上でどれほど学んでも，それが実践にいかされなければ意味がない。特に，看護技術は看護師という人間の身体を通して，患者という生身の人間に提供される。そこに看護師の人間性が影響されないはずがない。

　私の新人看護師時代に，白血病末期の坊やは鎮痛剤の注射を，私たちには決して応じず，看護師長さんだけがすることを受け入れていた。付き添っていた母親も師長を信頼している様子は私たちにも理解できた。これが，看護師のもつ知識・技術というものである。知識・技術は，単に誰が行使しても変わりがないものではなく，看護師という一人の人間を通して体現され，同じ知識・技術でも，それを行使する人間によってちがいがあるという特性を有するということである。それはまた，看護師と患者らの関係性によって左右される。信頼するA看護師の提供するプラセーボ（偽薬）[注4]である睡眠薬を，患者との信頼関係ができていないB看護師が提供しても，その効果は得られにくいのが看護である。

　看護に関わる知識・技術が単にそれとして誰のものでも同じなのではなく，それを行使する人間によって異なることを二重性といえよう。

注4）プラセーボ（偽薬）とは，精神的要因が強い不眠や疼痛の緩和のために，身体的な負担を軽減するために本物とそっくりに作られた薬効のない薬で，当人が本物の薬と信じて服用すると不眠や疼痛が軽減される。

3. 看護教育において教育者が問われていること

1）教育者としての自己のありよう

　看護師の仕事について，ナイチンゲールは1860年に「看護師とは何か」について記述する中で，「教育の仕事はおそらく例外であろうが，……自分自身は決して感じたことのない他人の感情のただなかへ自己を投入する能力を，これほど必要とする仕事はほかに存在しないのである」（Nightingale, 1860）と明記している。また，クリミヤ戦争に参加しイギリスに戻った後は，健康を害し病床生活を送った彼女は，病床の中から「看護師と見習い生」にあてた多くの書簡を残し，その中で「教育の仕事は別として，世の中で看護ほどに，その仕事において《自分が何を為しうるか》が，《自分がどのような人間であるか》にかかっている職は他にない」（Nightingale, 1872）と指摘している。

　この2文に，ナイチンゲールは教育と看護に類似性を見ていることがうかがえる。ともに人間を対象にする仕事であり，その本質において自らのありようが問われるということである。看護師であり教育者である看護系教員は，二重にそのありようが問われているといえようか。「自分の感じたことのない他人の感情」を理解しようとすること，すなわち自分とまったく異なる相いれない人であっても理解するように努めよ，ということである。そして，「自分がどのような人間であるか」を問い続けよということである。

　それは決して聖人君主たれ，ということではない。自らの長所も短所もともに受けとめて，絶えず自己のありようをチェックすることである。看護師時代に，私には苦手な患者さんがいた。患者は看護師を選べないのだから，看護師たる者，苦手意識などあってはならないというのはおかしい。苦手であることを否定するのではなくしっかりと認識すること，そこからしか苦手意識はなくならない。ある日，苦手な患者さんと話すことができて，頭の上の暗雲が消えていくように晴れやかな気持ちになった。そこから少しずつ私の苦手意識は解消していったことをよく覚えている。

2）一人の人間として専門職者として

　「自分の人間性の受容は，他人を人間として受容することに先行する」（Travelbee, 1971）のだから，人間に関わる職業についている人は，自己のありようを問うことからは逃れられないだろう。

特に，看護教育という二重構造をもつ場に身をおく教育者は，自らのありようをもって教えているという事実をしっかりと受け止めて，一人の人間として自らを律していくことが重要であろう。単に専門職者としてだけではなく，まずは，一人の人間として豊かであることが大切なのだと思う。看護師であり僧侶である玉置（2018）は，「まずは自分のコップを幸せの水で満たしていいんだよ」と言っている。自分を受容（＝コップに水を満たす）することを目指しながら，欠点のない人間などいないのだから，無理をせず，かつ怠ることなく歩んでいくことではないか。

おわりに

50年近く看護教員として歩んできた私が，今考えていることを述べてきた。激変といえる看護の置かれている現状は，気をつけないと大きな潮流の中に巻き込まれていきそうである。だからこそ絶えず，「看護とは何か」「看護師とは何をする人なのか」を原理的に問い続けることが，教育者として歩むべき道を示してくれるはずである。

看護という限りない可能性をもつ職業に就く人たちを育てることに関わるということは，この上なく幸せなことと考え，次の世代にバトンタッチしていきたいと願っている。

（高橋照子）

引用・参考文献

Nightingale, F.（1860）（湯槇ます・他訳（2011）看護覚え書（改訳第7版）. p.227，現代社）
Nightingale, F.（1872）（湯槇ます監修（1977）ナイチンゲール著作集　第3巻. p.266-267，現代社）
Peplau, H.E.（1952）（稲田八重子・他訳（1973）人間関係の看護論. 序論. p.11，医学書院）
Peplau, H.E.（1991）Interpersonal Relations in Nursing. Springer Publishing Company, Introduction p.xiv（筆者訳）
玉置妙憂（2018）まずは，あなたのコップを満たしましょう. p.22，飛鳥新社.
Travelbee, J.（1971）（長谷川浩・藤枝知子訳（1974）人間対人間の看護. p.59，医学書院）

企　業

はじめに

　この章では企業における人間関係の課題に対する，個々の現場での取り組み事例を見ていく。最初に第Ⅰ部のこれまでの章とのちがいとして，この章で扱う企業の範囲を一言しておく。というのも，前に見てきた教育・看護・医療にも企業の形態をとった活動があるからである。そうした企業の利益の中心は対人援助によるといえるだろう。それに対して，この章では対人援助を直接の営利活動の対象としない企業に焦点を当てる。もちろん，企業は人の営みなので，たとえば営業職なら人との関わりが第一に大事な点にはなるだろう。しかし対人援助で利益を得るわけではないところが，これまでの章で取り上げた活動とは異なる。モノを作って売る製造業を思い浮かべるとわかりやすいが，ほかにも卸売・小売業，情報通信・情報処理サービス業，法律等事務所や経営コンサルタント業などさまざまな業種があてはまる。一方で企業には宿泊・飲食サービス業など対人サービスの比重が高く，明確に線引きができないものもあるので，ここでの区別はそれほど厳密なものではない。

1節　企業における人間関係と，
　　その基盤としての人に関心を持つこと

　この節ではまず企業活動における人間関係の意味について論じる。次に企業
や働く人を対象とした近年の各種調査から，働く人に人間関係やコミュニケー
ションのストレスや悩みが多いことを概観する。そこから「人に関心を持つこ
と」を取り上げ，具体的な事例を見てみることにする。

1.　企業と人間

　まず企業活動になぜ人間関係が大切なのかを考えてみたい。オムロン創業者
の立石一真はかつて「会社にとって利益は空気と同じ。空気がないと生きてい
けないが，空気を吸うために生きている人はいない」と語った[注1]。また，江
戸時代から明治時代に活躍した近江商人には「売り手よし，買い手よし，世間
よし」という，いわゆる「三方よし」の経営哲学があったことはよく知られて
いる[注2]。企業は社会から「人」「モノ」「カネ」という資源を預かり，活動を
行う公的な存在である（日本経済団体連合会，2003）。利益は企業活動の継続
に必要なものだが利益を上げること自体は企業活動の目的ではない，目的は顧
客に必要なモノ・サービスを提供し世の中の役に立つこと，世の中の人々がよ
く暮らせるようにすることである。具体的に買い手である顧客と相対してコ
ミュニケーションをとるのは企業で働く人であり，「買い手よし」「世間よし」
となるためには，企業で働く人がまず幸福に暮らしていることが必要である。
近年，この認識は「企業の社会的責任（CSR）」という考え方にも取り入れら
れて広まり，経営の柱とする企業が増えている（岡本，2004）。働く人の幸福
が大事であると企業が考える背景には，企業が持続して活動するためには従業

注1）この言葉はいろいろなところで引用されている。例としてオムロン出身の経営者のイ
　　ンタビュー記事を挙げる。
　　"響きから生きる人たち　インタビュー06". CTIジャパン．（https://www.thecoaches.
　　co.jp/hibiki/takebayashi_hajime/index.html）

注2）この「三方よし」のフレーズ自体は後世に作られたものとの指摘がある。ただしこの
　　フレーズが表す経営理念を近江商人が持っていたことは確からしい。
　　伊藤忠商事　"近江商人と三方よし". （https://www.itochu.co.jp/ja/about/history/
　　oumi.html）
　　大野正英（麗澤大学経済学部准教授）"現代に活かす「三方よし」の経営精神". 事業構想，
　　2015年7月号．（https://www.projectdesign.jp/201507/kankyo/002373.php）

員が辞めることなく満足して仕事をしてもらわなくてはならないということがあるが，企業に求められる責任はそうした企業側の事情・損得とは関係がなく，企業が人間の活動であることから要請される基本的なものである。

　後に見るように，企業で働く人の幸福には人間関係が大きく関わっている。企業活動をうまく進めるために人間関係をよくしなければならないとしたら，人間関係は企業活動の手段となる。確かに職場の人間関係の良否は仕事の満足度とつながっているが，企業で働く人が幸せであるために人間関係はよくなければならないということであって，人間関係がよいことで結果的に企業活動がうまくいくことがあるとしても，手段と結果という関係ではない。

2. ストレス原因としての人間関係

　2017 年の厚生労働省の調査（厚生労働省，2018a）によると，労働者の中で仕事で強いストレスを感じている人の割合は約 60％に上る。そのストレスの内容は「仕事の質・量」がもっとも多く，ついで「仕事の失敗，責任の発生等」，次に「対人関係（セクハラ・パワハラを含む）」となっている。回答者の内訳を見ると，「対人関係」のストレスの比率は正社員より契約・パート社員で高く，男性より女性で高い。その 10 年前（2007 年），20 年前（1997 年）の調査（厚生労働省，1998, 2008）でも，設問が調査年によって多少は異なるが，対人関係のストレスは仕事の質・量によるストレスにつぐ 2 位か 3 位であり，とても比率が高かった。現代で仕事をする人は相当の割合で人間関係によるストレスをかかえており，少なくともこの 20 年は傾向が変わっていないことがわかる。

　こうしたストレスに対して個人や職場はどのように対処しているのだろうか。ストレスを誰に相談するかを調べた厚生労働省の調査では，上司・同僚・家族・友人に相談する人が 7 割から 8 割いる一方で，相談したことがない人が 2 割弱，相談できる人がいないという人も 1 割いる（厚生労働省，2018a）。またカウンセラーに相談する人も数％おり，日本産業カウンセラー協会のインターネットを通じた悩み相談の件数内訳でも，職場に関するものとしては「人間関係の悩み」はトップになっている（日本産業カウンセラー協会，2019）。

　気になるのは，企業側の認識が働く人側と異なるように思えることだ。業種や従業員規模にかかわらず，職場内教育の取り組みの一つとして「仕事について相談に乗ったり，助言している」企業は 50％くらいあり，そのうち 8 割弱の企業がうまくいっていると認識している（労働政策研究・研修機構，2017）。

しかし，働く人の方で「仕事について相談に乗ってもらったり助言を受けた」という人は20%以下である。ここに双方の認識のずれが見られる。別の調査（日本産業カウンセラー協会，2019）によれば，経営・役員層と一般社員は「コミュニケーションが足りていない」と感じているのに対して，中間管理職層は「チームメンバーが自分の職務をはたさない」ことや「業務の責任が不明瞭である」ことにストレスを感じており，コミュニケーションのストレスの割合は比較的低い。もっと直接に「自分は職場のコミュニケーションをうまくやっていると思う」という人の割合を調べた宮木（2015）の報告でも，管理職は自分はうまくやっていると思っているのに，一般社員とりわけ男性はうまくやっているとは思っていないという結果であった。職場で上に立つ方は部下とコミュニケーションが取れていると思っているものの，下の方は必ずしもうまく行っているとは思っていないことがわかる。

3. 近年の職場の四つの変化

　近年，四つの変化が職場のコミュニケーション・人間関係をより一層難しくしている。(1) 働く人の仕事に対する意識が変わってきていること，(2) 雇用の形態が多様化していること，(3) 女性・障害者・外国人の雇用が進んできて，多様な人材が一緒に仕事をする職場になってきていること，(4) 特に若い人のそもそも人間関係のあり方（形）が変わってきていること，である。これらは独立したものではなく相互に関係があるが，ここでは一つずつ概観しよう。

　(1) 働く人の意識の変化

　日戸（2017）は，1997年から2015までの調査で就業意識の推移を分析し，最近の特徴として，ワークライフバランスの重視，安定した生活志向，保守的なキャリア形成志向，会社への帰属・貢献の意識の低下，の4点を挙げている。「会社や仕事のことより，自分や家庭のことを優先させたい」，「人並み程度の仕事をすればよい」という意識を持ち，自分の会社に高い信頼は置くが会社に尽くすことはしない傾向が強まっているという。新入社員を対象にした2018年の調査（日本生産性本部，2018）では，「働き方は人並みで十分」や「好んで苦労することはない」と考える人が過去最高になっている。職場のメンバー間で各自の仕事に対する意識や考え方がわからないと，たとえば「仕事を頼んだのに，定時を過ぎたらさっさと帰ってしまった」というような不満から人間関係が悪化する事態も生じる。このケースでは単に相手の考え方に沿うという

ことでなく，それをお互いに把握した上で仕事を調整することが必要となる。

(2) 雇用形態の多様化

日本の雇用システムの特徴は長期雇用（終身雇用）や年功賃金（年功序列の昇給）であったが，近年これが崩れてきている。2019年5月には経団連（日本経済団体連合会）の会長が，終身雇用は制度疲労を起こしていて続けられないという趣旨の発言をし，話題を呼んだ。業績がよい企業でも競争力を高めるために事業と人員の見直し（いわゆるリストラを含む）を行うようになった。事業環境の変化が激しくなっているので，新卒者を教育して一人前になるまで待てない（それ自体がリスクとなる）。そのため即戦力となる高い業務知識と経験を持つ人を中途採用することもふつうになっている。厚生労働省の調査（厚生労働省，2018b）によると，中途採用を行った企業は2009年には22%程度（全企業規模の平均）だったのが，それ以降増える傾向にあり，2018年には44%に達した。正社員の数は2003年に3,400万人，その後減少したが2017年に3,400万人に回復した。一方，非正規労働者（派遣やパートなど）は2003年に1,500万人ほどだったのが2017年には2,000万人を超えており，着実に増加している（厚生労働省，2018c）。

雇用形態がちがうと就労規則や賃金，指揮命令系統などルールもちがってくる。職場内のコミュニケーションや意識合わせは難しくなっている。先ほどもふれた宮木（2015）の調査では，たとえば中小企業で非正規社員が正社員とのコミュニケーションが難しいと感じる割合は，正社員が非正規社員とのコミュニケーションが難しいと感じる割合よりも高かった。宮木はこうした意識の差はなかなか職場では共有されず，アンケートやヒアリングでも複雑な職場の実態を把握することは難しいとして，「個々の職場のメンバーが時間をかけてコミュニケーションを重ねていくことでしか把握できないだろう」と論じている。

(3) 職場メンバーの多様化

1990年代以降，職場メンバーは性別だけでなく障害者・高齢者・外国人といった他の属性の点でも多様になってきた。ここでは例として女性と障害者を取り上げる。女性の就業者は2017年で2,500万人を超え，同年の男性就業者は3,000万人なので全就業者数の45%に達した（厚生労働省，2018c）。しかし正規雇用者と非正規雇用者の割合は男性が1:0.28なのに対して女性は1:1.25と，非正規雇用が非常に多い。障害者の雇用も進んできて，2018年には53.5万人と15年連続で過去最高となった（厚生労働省，2019）。

日経新聞社の調査では，男性会社員の約半数が一緒に働くなら同性の男性の方がいいと回答したという（武類・他，2015）。「男性中心の職場で女性と働くことに慣れておらず，過去のビジネス慣習が通じる相手と働きたい」という人が多いということのようだ。一方，女性の方でも異性である男性との方が働きやすいとの回答が多かった。「男社会の中で働くには男性相手の方が仕事がしやすい」との意見がある一方で，モーレツ型の女性管理職への抵抗感を挙げる人もいたという。男性－女性間だけでなく女性同士の関係も課題になっている。この背景には，日本のビジネスのシステムや慣行が依然として男性が仕事をすること，女性は子育てなどの家庭の仕事の主な担い手になることを前提としていて，その中で女性は働かなければならないということがある[注3]。

　障害者が働くことについても人間関係は大きな課題である。個人的な理由で転職した人に直前の仕事を辞めた理由を聞いた調査（厚生労働省，2014）では，「職場の雰囲気・人間関係」が身体障害者で2位，精神障害者で1位だった（知的障害者についてはデータなし）。障害者と健常者とのコミュニケーションは，障害者の障害の種類と程度による難しさがある。人間関係を作るにあたっては，健常者側がどのくらい障害を理解しているか，障害者の方が自分を障害者として扱ってほしいか／扱ってほしくないか，健常者の方も障害者を障害者として扱いたいか／健常者と同じく扱いたいか，というような意識のちがいからくる難しさもある。

　管理職を対象とした調査（P&G ジャパン，2017）では，職場の人材多様化の推進が必要と考える管理職は5割に留まり，必要と考えている管理職でも自分が人材多様化の推進に役立っていると思っている割合は1割程度である。これは推測だが，障害者が働くことの職場での理解度，特に管理職の意識が職場の多様な人材間の人間関係を難しくする一因となっていると思われる。

　（4）若年層の人間関係の変化

　1990年代以降の急速なインターネットおよびスマホのようなツールの普及によって人の意識は影響を受けてきたが，特に若年層の意識が変わってきている。久保田（2017）はそうした世代の特徴を五つ挙げている。その五つとは，①対面コミュニケーションが苦手，②褒めてもらわないとやる気が出ない，

---

③考えないで，まず探す（何でもネットで探せば答えが見つかると考える），④想像力が足りない，⑤文章を書けない，言葉で伝えられない，である。対面コミュニケーションが苦手ということから人間関係が希薄なのかというと，俗説とは異なり，むしろある意味で濃密になっているとの指摘がある（田畑，2017）。関係を壊すことを恐れ，相手に自分がどう受け取られているかに過敏になっているというのだ。このことが，前述の褒められないとやる気が出ないことの一因になっているのかもしれない。久保田はある会社の試みとして，対面コミュニケーションが苦手な若い部下が業務報告を対面ではなくチャットツールでも行えるようにして，若い部下が上司と対面することなく報告・連絡ができるようにした例を挙げている。その会社のチームマネージャーは部下と「根気強く会話をした結果，価値観・仕事観が自分とはちがい過ぎることに気づかされた」。若年層の特性を把握して（関心をもって，歩み寄って）向き合っていくことが必要だという^{注4)}。

4. 事例：軽度うつの新人とその上司

ここまで，仕事をする人の立場・意識等の多様化から，職場でのコミュニケーションとその結果としての人間関係の構築は難しいものとなっていて，そのことは仕事をする人の大きなストレスにもなっていることを見てきた。だが，もともと同じ人などはなく個人は多様なのであり，急に問題が出てきたのではまったくない。"職場の人間関係" という場合，たいていそれは職場の役割関係（たとえば上司と部下の役割）のことを指しているが，人は仕事だけをして生きているわけではないのだから，役割関係は人間関係の一部に過ぎない。就業意識（仕事観）なども人によってちがうのだが，役割関係の中で取り上げられることはなく，職場ではわかりにくいものである。上に立つ経営者などの上層部が役割だけで部下を見ていると，部下も役割だけに徹しようとする企業文化（風土）が醸成される。そうすると，本来は役割だけではない人間はストレ

注4）"コミュニケーションが苦手" であることは "コミュニケーションスキルがない" ということではない。職場においてコミュニケーションスキルという言葉が使われるとき，そこには関係を持つ片方は自分のコミュニケーションのあり方を棚上げして相手を評価し，もう片方は評価されるという構図が存在する。そもそも何をもってスキルがある／ないとするのかの統一的な尺度はない。コミュニケーションがうまく行かないとき，それは相手の問題なのか，こちらの問題なのか……。スキルという言葉は注意して使わなくてはいけない。

スを覚え，それが職場の人間関係を悪化させたり，不祥事の土壌となる可能性もある。

　先に，上司が部下の価値観・仕事観を根気強く会話を積み重ねることで把握して，職場のコミュニケーションをよくした例にふれた。ここで大事なのは上司が部下に関心を持って向き合ったという点であり，その向き合い方は前述の役割関係からはみ出しているようにも思える。そこで「職場で人に関心をもつ」という点について，一つの詳しい事例を紹介する。何か新しい取り組みがなされたという話ではないが，組織の中で人と関わることの難しさを浮かび上がらせるものである。

　Aさんはメーカー勤務の若手社員である。新入社員の研修を経て職場に配属されて間もなく，夜まったく寝付けないという睡眠障害になった。明け方近くになってようやく眠りにつくという状態だから，当然朝は起きられず，始業時間に合わせて出社することができない。日によっては午前中は気分が落ち込んで家から出ることができず，会社を休むこともある。とうとう1カ月間の休職となった。会社は仕事が合わないのではないかと考え，休職開けに配置換えをして，業務内容がちがうB課長のチームに移した。

　B課長はAさん本人および前の所属部署の課長と面談することから始めた。また人事担当者とも話し合いをもった。Aさんとの面談では，本人は睡眠障害の原因には心当たりがないこと，医者にかかり軽度のうつ病と診断されたこと，薬を処方してもらっているが一向に効かないことなどがわかった。ここまでは事実関係の確認である。B課長はもっと突っ込んでAさんのことを知ろうと対話を繰り返した。また職場でのAさんと自分あるいは周囲とのやり取りにも注意した。Aさんがどういう人なのかわからないと先に進めないと思ったからだ。そうすると，Aさんは何かにつけ自分と他人（特に同期の社員）を比べて，自分は仕事上で必要な知識がまったく足りず，わからないことばかりで，他の人より劣っていると周囲にもらしていることが気になった。卑屈ともいえる感じで，自己肯定感が極端に低いように思われた。しかし仕事に対して意欲がないというわけではなく，勉強もしようとしている。ただ，睡眠障害が足かせになって，思うように進まない状態が続いた。

　B課長は何となくAさんが眠れないのは自己肯定感のなさから来るス

トレスによるのではないかと考えた。後日，専門家にも同様の見解をもらったという。だから薬での症状の改善を期待する一方で，B課長はAさんに自分の受けた感じを伝えて，他人と自分を比べなくてもよいことを説き，仕事の中で達成感を持てるように，自己肯定感を持つことができるように仕事を割り振り，援助するようにした。部門をまとめる上司や人事担当者ともそうした取り組みを共有するように努めた。周囲は「Aさんは病気だから」といってそれ以上踏み込もうとはしない。同じ職場内であっても，他の人はAさんが仕事ができないことで直接の不利益を被るのでなければ，この問題にはふれない。関わらないというより，どうしたらいいかわからないから関われない，という状態だった。

　その後のAさんは一頃ほど悪化はしていないものの，周囲が期待するほどよくなってはいない。相変わらず出社できない日もある。会社はAさんが配置換えによってすっかり快復することを期待しているが，そうなってはいない。会社はいつまで現状を許容してくれるかはわからない。Aさんがこのまま仕事を続けることが果たしてAさんにとって幸せなのか，ひょっとして別の業種なり会社に変わることで症状が改善することもあるのではないか，大事なのは本人がどうありたいか（どうしたいか）だが，自分はAさんの快復の機会をつぶしてしまっていないか……，B課長は悩みながらも，Aさんに関心を向けた。B課長はAさんと一緒に快復に向けて取り組むこととなった。しかしB課長には，Aさんはまだ快復しないのかという会社側からのプレッシャーがあり，また当然Aさんだけに関わっているわけにもいかず，限られた時間の中でどこまでできるかという課題を抱えながらも，今も関わりを続けている。

5.　人間関係の基盤としての人に関心を持つこと

　この事例におけるB課長は上司という役割をはみ出してAさんのことを考えているように思われる。もちろんB課長が一人で考えているだけでは十分ではなく，Aさんとさらに突っ込んで話し合うことも必要となってくるだろう。人と人の関わりは徹頭徹尾，一対一の営みであり，B課長のAさんに対する関わりは，効率を追求する企業の論理からすれば非効率的であると言える。B課長が大変な時間と労力をかけても，お互いの幸福感や仕事の好結果に結びつくという保証はなく，人間関係を作るところまで行くかもわからない。別の課

長であれば，Aさんには早々に別の道を探してもらうという選択肢を取るであろう。しかし，B課長がこうした関わりを持った方が，Aさんは自分の状態と向き合うことができるのではないだろうか。そして最終的にどういうことになるにせよ，AさんもB課長も納得してそれを受け入れられるのではないかと思われる。

　相手に関心を向けることはコミュニケーションに先立つもので，人間関係の基盤と言っていい。関心が向かないと，相手と時間をかけて関わっていこうという気持ちも起こらない。これまで，コミュニケーションを改善する方策としては，コミュニケーションスキル（話し方や聴き方など）の訓練，職場の物理的環境（たとえばオフィスのレイアウト）の改善，ITの活用などが挙げられてきた[注5]。職場内の面談の制度などは仕掛けとしてはとても重要である。ただし，それが有効に機能するためには，その土台として，しっかりとした人間理解および他者と向き合う姿勢がその人に備わっていることが必要である。それにもかかわらず，「人に関心を持つこと」についてはほとんど言及されてこなかった。会社の管理職対象の研修でも，講師は「部下に関心を持ってください」と言うものの，どう関心を持つかには説明がない。これはある意味で仕方がないことである。人に関心を向けることは知的な行為ではないので，説明が困難なのである。座学で身につくことではない。それでもいくらかの人間理解と自分の人との関わりの実体験に対しての反省（ときにそれは他者の反応や助言による）があれば気づけることでもある。まずは職場で仕事をする人が各々，一度は立ち止まって，自分は人にどのように相対しているかを振り返ってみることが大切だ。さらに，現実にはなかなか機会がないのだが，このことについて職場の同僚や上司・部下と話すことができればなお一層よい。

（伊藤信哉）

注5）松原敏浩・渡辺直・城戸康彰編（2013）第6章　組織コミュニケーション．経営組織心理学．pp.101-120，ナカニシヤ出版．
　　　コミュニケーションスキルは変わりにくいので採用時点でスキルのある者を採用することも重要だとの記述もある。スキルという用語がなじまないことは措くとして，人のコミュニケーションのあり方はその基本に気づくかどうかで変わりうることは強調しておく。人に関心を向けることについては，この文献のような職場の人間関係を扱う心理学では特に言及されていない。

引用・参考文献

厚生労働省（1998）Ⅲ　調査結果【労働者調査】1.（4）仕事や職業生活での強い不安，悩み，ストレス．平成 9 年労働者健康状況調査結果速報．（https://www.jil.go.jp/jil/kisya/daijin/980623_03_d/980623_03_d_kekka.html）

厚生労働省（2008）結果の概要【労働者調査】1　精神的ストレス等の状況．平成 19 年労働者健康状況調査結果の概況．（https://www.mhlw.go.jp/toukei/itiran/roudou/saigai/anzen/kenkou07/index.html）

厚生労働省（2014）Ⅱ　個人調査．平成 25 年度障害者雇用実態調査結果, pp.29-43.（https://www.mhlw.go.jp/file/04-Houdouhappyou-11704000-Shokugyouanteikyokukoureishougaikoyoutaisakubu-shougaishakoyoutaisakuka/gaiyou.pdf）

厚生労働省（2018a）結果の概要【労働者調査】1．平成 29 年「労働安全衛生調査（実態調査）」の概況．p.20-23.（https://www.mhlw.go.jp/toukei/list/h29-46-50b.html）

厚生労働省（2018b）第Ⅱ部　第 1 章　第 3 節　働き方の多様化の進展について．平成 30 年版 労働経済の分析―働き方の多様化に応じた人材育成の在り方について．（https://www.mhlw.go.jp/wp/hakusyo/roudou/18/dl/18-1-2-1_03.pdf）

厚生労働省（2018c）第Ⅰ部　第 2 章　第 4 節　就業者・雇用者の動向．平成 30 年版 労働経済の分析―働き方の多様化に応じた人材育成の在り方について．（https://www.mhlw.go.jp/wp/hakusyo/roudou/18/dl/18-1-1-2_04.pdf）

厚生労働省（2019）障害者雇用状況報告の集計結果（概要）．平成 30 年　障害者雇用状況の集計結果．p.1.（https://www.mhlw.go.jp/content/11704000/000499992.pdf）

久保田陽子（2017）デジタルネイティブの生態と企業の備え．知的資産創造，25（11）；8-15.（https://www.nri.com/-/media/Corporate/jp/Files/PDF/knowledge/publication/chitekishisan/2017/11/cs20171103.pdf?la=ja-JP&hash=56FC3B84E4117F09DA0099C93CB91BFF612EC29C）

宮木由貴子（2015）職場でのコミュニケーションの現状と課題―性・雇用形態・職位の違いによるギャップ．LIFE DESIGN REPORT, SPRING. pp.11-22, 第一生命経済研究所　ライフデザイン研究本部．（http://group.dai-ichi-life.co.jp/dlri/pdf/ldi/2015/rp1504b.pdf）

武類祥子・田中裕介・庄司容子（2015）女性と働く…意思疎通に壁　男女差踏まえ対話を．WOMANSMART, NIKKEI STYLE.（日本経済新聞　電子版）2015-04-18.（https://style.nikkei.com/article/DGXMZO85802350X10C15A4TY5000/）

日本経済団体連合会（2003）第三章　若年者の職業観・就労意識の形成・向上のために．若年者の職業観・就労意識の形成・向上のために―企業ができる具体的施策の提言．p.16.（https://www.keidanren.or.jp/japanese/policy/2003/101.pdf）

日本産業カウンセラー協会（2019）「働く人のこころの LINE　相談@ JAICO」相談件数と相談内容のご報告．（https://www.counselor.or.jp/tabid/101/Default.aspx?itemid=235&dispmid=436）

日戸浩之（2017）就業意識の変化から見た働き方改革．知的資産創造, 25（7）；10-25.（https://www.nri.com/-/media/Corporate/jp/Files/PDF/knowledge/publication/chitekishisan/2017/07/cs20170703.pdf?la=ja-JP&hash=9766712EAC4F0E91ED5153B3D4A5FACDD1C61E93）

日本生産性本部／日本経済青年協議会（2018）平成 30 年度　新入社員「働くことの意識」調査結果．（https://activity.jpc-net.jp/detail/mcd/activity001538/attached.pdf）

岡本亨二（2004）Ⅶ　二一世紀に花開く CSR，2　非財務情報（環境・社会）の重要性と CSR の多様な見方．CSR 入門―「企業の社会的責任」とは何か．（日経文庫）p.188-193，日本経済新聞社．

P&G ジャパン（2017）ダイバーシティ時代の"管理職 1000 人の本音"調査．（https://jp.pg.com/news/release_pdf/20170316p03.pdf）

労働政策研究・研修機構（2017）人材育成と能力開発の現状と課題に関する調査（企業調査，労働者調査）．（https://www.jil.go.jp/press/documents/20170831.pdf）

田畑和彦（2017）現代の若者の「つながり」志向（2）―希薄化論の再考．静岡産業大学情報学部研究紀要，20（20）；217-243．（https://shizusan.repo.nii.ac.jp/?action=pages_view_main&active_action=repository_view_main_item_detail&item_id=1489&item_no=1&page_id=4&block_id=54）

2節　新人研修で見えた企業での人間関係

1. ある研修での出来事

　私は新入社員研修のスタッフを数年間務めていたが，その研修でのエピソードを書きたいと思う。

　ある時の研修でのこと，研修の初めのガイダンスにおいて進行の妨げにならないようにといくつかの注意事項がスタッフにより説明されるのが常であった。その中の一つに「携帯電話，スマホについては携行せず，カバン等に入れ電源も切っておいてください，研修の進行の妨げになりますから」との注意説明があった。研修がスタートし，新入社員研修の参加メンバーはその注意事項を忠実に守っているように見えた。

　研修三日目の午後，新入社員のAさんが午後の研修の開始時間に遅刻した。「Aさん，どうしたのかな？　開始時間を勘違いしているのかな？」とスタッフで話していると，その状況を察した新人研修に参加している他のメンバーの何人かがズボンや上着のポケットからさっとスマホを取り出し，何やら確認しているのに私は気が付いた。彼らはスマホのSNS機能を利用して，遅刻したAさんとリアルタイムでメッセージのやり取りをしてAさんが今どこで何しているのか確認し，Aさんに午後の研修がすでに始まっており，早く出てくるようにとのメッセージを送っていたのだった。

　私は，この場面を目撃して少なからずショックを受けた。今までにも研修に参加するメンバーに対し「携帯電話，スマホについては携行せず，カバン等に入れ電源も切っておいてください」との注意事項は受け入れられ守られてきたと信じており，今回の参加メンバーもそう為されていると信じていたからであった。それが一人や二人ではなく，参加新入社員の過半数に及ぶ人たちによって守られていなかったという事実を目の前に突き付けられたのだ。

　そう思う一方で，仲間からのSNSメッセージ連絡を受けとったAさんは開始時間を勘違いしていることをすぐ了解し，ほんの数分の遅れで現れ，研修はほんのちょっとの遅れのみで開始することができたことも認めざるを得なかった。また，そんな状況において，このスマホ携行の件について気にかけているスタッフも私以外にはいなかった。

2. ルールに対する認識の差

　10年前であれば，広い研修施設内をスタッフ全員で手分けして探し回り，そのために時間が浪費されただろうことを考えると，今回のスマホコールの利点は明白であった。つまり，研修の主催者側が良かれと思って作成した注意事項の内容について少し考え直す必要があるように私には思えたのだった。

　まず，研修における注意事項は，毎回参加したスタッフからの反省会での意見や運営についての会議における意見・要望をくみ上げて，内容を遂次更新していたものの，そのこと自体が各開催回での研修結果を受けての事後対応に近いものだったことに気づかされた。つまり，研修における注意事項はスタッフからの意見を積み上げてきた最大公約数的意味合いのものであった。

　10年以上前のスマートフォンが普及する前のいわゆるガラケーと称される携帯電話が主流だった当時は，研修中に携帯電話がけたたましく鳴るとか，マナーモードになってはいるもののバイブレーションがオンになっていて，いつまでも振動音を鳴らしている携帯電話を止めるために誰もが慌てた経験があるものだ。そんな経験を経てから研修の進行の妨げにならないようにと，「携帯電話は携行せず，カバン等に入れ電源も切っておいてください」との注意事項が生まれた。それから10年以上，研修のスタッフたちはその注意事項を当然のこととして受け止め，参加メンバーにも当然のごとく守ってもらえるものとの意識をもっていたのだが，ICT（情報通信技術）の進歩はすさまじく，スマートフォンを当然のごとく使いこなすスマホネイティブ世代を生み出すに至り，その世代に該当する今回の若い新入社員には注意事項の言葉が字義の通り受け入れられず「翻訳」されてしまい通じなかったのだろうと想像できた。

　別の表現を使うと，今回参加した新入社員はよほどの理由がなければスマホを携行しないという行動はあり得ない，それが常識化されているということだ。今回の研修も彼らにとっては『他人に迷惑をかけるというマナー違反』さえ侵さなければ，スマホの携行はセーフと思っていたようにみえた。

　そう考えると今回参加した新入社員は自主的な判断のもとに行動している姿が見えてきて，一方的にマナー違反を犯している，けしからんメンバーといった見方も研修を主催する側の一方的な主張に思えてきた。現に各自が常備したスマホにより遅刻したAさんの呼び出しに成功したし，さらに言えばスマホによりスケジュールの細かい変更を研修参加者全員でシェアすることができる

というメリットも享受できる。そういったメリットも含め明らかに進化したモバイル・デバイスであるスマホを，今回研修に参加した新入社員たちは使いこなしていただけなのだとも捉えられる。

　企業活動においてもスマホの位置づけは変化していると感じている。私が最近参加した業務連絡会議では，何人かの人たちがスマホを携行して会議に参加している。その一人は 40 代半ばの中間管理職的立場の B さんであり，特別に若い人とは言い難い。ある時の会議の議事の中で話が少々脱線し，「ダイオキシンの毒性」についての話になった。「どんな毒性だったっけ？」と会議に参加している一人が疑問を呈したものの誰も答えられなかった。そんな時，B さんは間髪入れずにスマホを取り出し検索を始めた。ほんの十数秒で「ダイオキシンは廃棄物の焼却などで生ずる副生成物で，人工物質としては最も強い毒性を持つ物質ですが，私たちが日常の生活の中で摂取する量により急性毒性が生じることはない云々……」と検索結果をスピーチし始めた。その場に居合わせた会議出席者は，その説明を聞いて皆なるほどといった納得した表情を浮かべていた。そして「会議中にスマホでググるなんて[注1]」といった批判的主張をする人は一人もいなかった。会議の議事進行の妨げになるどころか議論の中断を避け，会議の生産性をアップしているようなスマホの役割について，異議を唱える人はいなかったと言えるだろう。

　このようにモバイル・デバイスの受けとめ方は，どう利用し活用するかとも関連し，決して固定的なものではなく遂次変化しているし，今後も変化していくことだろう。それこそが，モバイル・デバイスの魅力そのものとも言える属性だからだ。今回研修に参加した新入社員にとっても，それを利用しその便利さを享受している側から言えば，ずいぶん昔の機種のお粗末な機能をターゲットとしたようにみえる規制〜注意事項は納得がいかなかったのかもしれない。彼らの内なる言葉を代弁すれば「今回受けている研修も学校の授業と同じと捉えると，授業中に操作するのは流石に迷惑行為なのも理解できる。それなら他人に気づかれないマナーモードに設定し，携行しつづければ OK だ」という自己判断をしたのではないかと思われる。

注 1) 「ググる」は動詞として，「Google で検索する」という意味。

3. 企業における社員の関係性の変化

　私がこのスマホにまつわるエピソードを取り上げたのには理由がある。先の例は研修における受講参加者と主催者側のスタッフとのやり取りであり，新入社員研修を社外スタッフに依頼したいわゆる研修業務をアウトソーシングした事例であったのだが，企業における新入社員とベテラン社員のエピソードとしてすげ替えたとしてもこの物語は成立すると思われる。

　新入社員が社内研修を受け，私を含めた研修スタッフは，人事部から委託された同社の他部署のスタッフだったとしてもまったく違和感なく受け止められよう。私はベテラン社員としてその研修の場に臨んでおり，新入社員が注意事項を無視してスマホを携行していたことにショックを受けたということになる。この研修での私は，研修の進捗を静観する立場のスタッフであったのだが，進捗が妨げられるほどの何等かのトラブルが生じた場合，対処する立場でもあった。それが端的に示されているチェック項目が『注意事項』だったのだ。『注意事項』は当然，私にも適用されるものだが，このエピソードではそれを守っているお手本たる私と，守られていない新入社員として明確に意識されたのだった。

　私自身が新入社員だった 1980 年頃，すでにオイルショックを経た日本経済は高度成長期ではなかったものの，企業人としての先輩後輩の人間関係は 1970 年代の高度成長期とたいして変わりがなかったように記憶している。つまり，先輩たるベテラン社員は会社における業務実務全般に対して精通しており，頼れる存在であった。今の感覚で捉えれば，生産性は決して高くはなかったものの，それも社員全員が厭わなかった残業業務によりカバーし合い，業務を遂行し処理していたように記憶している。また，先輩社員はアフター 5 の息抜き，遊びについても若手のお手本であり，尊敬する存在だった。それに比べると今の会社における人間関係は様変わりしている。業務処理における細かな処方についてもマニュアル化され，先輩のやり方を見様見まねで模倣する必要はなくなった。社内ネットワークに接続されたパソコンでサーバーにアクセスすれば，必要なほとんどの情報が収集可能であり，まずはそこから調べなさいと言われ，それが列記されたマニュアルさえ存在する。また，常に携行しているスマホを駆使すれば，会社のファイヤーウォールの垣根を超えたネット情報の収集も可能である。企業レベルで捉えれば，ありきたりなホワイトカラー業務は AI に

とってかわられる時代に入ったとも言われている。したがって，若手の新入社員から見たベテラン社員の存在価値は大きく変遷し，低下してしまったようにみえる。

　一方，ベテラン社員にとっては会社の業務スタイルが変遷しているのを肌で感じてはいるものの，自分の価値が低下しているとまでは感じていないようにみえる。正規社員である以上，会社との雇用関係は保証されているし，長年の雇用に対しての今まで通りの報酬も日本では保証されているから，サラリーマンとしての実質的な価値が低下しているとは感じづらい。自分が数十年勤めてきた長年の勤務によるノウハウの蓄積は，若手の社員にはないことを自覚しており，リクエストされればいつでも引き出せると自負している。その一つが先に書いた社内研修における『注意事項』だとすれば，私が先に書いたエピソードにおけるベテラン社員の心情も察しがつくだろう。すなわち，私はルール違反をしている者に対し正当に注意できる立場にあったものの，ルール自体の不合理性にも気が付いてしまった訳で，自分が若かりし頃受けた処遇の蒸し返しでは到底対処できない出来事であることを見せつけられショックを受けたのだ。

　ただ，そのことにこだわる自分に気づくことも大切ではないだろうか。年齢差，世代間の軋轢はずっと昔から存在していたし，先に書いたような新入社員の心情にも心を配れるようになれば，詰まらない感情に支配されることなく，若手社員ともその先の関係性を築けていけるのではと思う。この変革の時代，そしてその時代におけるルールは，そこに生きている人全員を呑み込んでしまうものであるから，若手とも話題を共有し，共感を得るだけでもその後の業務活動での言動は変わってくるはずだし，心情的にも楽になるはずなのだ。

4. 楽しく生きるために

　心理学者の早坂泰次郎は，その著書『世代論』(早坂, 1968) の中で「現代では，人びとは自他を，表面的『共通性』においてだけ結合し，その結果人びとの集団や社会への参加はきわめて部分的になってしまっているところがある」と述べている。この著書が1968年に書かれたものであることに驚かされるとともに，ここで指摘された人びとの部分的結びつきのみが現在に至るまで延々と継続されていると思わざるを得ないことにも驚愕させられる。

　だが逆説的であるが，だからこそこの問題は色あせることなく，われわれに常に問いかけているとも言えよう。

ところで私が取り上げた研修に参加した新入社員の一人からこんな言葉を聞いた。彼曰く「楽しく生きるようにしたい」とのことだった。その言葉を聞いて，私は嬉しい気持ちが湧き上がってきた。おそらく，唐突にこの言葉を聞いていたなら，単なる先入観，先輩サラリーマンという立場のフィルターを通したアタマで理解しようとし，大いに反発していたかもしれない。が，その時の私は，彼が人生について斜に構えずまっすぐに生きていることを数日間の研修を通して感じていた。彼が言葉で言うほど突っ張っているわけではなく，他人からいたずらに「模範的新入生」として捉えられることに居心地の悪さを感じ反発しているだけで，真正面から向き合えばストレートに答えを返してくれること，誠実な対応をしてくれる人間だと信じられるようになっていた。つまり，私自身も年の差を越えて彼らの人間性をみることができるようになっており，研修生たちもわだかまりなく自己表現するようになっていたのだ。そんな彼から発せられた言葉だったから，「仕事を通して社会に貢献したい」「一人前の仕事ができるように精進していきたい」などのような歯の浮くような回答ではなく，われわれ 20 世紀を生きてきた人間からみたら問題山積にみえる 21 世紀を生き抜く指標にも思えてくるその言葉，仮に日本という国が経済的に大幅にランキングを落とし中流国になっていたとしても通用するであろう言葉と受け止められ，偽りのない言葉と確信するとともに彼にエールを送りたくなったのだ。

（大森幹夫）

引用文献

早坂泰次郎（1968）世代論—歪められた人間の理解．p.234，日本 YMCA 同盟出版部．

3節　多様性（ダイバーシティ）の受容と日本の職場

はじめに

　近年，世界レベルで活躍する日本のスポーツ選手の躍進がうれしいニュースとなっている。彼らは日本国籍をもつ日本人も多いが，従来われわれが持ちがちだった「日本人は単一民族」という考え方では対応できなくなっている多様性の現実を感じている方も多いことであろう。実際に日本に居住する外国人は増え続け，企業が雇用する外国人労働者も増加の一途をたどっている。

　そのような中，2019年4月日本政府は，人口減少による労働力不足に対応するため，外国人労働者の受入れに大きく舵をとった[注1)]。

　このため，外国人の採用が本格化することとなり，グローバル展開する企業にとどまらず，職場では多様性に対応するダイバーシティ・マネジメントの課題が本格化することとなる。

　ダイバーシティ・マネジメントとは，ダイバーシティ・アンド・インクルージョン（Diversity and Inclusion）をめざすマネジメント方式であり，「多様性（Diversity）」を「包含（Inclusion）」して，より高次の組織にする目的がある。多様な人々のそれぞれの「ちがい」を尊重し受け入れること，その「ちがい」に価値を認め，ちがいを生かしながら一体性をはかることで，組織を活性化していこうという考え方である。

　1960年代に多民族国家である米国で発祥し発展してきたダイバーシティ・マネジメントの概念は2000年に日本経営者団体連盟により日本に輸入され，グローバル展開をはじめた企業の経営戦略課題として登場してきた[注2)]。

　本稿では，ダイバーシティ・マネジメントに含まれる「ちがい」というキーワードで，日本の職場の人間関係を考察していきたい。

1. 異なる者，はじかれる者とは

　日本のビジネス社会の定義を見ると，「ダイバーシティとは多様な人材を活

注1）日本政府は少子化対策に失敗し，そのために生じる労働者不足（税収不足）を，女性，高齢者，外国人で補おうと法制化を進めた。2016年女性活躍推進法が施行され，2019年高齢者対策大綱で年金支給開始年齢の引き下げが検討され，2019年4月，外国人労働者の受け入れを拡大する改正出入国管理法（入管法）が施行された。

かす戦略である。従来の企業内や社会におけるスタンダードにとらわれず，多様な属性（性別，年齢，国籍など）や価値・発想をとり入れることで，ビジネス環境の変化に迅速かつ柔軟に対応し，企業の成長と個人のしあわせをつなげようとする戦略」（ダイバーシティ・ワーク・ルール研究会，2002）とある。

　グローバル競争にさらされる企業が競争力の源泉を外国人の多様な発想を取り入れることで，保守的な日本の企業風土から，変化に機敏に対応できる挑戦する組織にかえていきたいという意向が見てとれる[注3]。

　では，従来の企業や社会のスタンダードとはどのようなものなのか。その集団からはじかれてきた人々を考察することでその姿を見ていこう。

　まず，従来のスタンダードが主婦のいる男性正規社員を中心に据えてきたため[注4]，定時の就業時間以上の勤務は必須であり，第一にはじかれるのは，残業・休日出勤を含めた長時間労働ができない人がその対象である。身体および精神の障がい者，養育や介護を担う必要のある者などである。

注2）ダイバーシティは1960年代にアメリカで高まった公民権運動をきっかけに人種差別是正のための公民権法，アファーマティブ・アクション政策などがとられ，人種などの差別是正をもとに発生してきた概念である。日本では2002年ころから，日本経営者団体連盟が大手企業による研究会を立ち上げ，導入していった。多様な属性には性別や年齢，国籍だけでなく，障がい，LGBTなど，社会的，組織的少数派（マイノリティ）である人々がそのちがいを理由に活躍できる機会を失っていたことの反省を踏まえて，お互いに理解しあい，ちがいの中にある能力を発揮して活躍できることが含まれている。2017年度の日本経済団体連合会「ダイバーシティ・インクルージョン社会に向けて」と銘打った提言では，マイノリティの中で，LGBTに焦点をあて，適切な理解・知識の共有と，その認識・受容に向けた取り組みを推進している。
（日本経営者団体連合会HP, https://www.keidanren.or.jp/policy/2017/039_honbun.pdf）

注3）外国人の活用には2種類ある。グローバルな展開をめざし，トップマネジメント，研究者，技術者，現地マネージャーなど，専門的分野で個人の持つ高度な職業能力を評価して組織に取り込み，組織力を高めようとする企業が積極的にダイバーシティ・マネジメントに取り組もうとしてきた。他方，2019年4月から外国人技能実習生の枠が広がったことにより，介護，建設，製造業などで労働力不足に悩む中小企業で採用が急速に広がっているが，ダイバーシティ・マネジメントの概念を持っていない経営者も多く，外国人の生活上の支援なども十分とは言えず課題は大きい。

注4）日本政府は1960年代から「夫が働いて収入を得て，妻は専業主婦，子どもは2人の4人世帯」をモデルとした「標準世帯」にこだわった労働政策を展開し続けてきた。
このため，企業においては長らく男性が基幹的業務，女性は補助的業務といった男性主体の組織マネジメントが主流であった。日本企業の風土は，日本人－男性主導型－正規職員優位型－上意下達型マネジメントや数値目標徹底型のマネジメントであり，画一的・硬直的であったと言える。

第二に組織の全体的統一を乱す存在，それは第一に挙げた人々に加え，いわゆる日本文化と異なる人々，地域・組織コミュニティから疎外された人々，職場の輪を乱す人々ではないだろうか。

　つまり，近代から現代に向けて，日本は経済発展を遂げるために，企業競争力を確保する生産性向上をめざし，スピードを重視し，ムダがないよう管理を強化し画一化を進めてきた。このために，スピードについていけない遅れのある人々，管理しにくい個性を持つ人々を除外することとなっていたのである。

　このように従来のスタンダードは「ちがい」を排除し，同質の人を集めることで，摩擦や対立など時間のかかる要素を避け，素早い意思一致で企業目標を実現するモデルであったと言える。

2. 「ちがい」のある文化とは

　社会の特徴をあらわす言葉の一つにコンテクスト（context）がある。コンテクストとは文脈理解で状況や前後関係を表すが，日本は伝えようとする努力やスキルがなくてもお互いに意図を察したり，空気を読んだりして意思疎通を図ることが多い「ハイコンテクスト社会」[注5]である。欧米は言葉を使ってより明確に伝えることで，コミュニケーションをとる「ローコンテクスト社会」であるといわれている。

　たとえば，会議について，ハイコンテクスト社会では情報共有の場としての色彩が強く，上下関係を重視した発言や聞き役に徹して発言しない姿勢も許される。ローコンテクスト社会では，会議は決定が目的であり，情報を提供し議論する，相手に反対の立場をとって議論を深めていくなど，参加者は積極的な発言が求められるのである。

　全国共通の教育をされ，同様な文化で育った日本人は共通性，同一性が高く，「阿吽（あうん）の呼吸」という言葉や「忖度（そんたく）」など，状況を言葉で確認せずに行動することをよしとする傾向がある。他方，ダイバーシティ・マネジメントが生まれたアメリカは多民族国家であり，文化や教育も州ごとに異なるなど，共通の知

注5）コミュニケーションする双方に共通した「伝える事柄の背景や知識」のことをコンテクストといい，このコンテクストの共有性が高いほど，効率よく情報が伝えられる。日本社会はコンテクストの共有が典型的に高い社会であり，他にはタイ，韓国などがある。低いローコンテクスト社会はオランダ，ドイツ，アメリカなどがある（参考：(株)リンクグローバルソリューション資料）。

識が少ない社会である。多様な文化を持つ人が入り交じった多文化社会では，民族，宗教，思想とさまざまなちがいの中で，生活や仕事をしていかなければならない。異文化の壁を乗り越えるためには，自らが発信し説明しなければならない風土となったのである。

さて，本来，人間は一人ひとりが自ら立ち上げた世界を持つ，ハイデガー（1889 - 1976）のいう世界内存在[注6]であり，それぞれ本質的にちがうのである。

そのちがいがわかりやすく目に見え認識できやすいのが，ローコンテクスト社会であり，ちがいが見えにくい，またはちがいを見ようとしないのがハイコンテクスト社会であるともいえる。

次に，そういった日本の職場の人間関係を「ちがい」をめぐる三つの事例から考察してみたい。

3. ちがいを見ようとしない上司たち

Ｔ課長はある中堅企業の管理職であるが，部下のＳ係長のことで思い悩んでいた。Ｓ係長は，仕事熱心で優秀だと評判で，自らをアピールすることも巧みで上昇志向の強い人だと見られている。しかし，部下からの評判は良くない。部下から理由を聞くと，自らの評判を上げるために，部下の功績を利用したり，ライバルを蹴落とそうと悪口をふりまいたりするのだという。

Ｔ課長は温厚な性格で，自分では強いリーダーシップを取るわけではないが調整型のリーダーと自任していて，若い部下とのコミュニケーションも重視し，飲みに連れて行くこともたびたびで，そこで，Ｓ係長の評判が耳に入ったのである。

Ｓ係長は会議で堂々とした態度で意見を滔々と述べるのだが，Ｔ課長はそれを評価するというよりは，「彼が実績をあげていることは確かだが，他人の意見をきちんと聞いているのか」と，「困ったものだ」と眉をひそめていた。

そんなある日，Ｔ課長は上司に呼ばれ，「君の課は最近，実績が低迷しているが何かあったのかね。心あたりはあるかね。……」と言われる。

いったい，この職場では何が起きていたのだろうか。

第一に，Ｔ課長のリーダーシップに不満の声があがっていた。Ｔ課長はＳ係長のみならず，自分と相性のあわないタイプの係長と，十分なコミュニケー

注6）世界内存在については，「第Ⅱ部　1章 1-2)-④」を参照のこと。

ションがとれていなかった。

このため、現場情報を分析し、十分な議論の上に、行動目標を立て、指示を出す当たり前の基本行動がうまくいかず、第一線の係長たちは苛立ちを深めていた。

第二に、T課長が若い部下たちを連れて飲みに行っていたことは、S係長のみならず、他の係長からも面白くなく思われていた。係長たちは、T課長が部下からの係長への不満を飲みながら聞くことで、T課長自体が若手の成長を阻害し、上司に対する信頼感を損なう構図をつくっているのではないかと噂しはじめていたのである。

第三に、T課長はS係長が苦手であり、問題解決の必要性を認識していながら、S係長との対峙をぐずぐずと躊躇している間に職場の雰囲気が悪化してしまったのである。

他方、S係長は自分を高めるために自己啓発に励み、自ら立てたルールは必ず守り、それを誇りにしていた。しかし、S係長は他者と共に在る自分の存在に無自覚であり、自らの主張が正論である分、部下の状況を考慮することはなかった。

実際の部下を見ようとしないS係長は部下一人ひとりのちがいに気が付くこともなく、それぞれのちがいに応じた指導で部下を支援することはなかった。どのような場合も正論で押してくるS係長の指導に、部下は人間性を否定されているようなパワーハラスメントに近い思いを抱き、それが上述のS係長への批判となっていたのである。

委縮している部下はS係長に対して表面上は従順であり、S係長は自らの存在が部下に与えているマイナスの要素に気が付くことができず、上司・同僚からの指摘もないため、自分だけは正しいつもりで、「部下一般」に対して適切でない部下指導を繰り返していた。係長として本来果たすべき役割も全うできない、裸の王様になりかかっていたのである[注7]。

T課長は、自分と正反対の行動派で出世欲を隠しもしないS係長が意見をはっきり述べてくる、その際に威圧的なものを感じていたのであるが、残念なことに、自分がこうなのだから、S係長の部下はより一層の威圧感を感じるの

注7) S係長の在りようについては、「第Ⅱ部　2章4」を参考のこと。

ではないかという視点を持つことはなかった。

　T課長は，調整型リーダーと自らを称しながら，調整しやすい関係の調整は
できても，無意識に対立するような事態をさけていただけだったのである。良
い上司のふりをして，若い部下と飲みながら，若い部下が自らの上司の悪口を
いうのを若干苦々しく感じても，それを指導することはなく，彼らのために事
実関係を解明することもなく，彼らとつながったつもりになる調子の良い関係
が居心地良かったのである。

　T課長のこの態度が，部下とのそれぞれの関係性に影響を与え，率直な議論
が行われにくい職場風土が生まれてしまい，それが業績にも関係してしまった
のである。

　実はこのような自分は良い上司と思いこんでいる「ことなかれ主義」の人は
時々見受けられる。その実際は，人間としての誠実さにかけ，そのために役割
の責任も全うできないのである。これは能力の問題ではなく，この人の人間と
しての在りようの問題である。

　そして，その原因は「ちがい」がある人間同士の「ちがい」を認識しようと
せず，したがって，その「あいだ」をつなぐ努力をしようとせずに，「ちがい」
を見ないようにして，同じところで同調できる集団にまぎれてしまうことで安
心感を得ているのである。それは役割の責任だけではなく，人間としての責任
の放棄なのである[注8]。

4. ちがいを認識したA課長

　次に，職場から排除されそうになったKさんとA課長の事例を見てみよう。
　IT企業に勤めるKさんは同じようなミスを起こしがちで，その理由は，本
来の仕事手順ではなく自らの手順にこだわり，何回注意されても変更しないこ

注8）「第Ⅱ部　3章2」を参照のこと。
　　　ヴィクトール・E・フランクル（1905 − 1997）は，「人格存在（人間的現存在，実存）
　　とは絶対的な他在である，という命題を立てることができる。なぜならば，すべての
　　個人が有していて本質的で価値的な唯一性とは，まさにその個人が他のすべての人間
　　とは異なっている（他のすべての人間に対して他者である）ということに他ならない
　　からである」（フランクル，2011）と述べ，人間には本質的価値的な唯一性があるとす
　　る。そして，唯一性があるからこそ，その人にしかできないことがあり，それが責任
　　性であり，人間の本質（尊厳）であるという。したがって，集団の中へまぎれ逃避し，
　　唯一性を見えなくすることによって，人間はその人のもっとも本質的なもの，すなわ
　　ち責任性を失ってしまうのである。

とにある。その職場では特殊な性格傾向の人だと考えられ，専門家にも相談のうえ，職場からの排除の話が出ていた。

　上司であるA課長はKさんと面談し，本来の仕事手順を守るように話し合いをもった。同意を得られねば，現在の仕事から単独でやる単純作業に配置換えする覚悟であった。

　Kさんは，「私はこのやり方でないとこの仕事ができないのです」と主張し，A課長には，Kさんがどうしてそのやり方にこだわるのか，説明されてもまったく理解できず，このような頑な態度を続けるなら，やはり排除もやむを得ないのかと思い始めていた。

　しかし，そのやりとりで，A課長はハッとした。それは目の前にいるKさんが苦しそうな表情をしながら，真剣そのものの態度であり，それがA課長の心身にひしひしと伝わってきたからである。A課長は，ことの是非は別にして，Kさんは自身の本当のことを必死に訴えているのではないかと感じた。

　Kさんを特殊な性格と色分けし，特殊なKさんと健常者の自分と認識していたA課長だったが，そういう認識でよいのだろうか。もしかしたら，Kさんと自分は実はまったく異なる思考経路をもち，まったく異なる世界に住んでいるのではないか，彼と自分のちがいは大きい。だが，彼を特殊な人間であるとくくって，だから排除するというのでは，いま，自分の目の前で真剣に語り，苦しんでいる一人の人間の存在に対して誠実と言えるのだろうか。

　A課長は意を決してKさんに問いかけた。「Kさん，Kさんは他の人なら抵抗なくやれるやり方ができないんだよね。それは，Kさんに何らかの障害があるのかもしれないよ。そういう検査を受けてみたらどうだろう」。Kさんはうつむいて苦しそうに聞いていたが，やがて，やにわに顔を上げてはっきりと答えた。「わたしには苦手なことがあります。それは確かです。でも，何らかの障害があるという考え方は受け入れたくないのです……」。

　Kさんのきっぱりと意志をもった返事に，A課長はたじろぎつつ，Kさんという存在が胸の奥に響くのであった。

　Kさんを排除してしまったほうがいいのか，それとももう一度説得してみたほうがいいのか，葛藤するA課長は過去のKさんとのある会話を思い出していた。

　Kさんは，方法や手順について自分が納得できなくても，そうしてほしいこ

との背景となる目的が周囲のためや組織のために必要だと理解できれば，協力してくれていたのだ。

　そこで，A課長はKさんに，この手順がよいと考える背景を説明し，それが品質や顧客に与える影響をKさんに説明した。そんなことは当たり前にわかるだろうと思って説明などしなかったことを，言葉を選んでていねいに説明したのだ。

　Kさんは「ていねいに説明いただきありがとうございました。そうすることが全体のために良いのだということがよくわかりました。新しい手順は馴れないところもありますが，どうにか，その方法でやってみることにします。その上で，困ったらご相談します。先日はいろいろと申し訳ありませんでした」と答えてくれた。

　A課長ははじめてKさんと心が通じ合いうれしかった。

　これは，どこの職場にもあるような一幕だが，「ちがい」をちがいと認識し，「あいだ」をつなごうとしたA課長は課長職としての役割を意識しつつ，一人の人間として，Kさんという人間と出会ったのではないだろうか。

　この出会いでは，A課長は組織の管理職として，組織の力で，指示に従わないKさんを一方的に排除する方法もあった。しかし，A課長は，課長という役割をはずした人間Aとして，Kさんの人間としての苦悩を目の当たりに感じた思いの中で，葛藤に苦しみながら，課長職という組織の役割の中で自分が本当にやるべきことは何かと懸命に考えたのだ。

　「ミスはKさんの専売特許ではない。誰でもミスするのだ。組織に少しでも都合が悪ければ，すぐ排除するのでは，皆が安心して働ける職場にならないのではないだろうか。KさんにはKさんの良いところがある。無理やり，皆と同じことをさせるのではなく，Kさんが活躍できる役割をさがそう。それはこの職場にぜったいにある」。

　そこで，Kさんをよく見て，Kさんが日ごろから実はみんなの役に立とうとする人であることに気がついたのである。その後，幾度かの対立を含んだやりとりがあり，試行錯誤と時間はかかったが，この職場ではKさんの個性が生きる役割を見出し，また，ミスが起きにくい，ミスが起きたとしてもすぐ皆でリカバリーできる体制を築いていったのである。

5. 上司の部下を見る目

　最後にある中堅商社営業所の事例を述べたい。この職場では中途採用のＩさんのことで，営業所長と直属の上司が本社に相談をしていた。どうも発達障害の傾向があり，職場で浮いていて孤立し困っている，営業職には向かないのではないかという趣旨である。

　本社が社外の専門家に相談し，面談をしてもらったところ，若干そういう傾向はあるが発達障害と認定には至らず，様子を見ることとなり，二人の上司は，本社は現場の苦労をわかっていないと愚痴をこぼしあったのである。

　ところが，この営業所長と直属の上司が異動し，新たな上司が来たことで事態は急展開した。この営業所はもともと親会社のルートが大きいこともあり，営業職としてはゆったりとした職場で皆そこそこの仕事をしていればよかったのである。

　ところが，Ｉさんはたいへんまじめな性格で，他の営業マンが臆してアプローチしない一流企業にも足しげく訪問する愚直な営業であった。実はそれが職場で浮いてしまっていたきっかけでもあったのだが，顧客に対してはその愚直さが功を奏し，競合があまたあり，なかなかアプローチしても成功しなかった業界大手でＩさんが気に入られ，大口の受注を得たのである。

　Ｉさんは一躍ヒーローとなり，新しい上司は「皆ものんびりしていないで，Ｉさんを見習って行動せよ」と檄を飛ばすこととなったのである。

　日本の職場では，上司は部下の足りない点，他と異なる点に目が向きがちである。マイナス評価の中では，人間は委縮して力を出しにくい。上司の部下を見る目が，職場全体に影響を与えていくことを上司は自覚していなければならない。Ｉさんを偏見なく見て，その特色を評価する上司が現れたことで，Ｉさんものびのびと力を発揮できたのである。

6. ちがいの了解と納得

　さて，ちがいとなる異なる立場や価値観を持つ多様な人材が集まって仕事をすれば，コンフリクト（conflict）が起こるのは当たり前である。コンフリクトとは葛藤・緊張・対立・衝突といった状態を表す言葉で，冒頭に紹介した日本企業の従来型スタンダードでは，避けるべきものとして扱われてきた。しかし，ダイバーシティ・マネジメントでは，集団を活性化し創造的にするために

必要なものと解釈されている。

　価値観がちがい，生活習慣もちがえば，コンフリクトが起こる。それを回避するのではなく，また，相手に寄り添ったり同化してしまうのではなく，徹底して向き合うことが大切である。

　時間をかけて議論することによって，同意点と埋まらないちがいが明確になる。そこまできて，はじめてちがいのある人間同士のあいだがつながり，一人では生み出せなかった新たな価値が発見できるのである。

　早坂泰次郎は，「関係とはつながりとあいだ，あるいは共通性とちがいによってつくりあげられている一つの事実性なのである。人間関係についていえば，かかわりあう二人（以上）の人々の間で，一人ひとりのちがいの了解と納得が深まれば深まるほど，二人の関係は強固になっていくであろう」(1991) と述べている。

　コンフリクトをお互いが超えていく道のりは決して楽なものではない。何より時間がかかる。自己主張が苦手な私たちは，自分の意思に反して，相手に寄り添って，その場を収めようとしがちである。しかし，それでは，ちがいの了解と納得は得られない。自らの意思を明確に相手に伝える。相手の意見を聞く。わからないことは相手にとことん問う。その繰り返しによって，お互いのちがいと共通性が浮かび上がり，了解と納得に行き着くのである。このやりとりを都度続ける覚悟が求められているのだ[注9]。

7.　多様性のある世界を共に生きる

　さて，三つの事例を紹介したが，いずれもキーワードは「ちがい」である。第一の事例のT課長，S係長は，人間の「ちがい」を認識していなかった。T課長はつながることに安心をもとめ，集団にまぎれることで自分の責任を放棄し，S係長はそもそも他者に関心がないため，部下を見ようとしておらず，当然，個々の「ちがい」も見ていなかった[注10]。

　第二の事例のA課長はKさんとの「ちがい」を発見することで「あいだ」をつなごうとした。この苦悩があったからこそ，Kさんとの「共通性」と「ちがい」を了解できたのである。

注9)　「第Ⅱ部　3章3」を参照のこと。

注10)「第Ⅱ部　4章2－1)」を参照のこと。

そして，「ちがい」があっても，ちがいを生かしてお互いが安心して働けるマネジメントの仕方を模索していったのである^{注11)}

　第三の事例のＩさんの上司は，「ちがい」の中に何を見るかを教えてくれる。一つの事象は見る面を変えることによって，180度異なる評価ができるのである。前述のように，人間一人は自らが立ち上げた世界から他者を見ているのである。別の他者が見れば，その方向が変わる。一つの事象をできるだけ的確に見ようとすれば，異なる価値観を持つ人々が力を合わせることが必要なのである。

　まさに，そこにダイバーシティ・マネジメントの本質がある。

　ハイコンテクストな日本社会では，自−他を峻別，対立させることをさけてきたため，自意識も他者意識の成長も弱い場合が多い。

　同質の人間集団の中に自己を埋没させることが安全であった時代は去った^{注12)}。これからはコンフリクトを怖れず，ちがいを了解しながら互いの認識を深めていくしか道はないのである。

　それは，企業の業績のためだけではない。今後増えていく外国人を含んだ新たな日本の将来に向けて，日本人は多様な他者とかかわることで自らを一個の人間として育てていかねばならない。一人の人間が他者とかかわりあうことにより，人間的に豊かになること，ちがいのあるつぶつぶの人間同士が「あいだ」を持ちながら混じりあい共に生きていく社会をどうつくっていくかは，今を生きる私たち一人ひとりの責任である^{注13)}。

注11) 二人以上の集まりである「組織」を構成する人々が，この事例のように「ミスをなくす」など，同じ目標に向かって動くには，「管理（マネジメント）」が必要不可欠となる。組織の構成員が多くなればなるほど，管理は難しくなるため，組織としてのルールを作り，それを皆で守ることによって，組織を運営していくこととなる。組織を運営する「規定」や「手順」のルールをつくり，部課長などの職制に「責任」と「権限」を付与し運営していく。
　　「管理強化」などの言葉は，組織のために一方的に人間を縛るものとして受け取られがちであり，また実際にそういう管理も存在するが，管理することで働く人間を守る側面もある。何を目標とするのか，そして運用側の意識がどうであるかによって，実際が当初目標と異なってしまう場合もあるのが管理の難しさである。

注12) 現在，若年層によるインターネット上でのコミュニケーションは，「いいね」をもらうための承認欲求を満たすものが多く，同じ意見であることでつながりを得たと思い安心し，居場所を確保したつもりになるものが多い。しかし，それは見せかけだけのコミュニケーションであって，人間関係や対人関係と呼べるものではない。対面ではない電話でのコミュニケーションすらハードルが高いという日本の若者が，集団の中に隠れずに，ちがいの中で個として存在できるのか，大きな課題である。それは若者を囲む社会そのものが「ちがい」を肯定的にとらえられるのかの課題でもある。

私たちは，人間が役割のみを生きる一つの集団を構成する一要素としてではなく，一人ひとりの人間存在が異なっているからこそ，その人たちがつくりあげていく共同体[注14]がいきいきとした個性を持つような，そういう社会を目指して努力していきたいものである。

（和才恵理子）

引用・参考文献

ダイバーシティ・ワーク・ルール研究会（2002）報告書．日本経営者団体連盟．

フランクル，V.E.（山田邦男監訳（2011）人間とは何か　実存的精神療法．pp.156-157, 春秋社）

発達凸凹サポート共同企業体編（2014）発達凸凹活用マニュアル2―凸凹を活かす職場づくり．発達凸凹サポート共同企業体．

早坂泰次郎（1991）人間関係学序説．p.227, 川島書店．

堅田十三雄（2017）国際感覚養成ベーシックコース．日本技能教育開発センター．

経済産業省編（2016）ダイバーシティ経営戦略4―多様な人材の活躍が，企業の成長力に繋がる．経済産業調査会．

大内章子・坂上富貴子・吉田梨沙・横田幸恵（2018）ダイバーシティの実践．日本技能教育開発センター．

斎藤環（2015）承認をめぐる病．日本評論社．

注13）異文化の中で成功するビジネスパーソンに求められるものとして，「①自分の考え，アイデンティティーを持つ。②フェアな判断力を持つ。③相手の文化や情報を知り，価値の共有化を図れる。④明確な意思表示ができるコミュニケーション力がある」が挙げられる。

　　　多様性の中で共に生きるとは相手に合わせて同質化することではなく，互いにつぶつぶの異物同士が距離（あいだ）を持ちながら，相手と共に生きることをいうのだ。

注14）ここでの共同体は家族，職場など，複数の人間が集まって構成し，それ自体が自立的に働くものを指す。

4節　「生きがい」のある職場

はじめに

　早坂泰次郎は，企業から「職場における人間関係」という題の講演を依頼されたときに，講演のなかで必ず，「『職場における人間関係』という主題のたてかたは，人間関係という原理的な問題を，生産性を上げ利潤を高めるという，目的のための手段にはじめから変えてしまっている点で，そもそも正しくありません。主題を正しく設定するためには，『人間関係における職場』とすべきです」（早坂，1990；p.6）と「職場における人間関係」という設問の誤りを指摘したという。

　本稿ではまず，日本人の人間関係における特徴を考察し，ミクロ・レベル（個人・個人の人間関係）に限らず，メゾ・レベル（職場など），マクロ・レベル（企業，社会，制度など）の多元的な視点から，早坂のいう「人間関係における職場」へのアプローチを試みる。

1.　日本人の人間関係における「ちがい」と「あいだ」

　われわれ日本人は和気あいあいとした居心地のよい「良い人間関係」を好み，「一心同体」を人間関係の理想と見做して，自己と他者の「ちがい」や「あいだ」はできるだけ排除しようとする傾向があるといわれている。われわれ日本人は日常生活の中でこの「ちがい」と「あいだ」の問題についてどのくらい意識しているだろうか。

　われわれ日本人は，「ちがい」と「あいだ」（距離があること）を嫌う。わたしとあなたは趣味が同じ，はまっているゲームが同じ，フィーリングが同じ，考え方が同じ，ものの見方が同じ……と，なんらかの共通点を必死に見つけ，そこで「共感」を感じられるような気になって安心する。自己と他者との間に厳然とした「ちがい」があり，人間の現実存在（実存）にとって根源的な距離である「あいだ」があることを認めようとしない。

　われわれ日本人は日常生活の中で，ごく自然な態度として自己と他者との「ちがい」や「あいだ」（「原距離」ともいう）を無視，あるいは無関心でいようとする。どうしても「ちがい」や「あいだ」が無視できない状況では，その「ちがい」や「あいだ」を排除しようとする。そして，万一，自分と他者との「ち

がい」や「あいだ」が顕在化してくると，われわれは，お互いに排除されるのではないか，仲間外れにされるのではないかと「恐れ」を感じると同時に，不安や違和感を感じてしまい，一層，「ちがい」や「あいだ」を忌み嫌うようになるのである。その結果，一つのつながりのなかでの「一心同体」の状態が最も良い人間関係と考えるようになる。しかし，一心同体が最良とされる環境では，他者と「ちがい」のある自分の存在は圧迫され虐げられてしまうリスクがある。

　現在，日本のほぼ半数近くの人々（総務省統計局，2019）が何らかの形で企業などの事業主と契約を結び，雇われて生計を立てている。また，企業やそこで働く従業員の懸命な営利追求活動によって，日本の社会保障システムは支えられている。それでは，われわれ日本人の「ちがい」や「あいだ」を恐れ，曖昧にして共通性ばかりを強調する「良い人間関係」観が，日本の社会や企業，そして職場で働くわれわれ一人ひとりにどのような影響を与えているのだろうか。

2．企業で働くということと自己実現

1）企業の目標管理

　企業で働くたいていの社員たちは，年度初めに目標設定を行うことが求められる。多くの場合，この目標は企業の経営方針や組織目標を理解したうえで職場における個人の目標を定め，上司とすり合わせて決定されていく。そして，最終的に当該年度を終えたとき（あるいは終える見込みの時点）で，目標に対する実績を上司と見直し，企業組織によって達成度合いが評価され，給与や賞与の金額や人事考課に反映される。この一連の流れを目標管理制度という。多くの場合，企業の経営方針や売上・経常利益・利益率といった業績に対する目標が最優先され，個人である社員は，その企業目標と「一心同体」であることが顕在的あるいは潜在的に強く求められる。前述したように，他者との「ちがい」や「あいだ」を忌避し，同じであることを求める日本の風土においては，われわれ日本人は，そのような状況に安心感すら感じてしまうのである。当然そこには，われわれ一人ひとりが企業という組織に埋没させられてしまうリスクがある。

　欲求階層説で有名な心理学者アブラハム・マスローは，基本的欲求である生理的欲求，安全の欲求，所属と愛の欲求，承認の欲求を「欠乏動機づけ」とし，自己実現の欲求を「成長動機づけ」として区別した。家族の糊口を凌ぐために

働く，企業に就職し人よりも少しでも高い給料を得るために身を粉にして働く
というのは，もちろん，欠乏動機づけにあてはまる。企業のなかで何らかの役
割を得て所属すること，目標管理制度のプロセスで上司や企業からより良い評
価を受けようとすることも欠乏動機（承認の欲求）である。この欠乏動機に
対して成長動機とは，愛情や信頼，他者への尊敬など人間を特徴づける主題を，
それぞれの人間がその存在として実現（自己実現）していこうとする動機である。

2) 自己実現

　それでは，成長動機としての自己実現とは何であろうか。

　たとえば，教育哲学者であるミルトン・メイヤロフは著書『ケアの本質』の
序の冒頭で「一人の人格をケアするとは，最も深い意味で，その人が成長す
ること，自己実現することをたすけることである」（メイヤロフ，1989；p.13）
と述べ，他者をケアすることこそが，われわれあらゆる人間にとって，自己実
現と成長のために必要であり，「人間として本当に生きていく」ことを可能に
するということを明らかにしている。

　このような意味で自己実現を捉えるとき，企業で働く社員にとっての自己実
現とはどのようなものであろうか。たとえば，相反する利害関係にある取引先
や顧客，社内の関係部署と粘り強い交渉を行い，新しいプロジェクトを立ち上
げていくなかで担当者同士が，お互いに表面的な取引関係を超えた，人と人と
の間の深い信頼関係に気づいていくことも一つの自己実現である。また，本当
に社員にとって働きやすい環境とは何かを職場の仲間と連携して考え，ボトム
アップで粘り強く，経営層や管理職と話し合い，一つひとつ課題を解決して，
お互いの心と心が通じるような働きやすい職場にしていくことも自己実現であ
ろう。あるいは，重い職責を担う専門職が，自分の子どもの心身ともに健やか
な成長を支えるために，多忙な職務を全うしながらもなんとかその子との時間
をつくり，関わっていこうとすることも，職場における社員の自己実現として
大きな意味がある。大事なことは，愛情や信頼，他者への尊敬など人間を特徴
づける主題を職場でいかに実現していけるのか，あるいは，成長動機に基づく
自己実現を可能とする職場をどう築いていくのか，ということである。決して
企業の経営方針や組織目標の達成のためにだけ，いかにして自分を役立ててい
くのかということではない。

3. 働き方改革と構造的パワーハラスメント，そして，「生きがい」

1）働き方改革

　2018 年 12 月に労働施策基本方針（以下，「基本方針」）（厚生労働省，2018a）が閣議決定され，この基本方針で，「誰もが生きがいを持ってその能力を最大限発揮することができる社会を創るためは，働く人の視点に立ち我が国の労働制度の改革を行い，企業文化や風土を変え，働く一人一人が，より良い将来の展望を持ち得るようにすることが必要である」（厚生労働省，2018b，傍点は筆者による）と，「働き方改革」の必要性を強調した。

　ここでいわれている「生きがい」とは何か。基本方針のなかに「生きがい」とは何かについての明確な記述はない。書かれているのは，「誰もが生きがいをもってその能力を最大限発揮することができる社会を創る」ことは，経済成長を実現するための前提であるということである。そして，政府はそのような社会を創るために，いくつかの労働施策を実行していくとしているが，本来「生きがい」を実感すべきわれわれ一人ひとりの存在は，社会や企業の経済成長の中に埋没してしまい，日本の経済成長を支えるための単なる労働力のみを提供する存在になってしまわないだろうか。

　前述したように，マスローは人間の欲求を欠乏動機づけと成長動機づけとに分け，自己実現の欲求を「成長動機づけ」とした。そして，自己実現の欲求とは，愛情や信頼，他者への尊敬など人間を特徴づける主題を，それぞれの人間がその存在として実現していこうとする欲求である。「生きがい」をこのようにわれわれ一人ひとりの自己実現と結びつくものと捉えるとき，基本方針のいう「生きがい」は，欠乏動機づけに留まっているように思われる。なぜなら，基本方針において労働者である個々の人々は，最大限能力を発揮すべき存在であり，経済成長に貢献すべき存在であって，決して自己実現の欲求を充足し「生きがい」を感じて生きる人間一人ひとりの存在としては捉えられていないからである。

　早坂は，「生きがい」と「やりがい」の違いについて次のように述べている。「企業の中のしごととは，どんなに重要なものであっても，人間にとっては所有であって存在そのものではない。人はしごとを『得たり』，『失ったり』する。しごとだけにしか生きがいを持ちえない人は，停年退職によってしごとを失ったり，交通事故や病気でしごとができなくなったりすれば，生きがいを失うほ

かない。老人や病人に通用しない生きがい論は正しい生きがい論ではない。生そのもの，存在そのものの充実としての生きがいが，しごとにあたえるハリこそが，真の意味でのしごとにおける生きがいなのであって，単なるやりがいによって存在そのものの空虚をごまかすことを，生きがいといってはならない」（早坂，1990；p.78）。

　ここで述べられている，人間にとっての所有である「やりがい」は欠乏動機，人間にとって存在そのものの充実である「生きがい」は成長動機に結びついているように筆者には思われる。われわれは，欠乏動機と成長動機を混同してはならないのと同様に，「やりがい」と「生きがい」との違いを明確にする必要がある。「やりがい」は，確かに社会や企業がわれわれに与え，満たされていくものかもしれない。しかし，われわれの生そのもの，存在そのものの充実としての「生きがい」は，社会や企業が個人に与えるようなものではなく，われわれ一人ひとりが，人と人との関わりの中で発見し，実現していくものなのである。

2）構造的パワーハラスメント

　厚生労働省が2017年4月に発表した調査結果（2016年度実態調査）によれば，過去3年間にパワーハラスメントを受けたことがあると回答した従業員は32.5%（厚生労働省，2017）にのぼり，日本の従業員の約3分の1が職場で何らかのパワーハラスメントを受けたと感じていることになる。また，この調査結果によれば，従業員向けの相談窓口で従業員からの相談で最も多いのはパワーハラスメント（32.4%）で，以下，メンタルヘルス（28.1%），賃金・労働時間等の勤労条件（18.2%），セクシャルハラスメント（14.5%），コンプライアンス（13.0%），人事評価・キャリア（9.3%），その他（5.0%）と続く。これまでにふれた，目標管理（人事評価）の問題よりもパワーハラスメントの問題のほうが，多くの従業員を悩ませていることがこの調査結果からうかがえる。

　ここで，職場におけるパワーハラスメントについて考えてみよう。

　企業の経営者や管理職が，業務効率の向上と生産性の向上，そして組織の統治機構（ガバナンス）の徹底のみに注力すると，職場には，友情や愛情，他者への尊敬を実現していこうとする自己実現の欲求を抱き，「生きがい」を実感していこうとする社員一人ひとりの存在は排除されてしまう。そのような職場では，企業の業績にしか責任を負わないような管理職による社員へのパワーハ

ラスメントが始まる。このパワーハラスメントは，ある一人の性格の歪んだ上司による部下への個別的な嫌がらせなどではない。経営者が統治機構のみに注力して，社員一人ひとりの人間の尊厳を無視する「指導」という名目をふりかざす管理職のパワーハラスメントを黙認あるいは暗黙に促進し，個別的な嫌がらせは組織全体の構造的パワーハラスメントとなるのである。そして構造的なパワーハラスメントは，職場全体を覆い，社員たちの自己実現の欲求のみならず，人間らしいみずみずしい感性までもが沈黙させられる。

　早坂は，「管理や経営のなかで，『人間尊重を簡単に実現できる』，と信じている人は，（中略）自分はあくまでも管理（経営）者にとどまりながら，相手たる部下だけを裸にしてしまおうとしている。そしてその結果は，最もおそるべき人間操縦になり果てる可能性をもっているのである」（早坂，1987；p.191）と指摘した。職場に構造的なパワーハラスメントが跋扈し人間操縦が猛威を振るうとき，その職場から「人間」は抹殺されてしまう。

　長時間労働など過重労働の是正や過労死等の防止は，もちろん対策を急がれる喫緊な政策課題である。政府や企業の経営者が，もし，「働きやすい職場」は単純に業務効率化で労働時間を削減することで実現でき，「生きがい」を，社員一人ひとりが絶対時間（時計時間）としての余暇時間を増やすことだけで実感するものだと考えるのであれば，再考すべきである。社員に対し一方的な力の関係を背景に，業務効率向上と労働時間の短縮を押しつけるだけになれば，成長動機に基づいた自己を実現すること，「生きがい」を実感することは排除され，組織・上司からの指導・指示だけが職場を支配するようになる。そのような職場は短期的には生産性を上げ，業績を向上させることはできるであろうが，本当の意味での「人間を尊重」した，働きやすい職場にはなり得ない。そのような職場は，基本方針が目指す「働く一人一人が，より良い将来の展望を持ち得るよう」な職場とはほど遠く，社員の心は職場から離れ，離職する社員も多数出てくるであろう。結果として，そのような職場は，長期的には生産性の向上は望めず，業績の停滞，あるいは低迷を避けられない。

　先ほどの厚生労働省の調査結果によれば，パワーハラスメントを受けたことがあると回答した従業員は，4年前の調査結果（2012年度実態調査）と比べ7.2％増えている。今後，この数字を真剣に減らしていこうとするのであれば，政府や企業の経営者は，われわれ日本人一人ひとりにとっての「生きがい」とは何

かを深く吟味し，より明確にして，社員一人ひとりが職場で「生きがい」を実感できるような「働き方改革」を提起し，推進していくことが求められる。

　一方，われわれ社員一人ひとりは構造的ハラスメントの前でまったく無力なのだろうか。

　ある特定の個人へ向けられた構造的ハラスメントは，その職場全体にマイナスの影響を与える。もし，この構造的ハラスメントをある特定の個人に向けられた個別的なものとしてとらえ，自分は関係ないと考えるのであれば，この問題を克服することは不可能である。職場全体を影のようにおおうマイナスの影響を社員一人ひとりが感じ，ハラスメントの対象となった社員とともに職場における人間関係の不自由さを感じ，それに向き合っていくことが，この構造的ハラスメントに立ち向かっていくための前提になる。そして，どのような形であれ，この構造的ハラスメントに立ち向かっていくところに，社員一人ひとりが自己を実現し，「生きがい」を実感する可能性があるのだ。

　もっとも，ここでいう「立ち向かう」とは，組織や上司と対決するということだけを意味しているのではない。この問題に社員が連携して向き合い，社員同士で問題を共有して励まし合う，あるいは，職場の改善について助け合っていくことも含まれる。また，立ち向かっていった結果，場合によっては離職するなど，新たな人生を切り開くための契機となるかもしれないが，逆に，向き合い，立ち向かっていくことがなければ，個人は組織や上司の前で無力のままなのである。

4.「生きがい」のある職場

1）自分を大切にするということ

　企業で働く社員一人ひとりのあり方について考えてみる。

　われわれは，欠乏心理の魔の手に陥ってはならない。かつて，筆者が若く管理職になりたての頃，「若い社員が会社に入ってきたらまず車を買わせ，家を買わせろ。そして，借金漬けにして会社を辞められないようにして仕事をさせろ」というような話を聞いた記憶がある。人間には弱いところがあり，一つを手に入れると次にはもっと良いもの，もっと高い地位，もっと良い生活を求めるようになる。そして足りれば収まるはずの欲求は，飽くことを知らない欲望へと変質していき，いつの間にかそれが当たり前のような錯覚をもってしまう。若いうちは定収入を得て生活を安定させる，結婚して子どもをつくり育てる，

それなりの社会的地位を得るなど，基本的欲求である欠乏動機づけに支配され生きていくことはある程度はやむを得ないことであろう。しかし，欠乏動機づけだけに陥ってしまうと，会社に従属するだけの存在になってしまい，本来最も大切である自分と，自分の家族など自分のかたわらにいる人たちを見失ってしまうことになりかねない。

　ある程度年齢を重ね，子育ても落ち着いてきたら，自分の生き方を一旦立ち止まって考え直してみてはどうだろうか。「便利で快適な，経済的に豊かな生活を得てきたかわりに，われわれは何か大切なものを失ってはいないだろうか」「友情や愛情，信頼といった本当の人と人との関わり，あるいは人間として成長することや『生きがい』を見失ってはいないだろうか」と。

　日本の社会はさまざまな面で大きく変化してきた。少子高齢化が進み，人口減少局面を迎え，男性が稼ぎ主というモデルの家族形態は今や過去のものとなりつつある。また，IT（情報技術）やICT（情報通信技術）の分野では，ビッグデータやAI（人工知能）等の技術革新が進み，これらの技術革新は製造現場だけではなくホワイトカラー層の仕事のあり方にも大きく影響を及ぼしてくるだろう。もはや従来の固定化した価値観は通用しない。われわれが家族や友人を大切にするとともに，職場においても「生きがい」を実感する充実した生活を送っていくためには，われわれ自身が今，一人の人間としてどういう状態にいるのか，何を感じているのか，何ができるのか，何がしたいのか，そしてこれから何をすべきなのかを，振り返ってもう一度よく考えてみる機会があっても良いだろう。

　他者との「ちがい」や「あいだ」を恐れ嫌うわれわれ日本人にとって，他者と違う自分を受け入れ，他者とは違う自分を大切にして，他者と違う人生を生きていくことは，周囲の人たちや家族との関係や，われわれ自身がもつ固定化した価値観とのあいだに大きな葛藤をうむ。これらの葛藤に立ち向かうためには，われわれ自身に相当の覚悟と忍耐，勇気が求められる。そして，この葛藤を克服するためには，われわれ一人ひとりが，自分と違う他者を受容し，認めて，心から尊敬し，他者と違う自分を受容し，認め，本当に大切していくという，「ちがい」を大切にする感覚を身につけていかなければならない。そのためには，みんな一緒，一心同体という，普段身についている感覚から離れ，他者とは「ちがう」自分という存在をありのままに受け入れられるタフさが必要になる。

2）求められるタフさ

　インターネットで「二度泣き」と検索すると、「札幌の二度泣き」や「岡山の二度泣き」ということばが出てくる。ここでは具体名を避けるが、ある地方の大都市 X に転勤したサラリーマンの間でささやかれている「X の二度泣き」という言葉を、職場における葛藤を乗り越えるために求められるタフさを考えるための一例として取り上げてみる。

　X 市は人口 100 万人を超える政令指定都市である。地理的・歴史的な背景は不問とするが、X 市は外部から来た人間に対して排他的な土地柄で知られている。東京本社に勤務していた営業職の社員 A 氏は、職場に地方からさまざまな人間が集まり、それぞれの社員にさまざまなバックグラウンドがあるという感覚を否応なく身につけさせられてきたが、職務の都合で X 市にある支店に配属された。A 氏は、自分を拒絶する職場にただよう「妙な一体感」というべき独特な雰囲気を感じる。地方の取引先との関係も敷居が高くてなじめない。職場や社宅のそばに馴染みの飲み屋もない。このような転勤したばかりの A 氏が感じる疎外感やいじめられているような感覚からくる辛さや寂しさを、赴任後最初に泣くという意味で「一度泣き」という。しかし、このような泣きたくなるような逆境に耐え、粘り強く職場の同僚や、取引先と真摯に関わり、近所の商店街や飲み屋の主人や客と親しく語り合い、交わっていくことで、次第にお互いを認め合い、お互いを隔てていた心の壁のようなものが解けていく。そして、数年にわたる赴任期間のうちに、A 氏はかつて東京本社で勤務していたころには経験したことのないような、心の通った温かい交流を職場の同僚や取引先の担当者、商店街など地域の人々との間でもつようになり、いよいよ東京本社に帰任するときには、さまざまな集いの送別会で、別れを悲しんで泣くだけではなく、自分を受け入れてくれた彼らへの感謝の気持ちで泣く。これを、二度目に泣くという意味で「二度泣き」という。

　このような例は、X 市に転勤したサラリーマンに限らず、違う部署への配属、関係会社への出向や転任、あるいは転職というような職場環境が変わるときに多かれ少なかれ経験されるものであろうが、この例で取り上げたいのは「一度泣き」から「二度泣き」に至るまでの過程である。

　今までの生活歴から自分の中に築いてきたバックグラウンドや価値観と異なる他者の集団の中に一人で放り込まれたとき、当然のこととして集団と個人との間で激しい葛藤が生じるが、そこでのしわ寄せはたいてい個人の側に寄せら

れる。このようなときに，当事者たちに「『ちがい』や『あいだ』を認めてお互いによい人間関係を築いていきましょう」といったところでまったく意味をなさない。かえって，集団側は転勤してきた個人をよそ者として排除しようとするだろう。転勤した個人の方も，集団が自分と「ちがい」があり「あいだ」を大切にしなければならないと一般論を説かれても寂しさや疎外感に対して何の解決にもならないはずだ。上記の事例で重要なのは，「ちがい」や「あいだ」にさらされている個人が，その「ちがい」や「あいだ」をありのままに受け入れ，いかにして集団を構成する一人ひとりと関わり，人間関係を育んでいけるかということである。

　X市内の企業向けの営業を担当するA氏は慣れない土地での取引先回りを懸命に行い，真摯に営業活動を行っていくことで次第に取引先の担当者と信頼関係を醸成し，取引先の担当者の業務上の悩みや課題を共有して，共に解決方法を考えていけるようになる。職場においても，自分に任された職務を責任感をもって取り組み，上司や同僚，関係部署と連携しながら遂行していくことで，少しずつ職場の中での存在が認められていくようになる。A氏の自分とは「ちがう」他者に対する「懸命さ」「真摯さ」「責任感」と，他者と関わり，「連携」していこうとする態度が，A氏とA氏を取り巻く周囲の他者一人ひとりとの関係を変容させていくのだ。A氏がこうした態度をとっていくためには相当なタフさが求められる。

　転勤して間もない，心が折れそうになっているA氏を支えたのは，東京に残してきた家族のために仕事を辞められないという責任感や義務感かもしれない。しかし，それだけであれば，この責任感や義務感がかえってA氏の重荷になって，A氏の心を苛みはしないだろうか。あるいは，家族や友人，東京本社のかつての同僚の励ましがA氏を支えたのかもしれない。しかし，親しい人たちと別れ一人になったとき，A氏をおそう寂しさや疎外感はそのような励ましの言葉だけでは消し去られることはないだろう。結局，A氏を支えたのは，A氏が必死に周囲の他者と関わり，人間関係を育もうとする「自己実現」の欲求ではないだろうか。

　A氏が新たな環境で他者との関係を挫けずに築いていこうとする過程で，次第に周囲の他者もA氏そのものの存在に気づき，A氏のことが気になってくる。そして，周囲の他者一人ひとりもA氏との関わりの中で生きていこうとしていることにA氏が気づくとき，A氏のこの自己実現の欲求は満たされ，A氏

は周囲の人間関係の中で自由を感じるようになる。そこでは，当初は心を閉ざしていた人々との心の通った温かい交流がうまれ，A氏は深い喜びと充実感を感じるのである。ここで求められるタフさとは，人間関係の逆境の中で耐え，あきらめずに，さらに他者と真剣に関わっていくことであり，他者との葛藤を乗り越え，本当の人間関係を築き，人間関係の中で自由になろうとする，本来人間が備えているはずの強さとしなやかさなのである。

このタフさは職場にプラスの影響を与える。A氏が配属した当初，「よそもの」としてA氏に頑（かたく）なに冷たく接していた直属の上司は，A氏の職場での働きぶりや顧客対応に触れ，次第に「よそもの」というステレオタイプを脱して，「Aさんの営業としてのフットワークは良い」とA氏をA氏そのものとして評価するようになる。職場全体もA氏のタフさの影響を受け，それまでの閉鎖的・同質的で沈滞しがちだった職場の雰囲気に変化が起こり，活気がうまれる。A氏のタフさが契機になって，A氏と周囲の他者の一人ひとりが，自分とちがう他者を受容し，認めて心から尊敬していくようになるのだ。このようなことの積み重ねが，本当の「働きやすい職場」の礎（いしずえ）になるのである。

まとめ

政府や企業の「働き方改革」といったマクロ・レベルの問題についても，目標管理や構造的パワーハラスメント，あるいは転勤といった職場におけるメゾ・レベルの問題についても，われわれ一人ひとりが，ミクロ・レベルにおいて他者との関係を懸命に築いていくことで自己を実現し，一人ひとりが「生きがい」を実感していこうとすることが，問題解決の糸口となる。人間関係の問題において，ミクロ・レベルの取り組みが，メゾ・レベルの取り組みにつながり，マクロ・レベルに広がっていく。決して逆ではない。

ここまで早坂のいう「人間関係における職場」について考えてきたが，早坂が指摘したように，「職場における人間関係」ではなく，本当の人間関係を実現するための職場はいかにあるべきかが，職場の管理職，経営者，政府機関が取り組むべき問題になる。そして，われわれ日本人一人ひとりの最大の課題は，他者との「ちがい」と「あいだ」に向き合い，本当の人間関係（人格間関係）を築いていくためのタフさを，われわれ一人ひとりがいかにして回復し，体得し得るのか，ということにあるといえよう。

（和智章宏）

引用・参考文献

ブーバー，M.（稲葉稔・佐藤吉昭訳（1969）ブーバー著作集4 哲学的人間学．みすず書房）

ブーバー，M.（佐藤吉昭・佐藤令子訳（1968）ブーバー著作集2 対話的原理Ⅱ．みすず書房）

早坂泰次郎（1987）人間関係学．同文書院．

早坂泰次郎（1990）生きがいの人間関係学―信頼で結ばれる人間関係．同文書院．

早坂泰次郎編（1994）〈関係性〉の人間学―良心的エゴイズム．川島書店．

厚生労働省労働基準局（2017）平成28年度 職場のパワーハラスメントに関する実態調査．
　（https://www.mhlw.go.jp/stf/houdou/0000163573.html）

厚生労働省（2018a）労働施策基本方針（https://www.mhlw.go.jp/stf/newpage_03094.html）

厚生労働省（2018b）労働施策基本方針（本文）．p.2.（https://www.mhlw.go.jp/content/
　11602000/000465363.pdf）

マズロー，A.H.（小口忠彦訳（1987）改定新版 人間性の心理学．産業能率大学出版部）

メイヤロフ，M.（田村真・向野宜之訳（1989）ケアの本質．ゆるみ出版）

総務省統計局（2019）労働力調査（基本集計）2019年（令和元年）7月分（2019年8月30日公表）
　（https://www.stat.go.jp/data/roudou/sokuhou/tsuki/index.html）

第Ⅱ部　人間関係学の思想的背景

福井雅彦

1章

基本的立場

1．他者をどのように理解するか

1）他者理解の難しさ

　私は以前交通事故に遭ったことがある。まずその経験談から紹介したい。

　その日はあいにく道路が渋滞していて私は長い車列の最後尾に停車したのだが，しばらくすると後ろからキィーッ……とタイヤの軋み音がしたかと思うと，次の瞬間，ドンと衝撃があり，私の車は押し出されて前に停まっていた車に衝突した。私の車はいわばサンドイッチ状態にされたのである。後ろの車のドライバーの脇見運転が直接の事故原因であった。幸い前後の車の運転手や搭乗者に怪我はなかったが，私は首を痛めてしまい，救急車で近くの病院に運ばれたのである。診断は頸椎捻挫であった。

　その後私はしばらくその病院の整形外科に通院することになったのだが，事故から数週間後のことである。担当医がいつものように一通り診察を終えてから，おもむろにカルテを裏返してそこに何かの図（図1-1）を描き始めた。

　それは縦軸に痛みの程度，横軸に時間の経過を記した二本線による簡単な図であった。そして図の左上から右下に向かって曲線を引きながら「痛みはこの

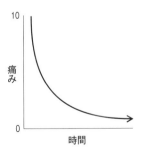

図 1-1　他者理解の難しさ

ような曲線をたどっていくんですよ」と私に説明した。つまり痛みの程度は時間が経過するにしたがってだんだん減少するというのである。そして「事故直後の痛みが仮に 10（最大）だとすると今はどのくらいですか？」と質問してきた。私は一瞬戸惑ったが，確かに痛みは少しずつ軽減しているので「そうですね。3 くらいですね」と答えた。すると担当医は納得したような表情であった。

　事故による首の傷みはあくまで私が感じているのであって，たとえ医師であっても直接的にはわからない。だからこそ担当医は先のような図を描き私に質問をしたのだろう。痛みという主観的な感覚を他者と共有するには，それを数量化するのが便利な方法である。

　さて確かに治療の効果はあって，その頃すでに日常生活においては特に大きな支障はなくなっていたが，何となく首に残る鈍い痛みと凝り固まったような感じがどうしても気になってしまい，私は何かにつけて集中できず少しイライラした気分であった。ただそれは担当医にはなぜか話すことができず黙っていたのだが，結局最後まで伝える機会を逃してしまったことを今でも覚えている。

　ところで私はその時以来疑問に思ってきたことがある。それは，事故直後の痛みを 10 だとして，今は 3 であるとの認識から，医師は一体私の何を理解したのかということである。

2）現象学的方法と対話的方法

　他者理解は難しい。自分が理解したと思っただけでは不十分であり，相手が理解されたと感じなければならず，結局人間関係の問題だからである。

　他者理解の方法としてはもちろんさまざまある。広義の人間理解に資する学問分野としては誰もが知るように，たとえば文学，哲学，宗教学，言語学，歴史学，社会学，教育学，心理学，精神医学……があるが，実は 19 世紀後半には自然科学が急速に発達し，特にその方法論が人文系，社会系学問を含めて，学問全体の中で圧倒的な影響力を持つに至った。中でも実験，調査，データ収集，測定，数量化などの手続きや方法は上述した人文系，社会系分野の学問にまで及んできた。

　たとえば同時代を生きた行動主義心理学者ワトソン（1878－1958）は心理学から何と意識研究を主観的なものとして排除し「人間の活動を予言し，支配することは，行動主義心理学の仕事である」（ワトソン，1980；p.28）とまで豪語し，自然科学の方法論を心理学研究に導入した。

今日21世紀に至るまで自然科学は衰えることなく発展し続けている。もちろん人間も生物体であり「ヒト」としての共通の側面を持っており，生物学，生理学，医学などの対象でもあるため，自然科学的な方法論は必要である。しかしそれは人間理解や他者理解としては必ずしも適切なわけではない。なぜなら人間はヒトに尽きるのではなく，すなわち自然科学が対象とする範疇に収まるものではなく，まさに人文系，社会系学問が対象とする分野にも関わっており，こうした分野では実存，人格，内的世界，意識，身体（肉体ではない），死，主観，客観，意味，世界……が主題化されざるを得ないからである。自然科学の方法論だけではこうしたテーマにまつわる人間の理解はできないだろう。

　このような背景や問題意識から生まれてきたのが現象学である。現象学は私たちが自然科学に特徴的な普遍的・論理的・客観的認識方法などを当然の前提とすることを「自然的態度（natürliche Einstellung）」として，そこに潜む問題点を鋭く見抜き，現象の本質に迫るべく20世紀初頭に提唱された哲学の一派であるが，他者の主観的世界に近づく方法としても非常に優れている。

　一口に現象学と言っても多くの立場があるが，最初に創始者フッサール（1859-1938）が提唱した視点を他者理解の基礎的文脈に限定して紹介しておきたい。

①　現象の数量化と測定術

　痛みなどの感覚は主観的なものなので他者に直接わかるものではない。しかしそうはいうものの医療において，また私たちの日常生活においても，相手の痛みの理解とそこへの対応は重要である。ではどうしたらよいのだろうか。その方法の一つは先に紹介したように，痛みであれば，それを数量化して示すことである。

　猛烈に痛い，かなり痛い，少し痛い……との言語的・身体的表現に出会っても私たちは如何ともしがたい。猛烈に痛いとは一体どのような状態なのだろうか。想像することはできようが，表現にはもちろん個人差があり，またそれを理解する側も同様であるから十分正確な理解はできないだろう。しかし仮に主観的な痛みを測定し数量化することができれば共通理解しやすくなる。フッサールも「客観性を与え，相互主観的なものにするのに役立つのは，言うまでもなく測定術なのである」（フッサール，1995；p.56）と述べているが，一人ひとり異なる主観的感覚を共通のスケールに表し，誰にでもわかるようにする手続きや方法が数量化であり測定術である。

確かに私たちは現象を数字で示すことによって，それが正確に誰とでも共通理解可能な客観的なものとなり相互主観的になったと思いこむ傾向がある。しかしここには数字の魔力がある。

　仮に部屋に置いてある温度計の目盛りを見ると20度だとしよう。20度とは大袈裟にいえば測定値である。しかしそこに居合わせる各々がその同じ20度を暑い，寒い，ちょうどいい……と感じているのが現実であるから，測定したところで，ただそれだけでは，個人個人の快不快の主観的体験内容まで知ることはできないのである。

　したがってフッサールは数量化や測定術を必ずしも肯定的に捉えているわけではない。むしろそれらによって重要な何かが失われると考えている。「いまや算術的思考は，すべての直感的現実（anshauliche Wirklichkeit）から完全に切り離され……アプリオリ[注1]な思考となる」（p.82）との表現に鑑みれば，フッサールの関心はむしろ「直感的現実」そのものの方なのである。では直感的現実とは何だろうか。

②　前述語的経験

　直感的現実とは何かという問いに迫るために私が注目するのはフッサールの「前述語的経験（die vorprädikative Erfahrung）」（フッサール，1975）という概念である。

　普通私たちがする判断は「雪は白い」のように形式的には「SはPである」と記述されるが，このような判断が為される前の段階における，つまり私たちによって現象が整理され判断がくだされる以前の生（なま）の経験が前述語的経験に相当する。しかしこれは一体どういうことか。

　具体例で考えてみよう。

　私は教師の仕事をしているのでその経験談になるのだが，たとえば100人以上収容できる大きな講義室でやや長時間の講義をしていると，どうしても話が一方向的になりやすいため，学生が窓の外を見たり，あくびをしたり，伸びをしたり，控えめながら隣の学生と雑談を始めたり，あるいは何となく落ち着かず室内がざわついたりすることがある。つまり学生の集中力が落ちてくるのだ。その理由は他にもいろいろと考えられる。たとえば私が学生の関心がないこと

注1）アプリオリ（ラテン語：a priori）とは経験に先立つという意味で，ここでは算術的思考が直感的現実を捉えることに優先する思考になっていることを示している。

を延々と話しているのかもしれないし，あるいは話し方自体が単調になっているのかもしれない。しかし理由がどうであれ，学生は「この講義はつまらない」「この講義は退屈だ」等々のように，すなわち「SはPである」のようには自分たちの気持ちや思いを明確には表現しない。一方私はこのような時「学生（S）は講義に不真面目（P）である」などと断定しやすい。

　それでも私がいち早く学生から発せられている上述したようなサイン（身体反応や雰囲気）を感じ取り，その意味を「学生（S）は講義に退屈（P）している」のように少し踏み込んだ判断ができれば「ではこれから視聴覚教材によって考えてもらいます」というように新たな講義展開もできるはずである。ということは，私たちは実際はなかなか気づきにくいのだが「経験の個別的対象はその判断に先立って，つまり前述語的なものとして明証的に与えられる」（フッサール，1975；p.19）ものだったのだ。

　ここからわかるのは，現象は現実には非常に込み入っていることである。

　ということは「SはPである」という判断も実際は「aであるS」「bであるS」「Qと関係するS」（p.17）などのように思ったより複雑であり，Sにはさまざまな事象が随伴しており，こうした事象は仮にフッサールのいうように明証的に与えられるとしても，私たちは必ずしも明証的に認識できるとは限らないのである。だからこれが予期もせず落とし穴になっていることに十分留意しなければならない。

　たとえば父親が暴君として君臨する家族のセラピーを担当する治療者が「父親（S）は人格障害（P）だ」と結論づけることもあろうが，実際本人の住む世界を探求してみると短気な性格を恥じていて，もっと素直に子どもに愛情を伝えられたらいいと思っていることに気づくかもしれない。その場合は父親の態度の解明にこだわらず，家族がもっと良い方法で父親と関われるようにセラピー自体を変容させれば，父親もこれまでとは違う方法で自分を表現するようになるかもしれない（ガーゲン＆ガーゲン，2018；pp.97-98参照）のだ。

　ということは「父親（S）は人格障害（P）だ」という判断によって「短気な性格を恥じている（a）父親（S）」……のような前述語的経験が隠されてしまったり世界内存在（後述④参照）から遠ざかってしまったりする場合もあるのだ。ここには私たちが判断する際の悩ましいジレンマがあるといえよう。

　ところで話は前後するが，先に紹介した私の交通事故の例に戻るならば，担当医は事故直後の痛みが10とすれば今の痛みは3であると理解し，治療はう

まくいっていると判断したのであろうし，それは決して間違っていたわけではないが，しかしその理解の仕方は当然のことながら，医学的・治療的観点に結びついており，私の直接的経験世界（現実）にまでは及んでいなかったことになる。つまり他者理解（怪我の理解ではない）という点から見れば，担当医による数量化の方法は直感的現実を捉えておらず，あるいは端から関心の対象になっておらず，不十分・不適切だったのであり，むしろ「痛みは3である」と共通認識したはずのその数字が，結果的には医師の前述語的経験（私の少しイライラした気分）を隠蔽したことになる。フッサールの懸念は数量化や測定術に必然的に伴うこのような思いがけない事態である。

③　生活世界

　私たちの日常世界はフッサールの概念では「生活世界（Lebenswelt）」に相当する。これは科学が複雑な現象を因果性，規則性，法則性，数量化あるいは普遍性，客観性，論理性などの観点から整理整頓する前の根源的世界のことである。「論理的意味での客観的理論は，生活世界のうちに……根をおろし，そこに基礎をおいている」（フッサール，1995；p.232）のだ。

　あえて図式化すれば，科学的世界と生活世界は心理学でいう図と地の関係になっており，科学的世界の背景には必ず生活世界が地平として控えていることになる。しかしこのことを私たちは通常忘却し，科学的に捉えられた世界こそが真実で正しいと思い込む傾向（自然的態度：本章1-2)参照）がないだろうか。まさにここに疑問を呈したのが現象学である。

　確かに生活世界は濃密で豊かでかつ曖昧性さえ含み，またそうであるがゆえに把握しづらくカオスのような様相を呈しており如何ともしがたい。しかしこれこそが先の直感的現実に相当する世界の真相であり，それでもそこに迫ろうとするのがフッサールの基本的立場である。

　以上のことからわかってくるのは，根源的な生活世界に肉薄していくためにはやはり科学的方法は必ずしも適切ではないことである。確かに測定したり数量化したりする手続きも特定の現象の共通認識またその予測やコントロールには有益なのであるが，一方考察してきたように，そのため削ぎ落されてしまう事実があるからだ。

　人間を理解するための科学的アプローチはあってよいが，それは生活世界との関係の中に位置づけるべきことは改めていうまでもないだろう。

④　世界内存在

　ともあれ一人ひとりの生きる世界は独自的・個別的でありおしなべて理解することはできない。しかもこれは当人の環境世界の捉え方（感じ方・見え方・聴こえ方等々）から切り離すことができない。別言すれば個人の生きる世界（環境世界との関係の結び方や意味づけ方）は本人の具体的経験に先立ちアプリオリに具わっているある何か（世界）によって可能になっている。これはハイデガー（1889–1976）が「世界内存在（In-der-Welt-sein）／（being-in-the-world）」と呼んだものである。

　ここは誤解しやすいところなので少し補足するが〜の中にという意味の「内（ドイツ語：in／英語：in）」は物理空間的関係を意味しているのではない。つまりコップの中の水というような意味でなく，むしろ住む，居住する，滞在するということ（ハイデガー，1980；p.137 参照）である。

　人間は物理的に存在しているだけではなく世界内存在として存在しているからこそ，つまり「これこれしかじかに親しまれているものとしての世界のもとで住んでいる，滞在している」（p.137）からこそ，そしてこのことがアプリオリであるからこそ，コップや水とはちがい，周りの事物や他者との関係を個々独自に結ぶことができる。結ばざるを得ないといってもよい[注2]。

　世界内存在を先の暴君の父に再度当て嵌めるならば，診断上人格障害であったとしても，人格障害といわれるほどの行動は，意識しているか無意識であるかはともかく，本人がまさに短気な自分や素直になれない世界を生きている（そうした世界のもとで住んでいる，滞在している）こととの関係から発生している。つまり外の世界で起こっている人間関係の障害は本人の世界内存在から条件づけられているのであるから，当人を理解したりその問題解決をしたりするには，その世界内存在自体に迫らなければならず，たんに暴君であることの認識とそれに基づいた対応をするだけでは不十分である。「現存在[注3]はそれ自身ある固有の『空間内存在』をもっているのだが，この空間内存在はそれ自身としては世界内存在一般という根拠にもとづいてのみ可能なのである」

注2）心理学者レヴィン（1890–1947）は行動を規定する心理的場を「生活空間」として捉えそれを B＝F（P，E）と表した。この場合 E（環境）は P（個人）から見れば外界であるが，B（行動）は個人とその環境との関係で決まるとされる。しかしハイデガーによれば環境でさえ外界や客観的世界ではなく，世界内存在から可能になる意味世界である。

注3）「人間というこの存在者をわれわれは術語的に現存在と表現する」（ハイデガー，1980；p.79）との説明から，現存在は人間と理解してよいだろう。

（p.140）。したがって他者の理解とは，その世界内存在としての了解を根本に据え，物理空間内で生じている個別的出来事に先行させて，あるいはそれと同時並行的にようやく可能になっていくと考えられる。

⑤　予感と虫の知らせ

ここまで考察してくると，前述語的経験，世界内存在などに近づいていくことが他者理解を可能にしていくことがわかってくる。さらに直感的現実も重要であり看過できない。

一例によろう。

救急病院に交通事故による瀕死で意識のない重症患者が運び込まれてきたが，医師はもうダメだと診断し引き上げた。しかし一人のナースが患者の名前を呼ぶとかすかな反応があるような気がしたため，その名前を呼ぶことがナース間で申し送られた。

その後何時間か経った時，患者は名前を呼ばれると吠えるような声をあげたので，そこから治療が再開され数カ月後患者は社会復帰さえはたした（早坂，1986；p.18 参照）というのである。

このナースのように……のような気がすることは私たちもしばしば体験する。またこのように感じることを予感，虫の知らせ（英語：hunch）と表現する場合があるが，上の文脈では，すでに患者のどこからともなく発せられている信号をキャッチする能力を意味しており，それを私たちは誰でも程度の差こそあれ具えている。これは第六感といってもよいだろう。

もちろん何かを感じ取ったとしても，こうした直感は気のせいや思い過ごしのこともあり，私たちは事実勘違いしたり間違ったりすることもある。しかし私たちは往々にして気になる事態を十分に吟味せず，結果真実を見過ごし，そのまま忘却していることもあるにちがいない。

では私たちが直感により捉えかけていながら見過ごしてしまいがちな状況にどう備えたらよいのだろうか。

⑥　語りかけられている私たち

普段私たちはただ何気なく生きており，周りから自分に何か重要なことが発せられているとはつゆ思わない。しかしこれは自分の気づく能力や注意力と関係している。自分の感度が鈍ければ，どれほど周りから自分に信号が届いてい

てもそれを受信できないからである。

先ほどの瀕死患者のかすかな反応に気づいたナースを再度振り返れば，現象学派に属しているのではないが，ブーバー（1878-1965）によるやや抽象的・象徴的表現ながらも興味深い指摘が思い起こされる。

ブーバーは「生きているということは，語りかけられているということである」（ブーバー，1967；p.203）という。ところがその一方で「だが，われわれはたいていの場合，われわれの受信機を停止させている」（p.204）と私たちに警告する。

ブーバーによれば語りかけを受け取る能力は「感得（innewerden）」[注4]と概念化されている。これは主に科学者や医師などが事物や人間（ヒト）を対象化したり分析したりする「観察（beobachten）」とは異なり，多義的ながらも「そのものを全体として……具体性において知る」（ブーバー，1968；p.101）ことであり，特にここでは「語りかけられることを感受するという行為」（ブーバー，1967；p.201）である。感得することで予期もせず「行為が要求され」たり「運命がもたらされ」たりする（p.200）ことさえあるのだ。だから先のナースがそうであったように，ブーバーは「対話的なものの可能限度とは感得の可能限度なのである」（p.202）と結論づけるのだ。感得することは対話的関係への入り口でもある。

私たちには周りからさまざまな信号が届き，語りかけられているにもかかわらず，事実たいていは自分にかまけていて，なかなかそれに気づかないだけではないだろうか。あなたの隣にいるまったく知らないその人が，何かによって，暗にあなたに助けを求めているかもしれないのだ。したがって大切なのは私たちが平生受信機のスイッチを常に入れた状態にして，自分に語りかけられているかもしれないその微弱な信号を能動的に捉えようとし，それが何を意味しているかを注意深く探っていく対話的態度であろう。

少し展開内容が難しくなったかもしれないが，ここで現象学的方法と対話的方法との関連を確認しておきたい。

ブーバーの対話論は後で（第Ⅱ部　3章3参照）詳しく考察するが，これは相手の世界に近づき，その了解を可能にしていく現象学的方法を一部含んでいることにすでに気づいた読者も多いと思う。たとえば直感的現実と前述語的経

注4）ドイツ語の innewerden は感得と訳出されているが，英訳では becoming aware（cf. *Between Man and Man,* p.10）である。

験の二つはほぼ同じ事態を表わしており，世界は私たちが認識・判断している以上の豊穣さで存在し，しかもすでにそのまま私たちに与えられていることを示していたが，これらの概念はブーバーの対話論の特に感得という態度と結びつき，そこに包摂されることがわかる。なぜなら感得は対象化したり分析したりする観察とは異なりむしろ直感的であり，対象を全体的・具体的に捉えようとする態度そのものだからである。

また相手の独自な世界内存在を知ることで対話が容易になっていくことは確実であるが，実は逆に対話することによって，その世界内存在がだんだんわかってくるのが事の真相である。なぜなら一人ひとりの世界内存在に近づくための通路は主に対話的方法により拓けるからである。

そもそも現象学的方法は，19世紀後半に自然科学の方法論が席巻した学問の在り方に対するアンチテーゼとして始まったことにはすでに少し触れた（本章1-2）参照）が，自己はともかく他者（理解）とそこに至る方法を常に主題的，重点的，直接的テーマにしてきたわけではない。一方ブーバーは他者を重要テーマとしており，当然そこへの橋渡しになる対話が周到に吟味され，これは彼の哲学や生き方の基本的方法論となっている。

現象学的方法の洞察は優れているが，それ自体は対話論ではないため，やはり対話的方法と結びつけることで人間関係学の基礎的方法論・実践論になると私は考えている。

ともあれブーバーの対話論は私たちが思っている対話（情報の遣り取りとしてのコミュニケーション）よりずっと奥が深く，教えられることが極めて多いと考えられる。

⑦　人格関係の秘義

私たちは他者を理解する時，そのための適切な方法を他者の置かれた環境や状況に即して選定し活用することはできる。特に教育，心理，看護，医学，福祉などの専門領域においては相手を理解するための知識が蓄積され，また技法も整備されている。加えて専門的な理解とは異なった実存的な理解さえ求められる場合もあるだろう。

もちろん理解したりされたりすることは誰にとっても理想的であろうが，私たちが相手を理解するための，いつでもどこでも適用可能な絶対確実な知識や技法があるのだろうか。また常に互いの内奥が手に取るようにわかりあえなけ

れば人間関係は成立しないのだろうか。前者はおそらくノーといってよいだろ
うが，特に後者をどう考えたらよいだろうか。

　私たちは他者理解が困難であれば，人間関係を築くこともまた難しいと考え
やすいが，実は人間関係を築くことによって他者理解が可能になるという思わ
ぬ逆説がある。これも現象学的方法ではないが，注目すべき事態なので，あえ
て他者理解の締め括りとして考察しておきたい。

　思想家谷口隆之助（1916－1982）は「私たちは他人を信じ，愛することによっ
て，はじめてその人の心を知り，その心がわかるようになる」（谷口，1968；p.38）
という。逆ではないのだ。つまりこれは先に相手の心を知り，その後その人を
信じたり愛したりするようになるという主張ではない。

　実はこうした事態は私たちが認識（知る）の次元を超えて，行為（信じ，愛
する）の次元に移り，そこで生きることによってようやく可能になることに注
意しなければならない。

　これは私たちがそれぞれの実存的体験をとおして確かめるべきことではある
が，信や愛の中では相手の内面を知ることはもはや大きな問題ではなくなるの
ではないだろうか。その理由は安易には断定できないが，あえて誤解を恐れず
にいうならば，信や愛は認識するという私たちの部分的営為とは異なり，己の
全存在がかかった行為であり，相手との十全な関係に入っていく営みだからで
あろう。

　私たちは他者を知るための知識や技法を身につけることはできるし，もちろ
んこれらは必要であり有益である。特に人間関係に携わる仕事に就いている専
門家は他者理解の精度を上げるべく，これらの習得と洗練に日々精進している
にちがいない。しかしながら知識や技法はやはり万全ではないことを私たちは
素直に認めざるを得ないだろう。一方信じたり愛したりすることによって「私
たちは，人が他人の心を知るというその知り方のうちに含まれている限界を，
はじめて突破する」（p.39）ことができ，互いに「諒解し合い，支え合う」（p.39）
ことさえできるようになるのもまた見逃すことのできない一つの真実なのであ
る。

　谷口はこのように十分理論化も合理的説明もできないが，私たちの信や愛の
行為により予期もせず出来するいわば恵みのような人格関係の出来事を「秘義」
（p.39）という言葉で表しているのだ。

2. 相手と向き合う臨床的方法

　以上他者理解における現象学的方法の意義と，それは対話的方法と結びつけることでより実践的になること，さらに人智を凌駕した秘義の可能性さえ存在することを確認してきた。

　続く以下の記述では他者理解と人間関係のもう一つの基礎を確かめておかなければならない。それは専門家においてさえ必ずしも十分な共通理解がなされていない臨床という概念である。

1）臨床の意味

　読者はもし「臨床の意味とは？」と尋ねられたらどう答えるだろうか。いわゆる臨床家と呼ばれている専門家，たとえば医師，看護師，臨床検査技師，臨床心理士などの職業，あるいは病院，介護施設，カウンセリングルームなどの場を挙げるだろうか。もちろん広義にはこれらすべてが含まれるのだが，実はその本質的意味は，意外なことに，あまり知られていない重要概念である。

2）臨床的方法と臨床的領域

　心理学者早坂泰次郎（1923 – 2000）は臨床を「臨床的方法」と「臨床的領域」に分けて考えている（早坂，1971；pp.16-18 参照）。

　具体的には次のように説明されている。「私がここで臨床的視点という時，それは必ずしも治療的であることを意味してはおらず，病院，病室といった治療的な場に身を置くというだけの意味でもありません。むしろ一人の人のために自己自身を投入し，その人と全人格を傾けて『ともにいる』態度という意味なのです」（日野原，1988；p.51）。

　早坂のいう臨床的方法と臨床的視点はほぼ同義であり臨床的態度のことである。たとえば仮に病院勤務をして患者と接している医師や看護師であっても，またカウンセリングルームでクライエントと面談をする臨床心理士であっても，ただそうした臨床的領域としての職業に就いているだけでは臨床家とはいえず，相手と向き合う態度が臨床的かどうかが問われているのだ。

　そもそも臨床の語源はベッド（ギリシャ語：klinicós）を意味していた。

　精神分析家のエリクソン（1902 – 1994）は「『臨床的（Clinical)』という語はもちろん古い言葉である。これには医者が病者へ医療をほどこすという意味

と，死の床にある人の最期を牧師が見守るという意味がある」（エリクソン，1971；p.36）と臨床の本質的意味を述べているが，牧師が行うカウンセリングを英語では clinical pastoral care と表記することからも，臨床的という言葉は必ずしも医療に特権的なものではないことがわかる。

したがって一見するだけでは臨床とはまったく無縁に思われている企業や行政のような領域においても，たとえば窓口業務でのように，そこで相手（顧客や住民など）に関わる際，関わる側の態度如何で臨床的方法は十分成立可能でありまた必要でもある。ということは臨床的方法は専門家であろうがなかろうが，誰でも具えておいてよく，相手と向き合う時に求められる基本的態度としてよいだろう。

3）臨床の知

哲学者中村雄二郎（1925 – 2017）は知の在り方として「臨床の知」と「科学の知」という二つの対概念を提唱している。前者の特徴は物事と自己との間に生き生きとした関係や交流を保ち，個々の事例や場合を重視し，関わる自己の責任を解除しないこと，そして総合的，直感的，共通感覚的であること（中村，1983；p.134，1984；p.189，1992；pp.135-136 参照）とされており，上述した臨床的方法，臨床的視点，臨床的態度と重なっている。後者「科学の知」の特徴が普遍的，論理的，客観的なのとは対照的である。

特に自己の責任を解除しない（できない）のは，臨床とは自分という主体・人格が対象と濃密に時間と空間を共有することで可能になり，またこれは対象にはたらきかけたり応答したりする身体性を伴う相互関係であるがゆえに，自分がそこに居合わせコミットメントしなければならないからである。したがって臨床家といえどもたんに科学的知識や技法（技術）を適用するだけでは臨床的にはならない。もちろんこれらは手段としては必要ではあるが，自らの臨床的態度に支えられてこそはじめて意味を持つと考えるべきだろう。

4）臨床的方法から始めること

臨床の具体例として女流精神科医フロム・ライヒマン（1889 – 1957）の治療実戦を紹介しておきたい。彼女は精神分析の立場をとる精神科医であり，視点は文化・社会的要因を重視する新フロイト派のそれを引き継いでいるのだが，患者への関わり方には見事に臨床的態度が貫かれているからである。

まだ薬物療法が十分でなかった時代に主に精神療法によって患者と向き合い病状を快復させていくプロセスは，たとえ精神科医でなくとも見習うべき多くの示唆を含んでいる。

　　「非常に重症の昏迷状態にある若い男の患者がこの病院の重症病棟にいた。……この若い男との治療面接にはじめてのぞんだ時，彼は激烈な攻撃を示し私と会うことを拒絶した。私にできたのはただ急いで退避して自分を守ることであった。……それからというものは三カ月に亘って毎日彼に会いにいき，部屋のドアの外からあなたに，あなただけに会いに病棟に来たこと，あなたが私たちに有効な治療的交流を試してみる機会を与えてくれるようになるまで私は待っていると話した。三カ月後に彼は私を招きいれ以前の不興についての私の解釈を肯定し効果的な関係がつくりあげられた」（フロム・ライヒマン，1963；pp.24-25）。

　フロム・ライヒマンの臨床的方法は精神分析的療法が行われる前から始まっており，またさらにそれを可能にしたという二重の意味でアプリオリである。3カ月間毎日患者に会いに行き，ドアの外で能動的に待つという臨床的態度は専門家であっても相当な根気が必要であり決して容易ではないだろう。

　私たちも日々の人間関係において，つい目先の問題を早急に解消するべく個別の知識や技法に注目し，手段としてそれらに頼りがちであるが，フロム・ライヒマンから何より学ぶべきことは，相手から逃げず，自分自身をあえて方法として実存的に相手に向き合う臨床的方法から始めることである。

　特に注目すべきは，彼女は孤独な患者に「わかっていますよ（we know）」「ここにいますよ（I am here）」（p.423）と話すだけでもよい場合があるとの報告をしているが「それは，現在のところ，まったく科学的心理療法の接近をゆるさない世界である」（フロム・ライヒマン，1964；p.265）との指摘が専門家からさえ為されていることである。しかしこれは誤解である。彼女のこの一見すると取るに足りないように思えてしまう対応にこそ，まさに臨床の神髄が籠められており，むしろここを基盤として科学的心理療法は実施されるべきだからである。

2章

人間関係学の諸問題

　ここまで他者理解をしたり人間関係を捉えたりする際の視点や方法に注目してきたが，次は未だ学問的には十分解明されていない個人と集団の関係の問題を少し振り返っておくことにする。

1. 個人と集団の矛盾対立

　私たちはたいていいくつかの集団に所属しており，そこでさまざまな社会的役割を担い果たさなければならない。私たちの意識・目標・目的と所属集団のそれらが一致すればよいが，利害関係，力関係，時代背景などもあり，実際は双方の矛盾対立関係が解決することは稀である。また集団は個人に対して圧倒的に優位であることは私たち多くの実感であろう。

　社会心理学者ミード（1863-1931）は所属集団の期待や態度の総体である「一般化された他者（generalized other）」を受け容れながら形成されていくいわば社会的自我を「客我（me）」，それに反応・対応するのが「主我（I）」としたことはよく知られている。双方が自分の中で調和を保ち安定すればよいが，仮に私たちと集団との関係が乱れると，客我と主我との間にズレが生じ，自分を持ちこたえることができなければ「人格の崩壊傾向も生じる」（ミード，1973；p.153）とミードは警告している。個人はこの場合集団の力に押し潰されるしかないのだろうか。

2. 社会学と哲学から見た個人と集団

　まず基本的なことを確認しておこう。

　個人と集団の問題は社会学では「方法論的個人主義（社会名目論）」と「方法論的集団主義（社会実在論）」の二つの視点から議論されてきた。前者に力点を置く理論はウェーバー（1864-1920）に代表される「理解社会学」である。これは自然科学の説明的方法と精神科学の理解的方法の双方の視点を採用し，

社会を個人の心理や行動あるいは個人間の相互作用として理解する。後者はデュルケム（1858‐1917）の「社会的事実」（個人が社会の行為様式，思考様式，感情様式から影響を受けたり拘束されたりすること）や「集合表象」（複数の個人表象からつくられるもの）に代表されるように，社会をいわば実在するモノとして捉え，それは個人の心理や行動には還元できないという立場をとる。そのため双方は理論上対立してきた。

　実は社会学におけるこうした議論は哲学史を遡れば，普遍は個物とは別に実在するかどうかというヨーロッパ中世の「普遍論争」に行き着くと思われる。

　犬を例にとれば，家で飼っているポチと哺乳類である犬一般ではどちらが先に存在し，またどちらが真なる存在かという論争である。前者の立場は「唯名論」，後者は「実在論」と呼ばれてきた。

　もちろんこうした理論的対立を知ろうが知るまいが，私たちの実生活においては個人と集団にまつわる疑問や悩みは尽きないだろう。しかしここではどちらの論理が正しいかという問いの立て方をするのではなく，やはり現象学の視点から個人と集団の関係の核心に近づくべく考察してみたい。

3. 個人と集団の矛盾対立を解決するには

　現象学派に属するオランダの哲学者クワントは「事実性（facticity）」という概念を提唱しており，私たちが個人と集団の関係の難問に取り組む際，大きな手がかりになる。

　クワントは事実性を次のように簡潔に説明している。「それは所与性（givenness）であり，独特な不透明さを備えており，自由な精神の随意には委ねられない」（クワント，1984；p.151）。

　まず後半の自由な精神の随意には委ねられないとはどういうことか吟味してみたい。

　私たちは自分に自由意志があり，それに基づき行為していると素朴に思っている。しかしただ気がついていないだけで，実際はすでに自分に与えられている運命や環境そして文化的・時代的価値観などに拘束されながら行為している。否（いな）むしろそれらがないと行為できないほどである。したがって私たちは完全には自由ではない。

　たとえば言語には一定の文法構造があり，それを私たちは生まれてからだんだん身につけ成長していく。微妙で複雑な表現ができるようになるまでには，

それ相応の経験や教育が必要であり，長い時間をかけながら私たちは自分の気持ち・意志・考えなどを微妙なニュアンスを含めて表現できるようになっていく。

　もし日本人として生まれれば，多くの場合日本語を母語として修得することになるので，私たちには普通それ以外の言語を選択・習得する自由はない。これも所与性である。私たちのこうした始原的・根源的な在り方としての所与性を事実性と呼んでいるのだ。

　ところがこの事実性という概念は多義的で複雑である。「事実性（facticity）は人に影響を与えるが，人もまた事実性に影響を与える」（p.174）からである。

　言葉の使い方はもちろん時代とともに少しずつ変化するが，それは言語を使う人間が変化するからである。人間と事実性は相補的である。つまり二つの矛盾し合ったり対立し合ったりするものが，そうでありながらも，否そうであるがゆえに，かえって一方が他方（逆もあり）を活性化しリアリティを形作っているからである。これはすでに見た方法論的個人主義と方法論的集団主義，そして普遍論争における普遍（集団）と個物（個人）の難問解決への可能性として重要な手がかりにならないだろうか。

　確かに私たちはややもすると集団の中で個人の存在意義を見失うことがあるが，クワントは人間の科学の対象である「人間的事実性（human facticity）」を「社会的事実性（social facticity）」と「個人的事実性（individual facticity）」（p.156）の二つの次元に区分する。特に前者は強力ではあるが，個人は社会的事実性から影響されながらも，それを個人的事実性（個人的方法など）において受け容れている。

　たとえば詩人は詩をつくる時，文法規則や時代の価値観などの社会的事実性によって拘束されながらも，一方それらを凌駕し，独自的・独創的に言葉を使いこなすことができるがゆえに，すなわち個人的事実性が豊かであるがゆえに詩人なのだといえよう。

　もちろん社会的事実性と個人的事実性のうち片方でも脆弱化すれば，事実性自体が平板化し，私たちは緊張感やリアリティそして面白味などに欠けた世界に住まうことになるだろう。しかし実際は相互的であり，仮に社会的事実性が優位を保つにしても，個々人がそれを支えており，またそこに個人も影響を及ぼすことができるのであれば，個人と社会の矛盾対立は必ずしも否定的に捉えることはなく，その解決の具体論の提示は簡単ではないにしても，同時に原理的なものではないことが受け容れられるのではないだろうか。

4. 社会的職業的役割遂行に纏わる注意点

　上述したように個人と集団の関係は必ずしも矛盾対立するばかりではなく，双方に浸透し合っており，したがって従来からの個人と集団に纏わる難問は，たとえ遅々とではあっても，解決に向けた可能性がありそうである。

　ここでは私たちが社会的役割を遂行する際，注意すべきことを一つだけ確認しておきたい。

　私たちはさまざまな役割を担っているが，それを対等関係と非対等関係の二つのカテゴリーに分けてみよう。前者には友人関係，夫婦，恋人同士，同僚同士などのおおむね五分と五分の関係があり，後者には学生と教師，患者と医療者，クライエントとカウンセラー，部下と上司などの段差を伴う社会的職業的役割関係（親子関係も含める）がある。ここで考察するのは後者である。

　社会的職業的役割の遂行には，そこで専門的知識や技法の応用，あるいは上下関係が伴うことが多く，一般にはその被遂行者は程度の差こそあれ受動的になってしまう。被遂行者は普通知識や技法または権限を持ち合わせていないからであり，仮に持っていたとしても受動的であることに変わりはない。社会的職業的役割が絡んだ人間関係においては，一方から他方に対して能動的な働きかけが行われる。しかもこれは教室，診察室，面談室などのようにやや固定的な状況下で行われており，そのため役割の被遂行者には十分な自由はなく，当人はたとえ辛い状況に置かれていたとしてもそれを相手側（役割の遂行者）に伝えられない場合も想定される。ここに「悲劇（tragedy）」（アンダーソン＆シスナ，2007；pp.98-99）の生まれる理由がある。

　この議論から読者は前述語的経験を思い起こすだろう（第Ⅱ部　1章1-2)-②参照）。学生，患者，クライエント……は社会的職業的役割遂行者側からすれば認識し辛い経験をしているにもかかわらず，役割遂行者側からは彼らの全経験は捉えにくいのである。なぜなら社会的職業的役割とは社会からの「役割期待（role expectation）」もあるがために，あたかもそれが当然のこととして能動的に遂行されやすく，一方被遂行者側はそもそも受動的（役割にいるの）であり，また役割遂行者に依存していたり，場合によっては負い目があったりするがゆえに，相手に自分の今を仮に伝えたくてもそうしにくい立場と状況があるからなのだ。

　ここを解決するべく取り組む方法としてブーバーは「包合（Umfassung）」

（ブーバー，1967；pp.172-175）という概念を提出している。包合とは役割の遂行者が相手方に及ぼしている影響を感じ取る行為である。自分の言動の相手にとっての意味（痛い，苦しい，わかってもらったかなど）を相手側から感じ取りその都度確かめることである。それができれば相手の今に対して新たな適切な対応をする可能性が生まれてくるからである。

　包合とはすなわちいいっぱなしややりっぱなしをしないことであり，結果悲劇を回避したりあるいはそれを最小限にコントロールしたりすることにつながるため，当該状況下で社会的職業的役割遂行者側に課せられている最低限のアプリオリな注意義務といえよう。

人間関係と人間存在との現実

1. 自己（意識）と関係——どちらが先？

　ところで包合は社会的職業的役割上発生してくる義務としての限定的関係であるが，以下においてはそもそも関係とは何かという難問に取り組むことにしよう。

　私たちは最初に自分あるいは自分の意識が存在し，その後さまざまな事物や他者との関係を構築していくと考えがちである。意識といういわば中が空の容器に外から何らかの刺激が飛び込んできて「そこに赤い花がある！」のように自己の意識内容が立ち上がると考えている。これはもっともなように思えるのであるが，はたしてそうであろうか。

　哲学者で心理学者でもあるブレンターノ（1838-1917）は「意識は何ものかについての意識である」と述べたことはよく知られており，倫理学者和辻哲郎（1889-1960）は「疑う我れが確実となる前に，他人との間の愛や憎が現実的であり確実であればこそ，世間の煩いがある」（和辻，2007；p.188）として，二人とも意識の存在を否定はしないが，それに関係を先行させていることが暗に読みとれる。意識と関係とでは一体どちらが先なのだろうか。実はどちらを先とするかで私たちの世界の捉え方も人間関係への対応も大きく変容する。

　これについてある一人のテニスプレーヤーの試合中のエピソードを紹介し吟味してみたい。

　さて当日は試合会場にその対戦を観ようと数千人もの観客が集まった。ところが彼女はなぜかあまり調子が上がらなかった。

　第1セットを落として第2セットのはじめはリードしていたが，結局タイブレーク最初のポイントでダブルフォールト。一方固唾を飲むように見守っていた観客はおそらく残念に感じたのであろうが，タイブレーク前からミスがあるたび思わず「あっ！」というため息を発していた。彼女はそれにだんだん苛立

ち観客に対して「シャラップ！（Shut up!)」と不満をあらわにした。さらに
ミスをすると「あっ！」が何回も続いたためだろうが，彼女はとうとう「ため
息ばっかり！」とさらに声を荒げ両手を広げて観客に怒りを爆発させた。

　周りの観客は自分たちが怒鳴られたことに驚き当惑したかもしれないが，こ
こで私が注目するのは，周りの観客はその態度がプレーヤーに影響を与えてい
ることにほとんど気づいていなかったことと，プレーヤー（の意識）は周りの
観客から影響を受け，すでに自己（意識）に先立ち関係の中にいる（ある）こ
とである。

　観客のため息（原因）がプレーヤーに聞こえ，すなわちその聴覚や意識が周
りの声を捉え，その後怒りを感じ爆発させた（結果）というのは時間経過的・
論理的順序による整理された理解や説明の仕方であり，もちろん誤りではない
が，苛立ったり怒ったりという意識や行動はこの場合，観客との関係から切り
離すことはできない。関係の函数としてプレーヤーの意識や行動が立ち上がっ
ているからである。

　つまり自己（意識）がまず存在し，それがその周りの世界を捉えるというよ
りも，むしろそれははじめから関係の一部であったとした方が現象を的確に捉
えることにならないだろうか。ということは常識に反して「我はそれ自体で存
在しない」（ブーバー，1967；p.6）のであって，我は気がついたらすでに関係
の中にいたのだ。このように関係が個人（の意識）や個物に先んじて存在して
いることをブーバーは「関係のアプリオリ（das Apriori der Beziehung)」(p.39,
p.94）と概念化した。

　よく触らぬ神に祟りなしといわれるが，たとえ直接的に触れなくても観客が
プレーヤーに影響を及ぼしていたように，私たちはただそこにいるだけで，周
りの誰かにそれなりの意味や影響を与えまた逆に与えられている。私たちはそ
れに気づかないだけである。

　「人は一人では生きられない」とはよく聞く言葉であり，まさにそのとおり
であるが「人はそもそも一人では生きていない」（プレーヤーも観客も関係の
中にいる）という始原的・存在論的[注5]事実に気づけば，自分の在り方が日頃
からより深く自覚化されたり相手への対応がより注意深く丁寧になったりする

注5）存在論とは事物，人間，世界が存在することのそもそもの意味や在り方を根源的に問
　　う哲学の一部門である。したがって存在論的とは事物，人間，世界が存在することの
　　根源的意味や根源的構造としての（からの）ということになる。

のではないだろうか。

2. つながりとあいだ

　上述のことから人間（事物）は単独で存在しているのではなく，すでに関係の一部であることがほぼ確かめられた。この存在論的事実を踏まえて人間関係の考察をさらに進めよう。

　早坂は人間関係が成り立つには「つながり」と「あいだ」が必要だと主張する（早坂，1979）。前者は共通性，後者はちがいに対応する。ところが「日本人にとって人間関係とは，実はたんに人間のつながりのことなのだ。あいだは一般に存在しない」（p.189）と断定される。

　早坂は，日本人は基本的には「つながり志向，横ならび志向」（早坂，1991；p.23）と捉え，こうした在り方を「よい人間関係」と概念化した。これは必ずしも字義通りの良好な人間関係ではなく，むしろ同質性を温存しやすく，互いのちがいに対して不寛容になりがちで排除の態度を生みやすいため早坂は問題視している。ちがいを大切にするにはその前提としてあいだが同時的に成立していなければならないからであるが，日本人の場合それがほとんどないため，ちがいは背後に退くか消失し，同質性のみが蔓延しやすいからである。

　早坂とほぼ同様の主張をやや別の視点から説いているのがブーバーである。ブーバーは人間存在が成立するための二つの原理を発見した。「原離隔化（Urdistanzierung）」と「関係への参入（das In-Beziehungtreten）」（ブーバー，1969；p.7）である。前者はＡとＢが互いに離れていく動きを意味するのであるが，これにより双方に距離すなわちあいだが生まれる。これはＡがＡとして，またＢがＢとして存在するために必要な存在論的距離であり，心理的・物理的距離ではない。

　あいだができることで，ＡはＢに，またＢはＡに関わる余地ができ，はじめて関係への参入すなわち相手への具体的関わりが可能となる。このあいだが存在しなければそもそも関係が成立する可能性もなくなる。なぜなら両者が最初から区別なくつながっていれば，それはすでに関係ではなく癒着・癒合だからである。両者があいだをとりながら別々に同時的に存在している時，はじめて人間存在の可能性が生まれてくる。ＡはＢから見ればＡとして「自立的な向こう側（ein selbstständiges Gegenüber）」（p.7）になり，ＢもＡから見れば同じように自立的な向こう側になるからである。そしてようやく自立的なそ

れぞれが相手に関わることでＡとＢの具体的関係が立ち上がる。したがって
ＡとＢが離れているのは関係が成立するための前提条件である。

　早坂とブーバーに共通していることは，ＡとＢとがそれぞれＡとＢである
には，まず二者があいだを中心として離れて存在することである。次にＡと
Ｂの関係が成立するとは，互いのちがいを認めながら（自立的な向こう側であ
りながら）かつ結びつくことであり，一見矛盾するように思えるが，いうまで
もなくＡＢになることではない。互いのちがいが担保・確保されているからこ
そＡとＢになれるのである。またここには積極的意味での緊張関係が存在する。

　早坂がよい人間関係を批判するのは，ＡとＢはそもそもちがっているのだ
から，見解が異なったり，また実際の行動においても当然互いにぶつかり合っ
たりしても自然であるはずなのに，波風が立たないように事前に何となく忖度
し互いに相手に合わせてしまうことで，結果関係する一人ひとりの気持ちや思
いを抑圧し不自由にするからである。

　日本社会においてならば，たとえば根回しや談合のように未だ慣習として残
る行動が想定できようが，これらは私たちに根深く無意識的に身体化されてお
り，容易に克服できず，よい人間関係の温床となりやすい。

3. 対話的関係をとおして浮かび上がる一人ひとりのかけがえのなさ

　早坂やブーバーの主張は推し進めていけば人間一人ひとりの尊厳の尊重につ
ながっていくのであるが，これは人権思想と重なりながらもややちがった意味
合いをもっている。

　現代社会では人権思想は人口に膾炙しており，これが否定されることはおそ
らくないだろう。一方これと関わることであるが，たとえば教育現場では個性
を尊重した指導が強調され，また医療現場では患者個人の意思決定が重視され，
一人ひとりのかけがえのなさが声高に叫ばれる。もちろんこれに異論はない。
問題は個性あるいはかけがえのなさといわれるような一人ひとりのちがいとは
そもそも何のことであり，どのような構造の中にあり，またどのようにして捉
えられ尊重されるかである。

　人間一人ひとりがちがっており他に代替できないかけがえのなさを担ってい
ることは誰でも観念としてはわかっている。しかし本来ちがいとは実際に個別
に関わってみてはじめて実感としてわかってくるものであり，すでに考察した
臨床的方法によって浮かび上がってくるといってよい。関わることで身体感覚

をとおした実感としてＡ，Ｂ，Ｃ……がわかり，Ａ，Ｂ，Ｃ……として認識されていくのである。では一歩を進めてそもそもちがいとは何のことだろうか。

　私たちはたとえ同一の事柄が話題であっても，相手と向き合う対話的関係をとおして互いの見解のちがいを微妙なニュアンスも含めて感じとっている。しかしたとえば問題解決や課題達成を目的とした会議や討議などにおいては，そうしたバラバラな見解をある程度は一定の方向にまとめ上げていくことが求められる。その際，自分とはちがう相手の見解を尊重することはもちろん重要であるが，一方その相手の発する見解と自分のそれとを突き合わせ吟味・検討していくプロセスが理想的対話の姿であろう。その時「私はわれわれの対話の対象についての彼の見解に度々きびしく私の見解を対立させなければならない」（ブーバー，1968；p.100）が，これは私たちが自分（相手）の見解を誤りなくかつ滞りなく単独で展開させることは事実上難しく，きびしい遣り取りをすることによって，それぞれの見解のどこが不十分であり，また誤りであるかがだんだんわかり，事実それらが修正されていくことを知っているからである。これをここでは「認識の展開としての対話」と呼んでおこう。しかしこれは対話の一部であるにすぎない。

　ブーバーは対話的実存的人間関係において「受容（acceptance）」と「確かめ（confirmation）」の二つを重視している。二人が実存的関係にいるならば相手の受容が当然含まれるが，さらに確かめることが必要とされる。「確かめるとは，何よりもまず，他者の可能性全体を受け容れることを意味し，そして他者の可能性について決定的な特徴を見つけ，ほかとの相違を際立たせること」（アンダーソン＆シスナ，2007；pp.193-194）と主張されている。

　可能性とは別言すればその人が「生成するべく予定されていること」（p.194）で，本人も気づいていないかもしれない潜在的な何かの可能性である。相手のこの可能性に働きかけ確かめていくことで，それはだんだんとハッキリ・シッカリしていき，方向性をもってきて生活の中でしっくりして活かされていくのである。これは仮に「存在の展開としての対話」としておこう。そしてこれも認識の展開としての対話の場合と同様に相手へのコミットメントを欠くことができない。

　ところでこの他者の可能性とは端的には「本質（das Wesen）」である。「私が本質で意味するのは，個人の中の本来固有のものであって，人がそれになるように定められているものである」（ブーバー，1969；p.125）。本質は上に引

用した「生成するべく予定されていること」（アンダーソン＆シスナ，2007；p.194）と意味がほぼ重なっていることから，アプリオリな（先天的に生まれ持ったあるいは世界の中で最もそうなるべき）構造の中にあることがわかる。

　私の見るところ，見解を確かめ合う認識の展開としての対話と本質を確かめる存在の展開としての対話，つまり存在論的意味の対話双方は次元が異なりながらもつながっており対話の骨格を構成している。もちろん前者を実現することだけでも大きな労力を使うのであり，ましてや後者を実現すること，あるいは両者を同時的に実現することは至難の業であり，たいていは相手の見解を知りさえすれば，その本質にまったく関わらなくても，ただそれだけで相手を理解したと思うのが私たちの多くであり常であろう。

　ところでブーバーは「個人（individual）」や「独自性（uniqueness）」という概念を警戒し，たとえばユング（1875－1961）のいう「個性化（individuation）注6）」には批判的である（pp.219-220）。

　個性化とは個人に内在的な可能性が展開することでその人らしさが実現していくことであり，これをブーバーは否定しないが，それが他者から確かめれることを要求するのであり自由勝手気儘な自己展開を歓迎しない。なぜなら「人間の現存の創造の意味（der Schöpfungssinn des menschlichen Daseins）」（ブーバー，1968；p.110）として自己を捉えているからである。しかしこれはすでに個人ではなくむしろ「人格（Person）」である。

　ここでにわかに人格を定義するのは困難であるが，少なくとも一人ひとりの可能性としての本質がそもそもその中に含まれることは確かである。そしてその本質は，当人を当人にあらしめつつも他者から確かめられながら展開していくのであるが，実存的に関わる側からすれば，かけがえのなさとして受け止められるのではないかと思われる。なぜなら一回性として創造された人格に賦与された可能性としての本質が確かめられながら展開し姿を現わしていくならば，その本質を具備した人格は仮に失われたら二度と戻らぬことはいうに及ばず，対話的実存的人間関係（受容と確かめ）のような濃密な関係を生きた人物からすれば，まさにその無二の本質に触れたことになり，相手を多数の中の一人ではなく独自の人格として感じるはずだからである。

注6）「個性化とは何を意味するか。個別的存在になることであり，個性というものをわれわれの最も内奥の，最後の，何ものにも比肩できない独自性と解するかぎり，自分自身の本来的自己になることである」（ユング，1982；p.85）。

4. 持つ様式とある様式

　もちろん対話的実存的人間関係は一方向的でなく「相互に確かめ合うこと」（ブーバー，1969；p.23）で理想的に実現されようが，現代社会の在り方からすれば経済的・効率的な方法でもなく敬遠される可能性があるだろう。その背景を俯瞰的ではあるが見ておくことにする。

　臨床社会心理学者で精神分析家のフロム（1900 - 1980）は私たちの生き方・在り方として「持つ様式（having mode of existence）」と「ある様式（being mode of existence）」（フロム，1977）とを区別している。前者は「世界に対する私の関係は所有し占有する関係」（1997；p.46）であり，後者は「生きていること，世界と真正に結びついていること」（p.46）そして「分かち合い，与え，犠牲を払う」（p.148）こととされている。

　私たちが生きるにはいうまでもなく双方とも必要であるが，現代社会では何といっても持つ様式が支配的である。もちろん私たちは二つのどちらを育むかを選択できるはずなのだが，それを決めるのに大きな影響力を持つのが事実上私たちが住まう社会経済構造である（p.149 参照）。したがって個人がどちらを重要視するかあるいは双方をどのようにバランスさせたいかの理想はさまざまであっても，こうした個別的希望は事実上たいてい叶えられない。私たちが住まう社会は構造上それを十分には許容しないからである。しかし二つはそもそも人間に根源的なものであるがゆえに，両者のバランスを崩すと，私たちの身の上に否応なく何らかの問題が発生することは必至である。

5. 持つ様式としての社会的性格と現代技術社会

　現代社会では持つ様式は私たちの多数の性格構造に共通する「社会的性格（social character）」（p.150）にまでなっている。その結果，ある様式は影を潜め，私たちは何かがおかしいと感じることはあっても結局持つ様式に絡めとられ，ある様式に生きることの重要性をたいていは忘却している。なぜこうなったのだろうか。

　たとえば「過去二，三世紀のうちに西洋の諸言語における名詞の使用が多くなり，動詞の使用が少なくなった」（p.40）のは，おそらく18世紀の英国に始まった産業革命と関係していると思われるが，こうした歴史的社会変動に応じてモノが増え，結果持つ様式が強化され，私たちもこれを無反省に是としてきたの

ではないだろうか。

　しかもこの持つ様式に今日の高度化・複雑化・巨大化した技術が拍車をかけている。ここはハイデガーの技術論に依ろう。

　私たちは技術を「目的のための手段」（ハイデガー，2019；p.97）と思いがちであるが，その本質は「顕現させるあり方の一つ」（p.109）と断言されている。

　顕現させるとは，端的には私たちが存在にはたらきかけてそこから何かを出現させることである。たとえばかつて農夫は田畑を耕しそこからそれ相応の見返りとしての収穫を得ていた。羊飼いならば羊の世話をしてその恩恵を受けていた。また風車や水車を動かすことによって人々の生活が営まれていた。それでも当時は自然の顕現のさせ方は総じてまだ小規模で控え目でありかつ素朴であった。ところがこれは現代技術においては「挑発すること（Herausfordern）」（p.112）にまで高じている。これは一体どういうことか。

　顕現のさせ方により，たとえば川がどう変容するかで考えてみよう。

　仮に流れが周囲の山脈と調和し美しい風景を形作っている川ならば，それを絵画として描いたり，詩に詠ったり，小説に登場させたりすることができるだろう。一方そこを観光地として整備して旅行客を誘い込み経済効果を狙うこともできるが，これは余暇産業として川を顕現させることになる。またその川に水力発電所を設置するならば，そのような顕現のさせ方はエネルギー供給源としての発電所の本質から来ていることは明らかである（pp.114-115参照）。

　また同じことであるが人間を「人材（Menschenmaterial）」（p.118），患者を「症例（Krankenmaterial）」（p.118）として顕現させているのも私たちである。前者は人間を労働力として見立てることであり，後者は患者をモノ化することでもある。いうまでもなく人間は機械ではないので，労働力としてではなくまずは配慮されるべき対象である。また患者は疾患や怪我で困難を抱えており，第一にケアされなければならないが，症例になった途端にデータ化され，匿名性の中に埋没させられ，管理され，利用されるための情報源と化してしまう。

　ともあれ顕現のさせ方には常に正と負双方の可能性がある。しかし後者はたいていほとんど顧みられることなく，技術的顕現のさせ方は当然のこととして加速化されていくばかりであり，私たちは技術優先の社会経済構造に否応なく呑み込まれていく。

　注目すべきは存在の顕現のさせ方に潜む意図が利用すること，やや極端にいえば搾取すること，すなわち持つ様式一般に連なるのが現代技術であるのに対

して，一方たとえば芸術としての顕現のさせ方に潜んでいる態度は，どちらかといえばある様式につながり，幾分強調して特徴づけるならば，愛でることともいえるだろう。かつての農夫や牧者の顕現のさせ方は「世話をする」「面倒をみる」(p.113) ことで可能になっていたことに鑑みれば，これもある様式の方につながっていたと思われる。

今や私たちの顕現のさせ方は利用的・搾取的観点に偏ってしまい，しかもこれが「総かり立て体制（Ge-stell）」(pp.120-121) として生活の隅々にまで浸透している。たとえばウランは原子力に向けてかり立てられてきたが，私たち人間も利用的・搾取的観点に添うように日々かり立てられ，これが社会経済構造にまでなっているがゆえに，もはや良識ある少数派の提言や批判だけでは容易に修正ができなくなっている。

それでも決して忘れてならないのは，自然は人間が創ったのではなく与えられたのであり，人類は少し以前なら，その圧倒的な現実に無力ではあったが同時に謙虚でもあり，自然に畏怖の念さえ感じながら牧者の地位に留まってきたことである。ところがいつの間にか牧者から主人ひいては支配者の立場を占有し，存在を挑発するまでになったのが私たちなのである^{注7)}。しかしはたしてこれが自然と人間との相応しい関係なのかどうかは早急に熟慮しなければならないはずだ。

簡単にまとめよう。

ハイデガーの技術論はフロムの持つ様式としての社会的性格とすでに考察したクワントの社会的事実性と重なっている。もちろん私たちは持つ様式を否定はできない。一方これが席捲している世界は，私たちが気づかぬうちに，モノではないはずの人間の顕現のさせ方にさえ大きな影響を与えているので，私たちはある様式をどのように取り戻し調和を図るかという非常に切実で解決困難な問いの前に立たされているといえよう。

ところがそうはいうものの，ある様式を復権させる方法はまったくないわけではない。それは次に見るように，私たちが人間としての有限性の自覚をどれだけ深めることができるかどうかにかかっている。なぜなら有限性の自覚は，逆説的ながら，私たちに持つ様式の限界を如実に突きつけ，ある様式に生きる

注7）日本では 2011 年 3 月 11 日福島県にある東京電力第一原子力発電所が地震と津波により大事故を起こした。エネルギーを取り出すためのウランの顕現のさせ方が適切であるかどうかは，政治・経済の問題から切り離して徹底的に吟味しなければならない。

ことの貴さに目覚めさせてくれるからである。

4章

有限な私たちと生きることの探求

1. 時間の有限性の自覚

1）事物の時間と実存の時間

　クワントの社会的事実性そしてハイデガーの顕現させるあり方の考察を交えながら，フロムの持つ様式が示唆する現代社会の一つの危機的な問題点を浮かび上がらせたが，私たちはこうした議論を机上の空論だとして退けたくなりはしないだろうか。「現実はそんなに簡単では（甘くは）ない！」という反論や批判の声さえ聴こえてきそうである。しかしその声をあげる時，はたして私たちの生は有限であるとの自覚が十分深まっているだろうか。というのも私たちは常に生老病死の可能性を含めて自分の思いどおりにならない不条理や偶然に晒されているからであり，いつ命を奪われてもおかしくないからである。

　そこで以下私たちが逃げられないこの現実に眼を向けていくが，そこへの橋渡しとして，私たちの在り方がその時間体験とつながっていることについて先に考えておきたい。

　普通私たちは時間とは時計で計れるもの，あるいはカレンダーで確かめることができるものと思っている。それは過去，現在，未来というような流れていく常識的な時間の捉え方を適用したものであり，誰にでもどこでも共通な普遍的な時間である。この時間がなければ私たちの社会生活は混乱し成立しないが，これをここでは便宜上「事物の時間」と呼んでおこう。ところがハイデガーはこれとは別に，人間に特有な，いうなれば「実存の時間」があるとした。

　たとえば永年あることを成し遂げたいと悲願し，これまで最大限の努力を継続してきたにもかかわらず，結局うまくいかず，大失敗に終わり意気消沈し後悔している自分を想定してみよう。この場合これまでの自分の並々ならぬ努力に纏わるすべての事実はもう過去になっている。すなわち過去は，当然であるが，現在（今ここで）はもう存在していない。つまり取り返しがつかない。

また私たちは大失敗というような体験をした場合，それはもう過ぎたこととして今の自分から切り離し，あたかも何もなかったかのように忘れてしまいたい時もあるだろう。あの時の体験を思い起こすのは辛いので，私たちは自分と対峙することを回避し現実逃避して生きることもできるのだ。

　さらにあの時のことがあまりにショッキングであったため，どうしても前向きになれず，後悔しながら日々を後ろ向きに生きることもあるかもしれない。いずれにしてもそのような状態の中で自分の失敗を正面から受け止めきれない場合，ここからの脱却や次回の成功を内心仮に望んだとしても，それは実質的には自分を変容させていく力にならないことはおそらく誰でも認めるのではないだろうか。

　しかし悔しさが募り，再度チャレンジしようという気持ちがだんだん湧きあがり「今度こそは！」と前向きになり，これから先に向けて再度奮起する時もあるにちがいない。

　この時こそはチャンスである。なぜなら確かに過去の事実はもう変更できないが，その意味は変更可能だからである。というのも過去の意味とは今の私たちの在り方の問題だからであり，私たちは事物ではなく実存だからである。以前の至らなかったところに対する気遣い（吟味・批判など）をすることによって，私たちにはようやく次の半歩あるいは一歩を踏み出す可能性が生まれてくる。

　ハイデガーは実存には「過去（Vergangenheit）」「現在（Gegenwart）」「未来（Zukunft）」から区別される「既在（Gewesenheit）」「現成化（Gegenwärtigen）」「到来（Zukunft）」という「時間性（Zeitlichkeit）」（ハイデガー，1980；p.515）があるとした。厳密には前者は「非本来的時間性（uneigentliche Zeitlichkeit）」，後者は「本来的時間性（eigentliche Zeitlichkeit）」とされている。

　既在とは「の方へと戻って」，現成化とは「を出会わせる」，到来とは「己と向かって」という態度によって生起する（p.519参照）。

　今ここで企投（超越）が可能になるには，あの時に一旦は戻っていき（の方へと戻って），過去の失敗を見つめ，そこに自分の身を置いて至らなかった自分を吟味・批判し引き受けなければならない。一方そうすることでようやく自分の将来の可能性が芽生えてくるが，今度はそれに能動的に関わること（己と向かって）で，自分の周りにあるさまざまな事物もたんなる事物ではなく自分の将来に連なる意味ある事物（ボールを打つ道具としてのラケットが勝利を目指すためのラケット）に変容する（を出会わせる）。そしてこれらは，まさに

今ここで同時的に生じている出来事である。「既在しつつある現成化する到来としてこのように統一的なこの現象をわれわれは時間性と名づける」（p.515）。

　やや抽象的な表現になるが，実存が既在をそして到来を引き受けることで，今ここがその前後から切り離された点ではなく双方向に，しかも厳密にはやや前方向に膨らんでくるのだ。「伸び拡げられつつ己を伸び拡げるという特別な動きをわれわれは現存在の生起と名づける」（p.580）。生きているというのはそういうことなのである。実存が本来的に存在するのは既在，現成化，到来が同時的に生きられた時である。

　あの時は辛い体験をしたけれども，それは今自らの実存に統合されているからこそ，これからに向けて頑張れている自分がいるのだ。

2）死へとかかわる存在

　ところで既在，現成化，到来のような時間性が生きられるのは，私たちが自らに目覚めているからである。このような実存の覚知は究極的には「死へとかかわる存在（das Sein zum Tode）」（p.389）から生起し，その時私たちは「有限的に実存する」（p.520）。

　ハイデガーによれば有限的に実存するとは，死は人生の最期にやってくる可能性ではなく，その都度私たちがそれに向けて態度をとることから可能になる。つまり有限な自分が今ここで引き受けられた時にこそ自分は存在するのだ。

　人間はいつ終わってもいいのであって，それに事物の時間を当てはめ安穏としているのは「頽落（Verfallen）」した人間が気休めに描いた虚構にすぎない。「ひとは結局いつかは死亡するものだが，差しあたっては自分自身には関係がない」（p.413）として，私たちは「世人（das Man）」として多数の中に埋没してどうでもいい「空談（Gerede）」をしながら時を過ごしている。その時，自分の死は今の自分に統合されておらず，とりあえず先のこととして他人事のように棚上げされている。それほど事物の時間は私たちには強力である。

　全身にガンが転移した女優樹木希林（1943 - 2018）の言葉を聴いてみよう。

　「『人間いつかは死ぬ』とよく言われます。これだけ長くがんと付き合っているとね，『いつかは死ぬ』じゃなくて『いつでも死ぬ』という感覚なんです」（樹木，2019；p.249）。

　いつでも死ぬという感覚といい切った樹木は事実「撮影が終わると台本は処分して，衣類や食器など1日1点は捨てる」（p.77）までに徹底していたのである。

いつでも死ぬ感覚で生きている樹木にとって大切なのは瞬間瞬間を生きることである。だから今ここが濃くなる。もちろんその時台本はたんなる道具以上の意味をもって存在し樹木に出会われている。しかしそれは撮影が済めば，今を生き切る樹木にとっては過去のたんなる遺物（モノ）へと変貌する。だから樹木はそれにはもうこだわらない。まさに樹木は有限的に実存していたといえよう。

　死を覚悟し引き受ける時，私たちは計り知れない緊張感の中で，自分の存在を鮮明に覚醒するにちがいない。

　最後に残る問題は，その時私たちはフロムのいうある様式の重みを実感し，かつそれを貴いこととして受け容れて生きられるかどうかである。

2. 人間と共にいる人間

　確かに死へとかかわる存在として私たちは「本来的自己（das eigentliche Selbst）」（ハイデガー，1980；p.245）に目覚めることになる。ただその時は孤独な煩悶・苦悶が私たちを待ち受けているにちがいなく，やはり本来的自己とは，それ自体では人間の在り方としては，あるいは人間関係学の観点からは不十分であり，ここには何らかの別の処方箋が必要である。

　そこで以下の論述では，孤独に纏わる問題を含めて，ハイデガーのいう本来的自己すなわち「死へとかかわる実存的な本来的な存在」（p.432）とブーバーの重視する「人間と共にいる人間」（ブーバー，1961；p.174）とを比較検討することで，あるべき処方箋の大枠を描いてみたい。読者も自分のこととして共に考えていただきたい。

1）個人主義と集団主義の限界

　ところで本来的自己とは，すでに見たユングの個性化あるいは心理学者マスロー（1908 – 1970）の「自己実現（self-actualization）」[注8]に近く，個人主義の思想の括りに入る概念である。

　しかしブーバーは「個人主義は人間の部分を捉えているにすぎない」（p.169）

注8)「自己実現しつつある人びとは，ひとりの例外もなく，体外にある目標，すなわち自分自身の外にある何かに従事している。彼らは，何ごとか，すなわち彼らにとって非常に高価なもの，——古い意味，抹香臭い意味では，お召しあるいは天職といわれるもの——に専念している」（マスロー，1973；p.54頁）。

としてこれを批判し退ける。なぜなら「個人主義は人間を自分自身との関わりにおいてのみ見ている」（p.169）からであり，主に自分に関心が向いており他者が視野に入っていないからである。

　確かにブーバーは自己に具わっている可能性にしても，それが他者から確かめられることでそうなるべく展開すると考えている。一方ハイデガーは本来的な存在になっていくことを目指すが，そこに至るまでの過程で他者との関わりはほとんどテーマになっていない。二人のこのちがいをどのように捉えるべきだろうか。

　ブーバーは個人に内在する可能性が展開したとしても，ただそれだけでは人間としては容認しない。これは「かくかくしかじかの個性を発達させたけれども，まったく人間とは呼びたくないような存在になった例がたくさんあります」（アンダーソン＆シスナ，2007；pp.219-220）との発言から明らかである。

　ブーバーは具体例を挙げてはいないが，ドイツのナチス政権を率いたヒトラー（1889-1945）はその一例になるかもしれない。なぜなら彼は独裁者ではあったが，その個性（能力）を発達させた人物でもあるからだ。個人主義（本来的自己を含む）においては，個人は自己自身との関わり（自己への関心）が主となるため，他者との関係は二次的となり，結果人間としての在り方に悖（もと）る場合があることがここからも確認できよう。

　一方「集団主義は部分としての人間を捉えているにすぎない」（ブーバー，1961；p.169）としてこれも退けられる。それは「社会（Gesellshaft）のみを見ている」（p.169）からであり，そこでは「人間の孤立化は克服されるのではなくむしろ紛らわされる」（p.172）からである。この指摘は重要である。なぜなら集団主義とは，それだけではたんに機能としての個人を寄せ集めた集合体にすぎず，烏合の衆になっているだけであるから，そこにいる個人は，どの道，集団の意向に流されやすく自分を見失いがちになるからである。したがって形式上集団の一員ではあっても，私たちは「個人的な決断と責任とを断念する」（p.173）結果になりやすい。本来の決断や責任は関わりの中でこそ意味を持ち実行されるものだからである。また集団主義の中で私たちはすでに吟味した早坂の概念のよい人間関係にも陥りやすい。

　いずれにしても自分自身との関わりを重んじる個人主義と，結局結果は同じことになるが，個人と個人が結びついていない集団主義の双方をブーバーは不十分な人間の在り方，捉え方として退ける。

2) 他者をとおして全体的になること

　個人主義と集団主義双方にはこのような重大な欠陥があるとするならば，私たちは一体どうしたらよいのだろうか。

　唐突ではあるが，ここで読者はすでに考察した認識の展開としての対話と存在の展開としての対話を思い起こしていただきたい（第Ⅱ部　3章3参照）。

　前者は他者の見解と自己のそれとを突き合わせ，それぞれの不十分なところや誤りが理解・修正されていく対話であり，後者は自己に内在する可能性としての本質が他者から確かめられ展開していく対話であった。

　これらの対話は，まさにそれ自体においては，制約されている各々の今を乗り越えていくことを目指しているのであるから，この限りでは個性化，自己実現，本来的自己が目指すものと重なっているようにも思われる。しかし決定的に異なっているところがある。それは各々の今を乗り越えていくには他者がいなければならないことと，また仮に目指した結果（成果）が同じであっても，そこへと向かうプロセス自体に見逃されやすい意味が隠されていることである。

　つまり注目すべきは，上述した二つの対話を共通して貫いている太い基調線である。それは「自己に対する関係をとおしてではなく，他の自己に対する関係をとおしてのみ人間は全体的（ganz）になることができる」（p.107）という存在論的事実である。

　「全体的」とはすでに考察した感得（第Ⅱ部　1章1-2)-⑥参照）という概念と密接に関係しており，双方は分離せず合わせて解明すべきだが，神に纏わる意味もあり，あまりに多義的・輻輳的なため，ここでは全貌を明かすことは断念し，以下人間関係学の範囲に限定して考察したい。

　私たちは自己の能力や才能そして可能性を展開させていくことは当然のこととして肯定しており，現代のように特に規範意識が希薄化し「私事化」（畠中，2000）が進行した社会では個性化，自己実現，本来的自己などは比較的受け容れられやすい人間観だろう。しかしブーバーは，これらは私たちの本来的在り方を示すものではなく，個人主義的であり，共同性を欠きやすく，場合によっては人間とは呼びたくないような存在になる危険性さえ孕んでいるがゆえに批判的立場をとっているのだ。

　一方全体的になるとは，端的には他者との関係に入ることであり，具体的には語りかけに応答したり（第Ⅱ部　1章1-2)-⑥参照）相手に語りかけたり

することで可能になる。これら二つの行為から「人間の全体性（Ganzheit des Menschen）」（ブーバー，1961；p.169）は獲得され，個人は個人を超えて人格になっていくといってもよいだろう。

　私たちが住まうこの現代社会は他者との関係を引き受け自己が全体的になるよりも，上述した意味での個人に留まることを優先しているのではないだろうか。また個人がその内在する能力や才能を発揮し，その結果それが属する集団の総力に貢献すれば，その構成員同士が互いに人格として結びついていなくてもよしとされやすいのではないだろうか。

　私たちが他者との関係よりも個人に留まることを安易に選択しやすいのは，私たちが全体的になるには他者との関係を引き受けることが必要条件となるため，自分が優先したいことを後回しにしたり，面倒なことを背負ったり，関係の中に巻き込まれることで自分が傷ついたり，場合によっては犠牲を払ったりすることさえあえて受け容れることが求められるからである（第Ⅱ部　3章4参照）。しかし逆説的ながらその時にこそ私たちは全体的になることができる。私たちは個人主義においても集団主義においても，自分が全体的にはなれないことを直感的にわかっているのではないだろうか。

　事実私たちは個人としてその役割（機能）を集団の中で果たしながらも，ただそれだけでは何かが足りないと感じることがないだろうか。感性を極限にまで研ぎ澄ませてみれば，集団主義というバラバラな個人の集合体の中でこそ，どうすることもできない孤立感や孤独感あるいは無力感に襲われる面面もいるにちがいない。しかし一人ではどうしても成就できない何かが他者との関係により可能となることはもとより，関係を引き受けることによって自己の存在感覚が覚醒し，モノローグ的な自己を超えて，全体的となっていく自分を発見・体験できるのではないだろうか。

　確かにハイデガーも「全体性（Ganzheit）」（ハイデガー，1980；p.386）を主張してはいる。しかしこれは死へとかかわる存在として，自己の存在可能性ひいては本来的自己となった時に獲得されるのであり，他者との関係が生きられることから獲得されるものではない。したがって全体的になったとしても，相変わらず個人主義の範疇にそのまま留まり続けるのであり，孤独から解放されるわけでもない。むしろそれが赤裸々に突きつけられることになる。

3. 共に生きることの探求に向けて

　私たちは他者や所属する集団に，自己が意識する範囲を超えて陰に陽に大きく関わっているため，自分の儘ならぬ現実に直面し苦悩する。しかし私たちはここから事実上逃避することはできない。仮に安易な隠れ家としての個人主義に足早に逃げ込んだとしても，そこは他者が不在であり，人間存在の根源的在り方に悖るため自己の制約性を突破・超越していくことができない。また集団主義も考察してきたように，個人主義と結局同様であるからには，私たちは一個の実存として，この現実の関係をとおして自分の生き方・在り方の方向性を模索し見出していくしかないのだろう。

　確かに死へとかかわる存在は実存を覚醒させそれを全体的にしてくれるが，それでも私たちは真に全体的にはなれなかった。しかしながら私たちは他者に応答したり他者との関係に参入したりすることによって全体的になれるのであるから，ここから私たちが立てるべき問いはユングの個性化，マスローの自己実現，ハイデガーの本来的自己などにテーマ化されている個人としての「生きることの探求」に留まらず，それを「共に生きることの探求」の中に適切に位置づけることではないだろうか。なぜなら共に生きることの探求は他者との対話的コミットメントを欠くことができないがために，その時私たちは自己完結したり堂々巡りしたりすることのない本来的自己／他者関係を各々がそれぞれの仕方で自然に見出し取り戻していくはずだからであり，またこのことから新たな何かが可能になっていくはずだからである。

　読者はどのように考えるだろうか。

引用文献

(本文中に翻訳書から引用した術語と訳文は表現を一部変更したところがある。)

アンダーソン, R. & シスナ, K.N. 編（山田邦男監訳 (2007) ブーバー——ロジャーズ対話．春秋社)
ブーバー，M.（児島洋訳 (1961) 人間とは何か．理想社)
ブーバー，M.（田口義弘訳 (1967) ブーバー著作集1　対話的原理I．みすず書房)
ブーバー，M.（佐藤吉昭・佐藤令子訳 (1968) ブーバー著作集2　対話的原理II．みすず書房)
ブーバー，M.（稲葉稔・佐藤吉昭訳 (1969) ブーバー著作集4　哲学的人間学．みすず書房)
Buber, M. (2002) *Between Man and Man*, trans. Ronald Gregor-Smith with an introduction by Maurice Friedman. Routledge.
エリクソン，E. H.（鑪幹八郎訳 (1971) 洞察と責任．誠信書房)
Friedman, M. (2002) *Martin Buber : The Life of Dialogue*, 4th edi. Routledge.

フロム，E.（日高六郎訳（1965）自由からの逃走．東京創元社）

フロム，E.（佐藤哲郎訳（1977）生きるということ．紀伊國屋書店）

フロム・ライヒマン，F.（早坂泰次郎訳（1963）人間関係の病理学．誠信書房）

フロム・ライヒマン，F.（阪本健二訳（1964）積極的心理療法．誠信書房）

福井雅彦（2008）いま，ここで――一回性を生きる．（編集　畠中宗一）対人関係のトレイニング．現代のエスプリ，No.495．至文堂．

福井雅彦（2013）ブーバーのハイデガー批判．実存思想論集，第28号．理想社．

船津衛（1976）シンボリック相互作用論．恒星社厚生閣．

ゲルヴェン，M.（2000）ハイデッガー『存在と時間』．註解．ちくま学芸文庫．

ガーゲン，K.J. & ガーゲン，M.（伊藤守監訳（2018）現実はいつも対話から生まれる．ディスカヴァー・トゥエンティワン）

濱島朗・竹内郁郎・石川晃弘編（1982）社会学小辞典　増補版．有斐閣．

畠中宗一（2000）子ども家族支援の社会学．世界思想社．

早坂泰次郎編（1971）20世紀人の心理学．朝倉書店．

早坂泰次郎（1979）人間関係の心理学．講談社現代新書．

早坂泰次郎（1986）現象学を学ぶ．川島書店．

早坂泰次郎（1991）人間関係学序説．川島書店．

早坂泰次郎編著（1994）〈関係性〉の人間学．川島書店．

早坂泰次郎編著（1999）現場からの現象学．川島書店．

ハイデガー，M.（責任編集原佑（1980）存在と時間．中央公論社）

ハイデガー，M.（森一郎編訳（2019）技術とは何だろうか．講談社学術文庫）

日野原重明編集（1988）アートとヒューマニティ．中央法規出版．

フッサール，E.（長谷川宏訳（1975）経験と判断．河出書房新社）

フッサール，E.（細谷恒夫・木田元訳（1995）ヨーロッパ諸学の危機と超越論的現象学．中公文庫）

岩崎武雄（1975）西洋哲学史．（再訂版）有斐閣．

ユング，C.G.（野田倬訳（1982）自我と無意識の関係．人文書院）

加藤尚武編（2003）ハイデガーの技術論．理想社．

木田元（2000）現象学の思想．ちくま学芸文庫．

樹木希林（2019）樹木希林120の遺言．宝島社．

クワント，R.C.（早坂泰次郎監訳（1984）人間と社会の現象学．勁草書房）

レヴィン，K.（猪股佐登留訳（2017）社会科学における場の理論．ちとせプレス）

マスロー，A.H.（上田吉一訳（1973）人間性の最高価値．誠信書房）

ミード，G.H.（稲葉三千男・滝沢正樹・中野収訳（1973）精神・自我・社会．青木書店）

中村雄二郎（1983）魔女ランダ考．岩波書店．

中村雄二郎（1984）術語集．岩波新書．

中村雄二郎（1992）臨床の知とは何か．岩波新書．

谷口隆之助・佐藤功・早坂泰次郎（1967）人間存在の心理学．川島書店．

谷口隆之助（1968）疑惑と狂信との間．川島書店．

渡邊二郎編（2011）ハイデガー「存在と時間」入門．講談社学術文庫．

ワトソン，J.M.（安田一郎訳（1980）行動主義の心理学．河出書房新社）

和辻哲郎（2007）人間の学としての倫理学．岩波文庫．

エピローグ

　人間関係は，「あいだ」と「つながり」から構成される。かつてクルト・レヴィン（Kurt Lewin）は，ユダヤ民族が世界の孤児にならないために，Tグループ（Training Group）を開発した。すなわち，ユダヤ民族は，「あいだ」すなわち，個としては自立しているが，「つながり」の感覚が乏しい。世界の孤児にならないために，Tグループの目標を，「つながり」に焦点化した。このTグループが米国を経由して，戦後の我が国に導入されていった。しかし，この技法は，経済界を中心に企業にとって都合の良い人間を作り出す，「洗脳の道具」として活用されてきた歴史が存在することも事実である。この文脈では，Tグループは，感受性訓練（sensitivity training：略してST）と呼称を変えている。ロジャース（Carl Rogers）によって開発されたエンカウンター・グループ（encounter group）もTグループの流れを組んでいる。レヴィンのTグループは，感受性訓練やエンカウンター・グループとして展開されてきたことになる。

　我が国の戦後社会は，レヴィンの発想とは逆に，「あいだ」に焦点化された。すなわち，個としての自立が，教育の目標となった。人間関係を営むという行為は，「あいだ」と「つながり」の絶妙なバランスのなかで成立する。「あいだ」と「つながり」の絶妙なバランスを成立させるためには，葛藤が伴う。したがって，「葛藤と折り合う力」が必要となる。これは，「関係性を生きる力」と言い換えることができる。戦後社会は，「あいだ」に力点を置き展開されてきたため，「あいだ」と「つながり」のバランスを失ってきたように想像する。すなわち「あいだ」が重視され，「つながり」が軽視される。戦前の社会が，「あいだ」が軽視され，「つながり」が重視されたのと逆転している。あるいは極端から極端に変化してきたと言える。この文脈で後退したのが，「葛藤と折り合う力」あるいは「関係性を生きる力」である。

　なぜ「あいだ」と「つながり」のバランスを成立させることは困難なのであ

ろうか。あるいは「関係性を生きる力」はなぜ衰退してきたのであろうか。逆に「関係性を生きる力」は，どのようにして形成されるのであろうか。これらの問いに応えてみよう。引きこもりの臨床研究から，吉川武彦は，「自分らしさ」に関する三つのモデルを提案している。こころの三角錐モデル，こころの卵モデル，こころの十文字モデルがそれである。これらのうちこころの卵モデルは，「自分らしさ」がどのように形成されるかを説明している。すなわち，欲求の存在を前提にして，規範との葛藤を経験し，葛藤にどのように対処したかが「自分らしさ」と定義する。そのため欲求先取り型や規範押し込み型の育児で対応すると，葛藤を経験する機会を奪われる。結果，葛藤場面に弱い子どもが育つことになる。それでは，なぜ子どもが葛藤を経験する機会を奪うような育児が行われるのであろうか。この問いへの答えとしては，現代社会のあり方が反映している。利便性・快適性・効率性を追求し，生産的・課題達成型の価値観が重視される社会では，「待つこと」ができない親たちが多い。社会から追い立てられる生活を営んでいる親たちにとって，「待つこと」は容易な課題ではない。先の二つの育児法は，親たちにとって都合が良いということだ。その意味では，親たちは，社会の犠牲者ということにもなるが，主体性が確保されていないとも言える。もっと言えば，「待つこと」の重要性は分かっていても，実際にそれができないということだ。極端な場合，「待つこと」をすることで，仕事に遅れるということも起こる。ここでも「待つこと」と仕事の両立は，葛藤を含む課題である。先の二つの育児法は，葛藤を体よく回避できる方法でもある。結果，この対応が，子どもの葛藤する機会を奪うことを考えると，親の対応が，子どもの主体性をも奪う結果をもたらしていることになる。

ところで，今日の若年層における人間関係能力の未発達が指摘されて久しい。人間関係は，「あいだ」と「つながり」から構成されると記述したが，人間関係能力の未発達は，自分とは異なる他者との「あいだ」をなるべく認めず，「つながり」を求めて安心したい，そして他者から承認されたいという欲求で構成されているように想像する。これに対して，グローバリズムの進展は，異文化との共生が求められる。異文化との共生とは，異なる価値観の人間と共生することである。異なる価値観の人間同士では，他者との「あいだ」を互いに認め合うことが，「つながり」の前提条件となる。「あいだ」を認めず「つながり」を求めて安心するあり方と「あいだ」を互いに認め合うことが「つながり」の前提となるあり方には，大きな隔たりがある。前者のあり方では，異文化との

共生は難しい。

　先に子どもが葛藤する機会を奪う育児について触れたが，このことが子どもの人間関係能力の未発達につながっていることが容易に想像される。しかも，今日の社会状況は，異文化との共生が求められるなかで，その乖離がますます大きくなってきているように想像する。

　いまこそ人間関係の本質的理解に基づき，「葛藤と折り合う力」あるいは「関係性を生きる力」を取り戻すことが，国際化の進展のなかで日本人が孤立しないための必要条件になってくるのではないか。

　本書は，そのための羅針盤として位置づけることも可能である。論考の多くは，読者の日常性と距離を感じるものもあるかもしれないが，誠実に人と向き合うことによる人間関係における希望のようなものが表現されていると思うのは私だけであろうか。また論考の中には，理念的なレベルにとどまっているものもあるが，閉塞した社会状況を打破していくための新しい発想と受け止めていただければ幸いである。長い間お付き合いをしてきた執筆者の論考は，良くも悪くもその人らしさが表現されている。編者としても纏まりを取るか，個々の実存の独自性を大事にするか，悩ましい判断であったが，多様性が自明な社会において，それぞれの個性の発露から学び取るということもあってよいのではないかという判断に収まった。この点については，読者の批判を率直に受け止めたいと思う。

　ところで，本書の企画にあたって記述しておきたいことがある。それは，企画のスタンスについてである。本編書の執筆に当たっては，日本 IPR 研究会の創始者である早坂泰次郎氏の著書にあるような IPR トレイニングの場面で説明するというやり方は取らず，あくまでもさまざまなフィールドで展開される日常の人間関係の事例で説明を試みることにした。なぜそのような方法を取ったかと問われれば，IPR トレイニングの場面で説明するやり方を取ると，このトレイニングを知らない読者には伝わらないと判断したからである。執筆者は，IPR トレイニングの経験者が中核を構成しているが，あえて上記の方針で執筆を依頼した。

　われわれは，1970 年以来日本 IPR 研究会で対人関係の研究と臨床にコミットメントしてきた。クルト・レヴィンによって開発された T グループという方法を独自に展開した対人関係トレイニングを実践し，2020 年に研究会を閉じることとする。

最後になりましたが，半世紀の間，共に生きるための人間関係学を志向してきた先輩諸氏，そして研究会を支えていただいた皆様に厚くお礼を申し上げたい。このささやかな一冊が，新たな種子を蒔く行為として位置づけられるならば，これにすぐる喜びはない。

（畠中宗一）

索　引

■執筆者一覧（執筆順）

畠中宗一（はたなか・むねかず）………………………… プロローグ，第Ⅰ部　2章1節，エピローグ
関西福祉科学大学教授

須山　一俊（すやま・かずとし）………………………………………… 第Ⅰ部　1章1節
神奈川県元教員

織田孝裕（おだ・たかひろ）……………………………………………… 第Ⅰ部　1章2節
登校拒否文化医学研究所

水戸部賀津子（みとべ・かずこ）………………………………………… 第Ⅰ部　1章3節
昭和女子大学総合教育センター専任講師／学生相談室

鈴木水季（すずき・みき）………………………………………………… 第Ⅰ部　1章4節
郁文館夢学園

牧野智恵（まきの・ともえ）……………………………………………… 第Ⅰ部　2章2節
石川県立看護大学教授

齊藤雅也（さいとう・まさや）…………………………………………… 第Ⅰ部　2章3節
総合犬山中央病院

佐藤幸男（さとう・ゆきお）……………………………………………… 第Ⅰ部　2章4節
地域密着型複合施設マザアス新宿

高橋照子（たかはし・てるこ）…………………………………………… 第Ⅰ部　2章5節
徳島文理大学大学院看護学研究科教授／四天王寺大学看護学部教授

伊藤信哉（いとう・しんや）……………………………………… 第Ⅰ部　3章はじめに，1節
外資メーカー

大森幹夫（おおもり・みきお）…………………………………………… 第Ⅰ部　3章2節
元 TDK 株式会社

和才恵理子（わさい・えりこ）…………………………………………… 第Ⅰ部　3章3節
職業訓練法人日本技能教育開発センター

和智章宏（わち・あきひろ）……………………………………………… 第Ⅰ部　3章4節
元 SCSK 株式会社

福井雅彦（ふくい・まさひこ）………………………………………… 第Ⅱ部　1章〜4章
愛知医科大学医学部准教授

■編著者紹介

畠中宗一（はたなか・むねかず）

1951年鹿児島市生まれ。現在，関西福祉科学大学教授・大学院社会福祉学研究科長。大阪市立大学名誉教授。博士（学術）。専門：家族臨床福祉学。主要著書：単著『子ども家族支援の社会学』（世界思想社），『家族臨床の社会学』（世界思想社），『家族支援論―なぜ家族は支援を必要とするのか』（世界思想社），『情緒的自立の社会学』（世界思想社），『富裕化社会になぜ対人関係トレイニングが必要か―自己への関心から他者への誠実な関心へ』（ぎょうせい）等。

共に生きるための人間関係学
「自立」と「つながり」のあり方

2020年3月10日　印刷
2020年3月20日　発行

編著者　畠中　宗一
発行者　立石　正信

印刷・製本　シナノ印刷
装丁　シマ　マスミ

株式会社　金剛出版
〒112-0005　東京都文京区水道1-5-16
電話03（3815）6661（代）
振替00120-6-34848

ISBN978-4-7724-1752-5　C3011　　　Printed in Japan ©2020

大いなる誤解・
親子が殺し合わないために
子どもの魂を健やかに育て、
幸せな親子関係を築くために必要なこと

［著］＝小石川真実

●四六判 ●並製 ●480頁 ●定価 **4,200**円＋税
● ISBN978-4-7724-1654-2 C3011

「親子関係関連障害」を連鎖させないために何ができるのか？
親による虐待被害の実体験からの回復を語るドキュメント

新版 大学生のこころのケア・ガイドブック
精神科と学生相談からの 17 章

［著］＝福田真也

●A5判 ●並製 ●304頁 ●定価 **3,000**円＋税
● ISBN978-4-7724-1599-6 C3011

LGBT，留学生，障害学生支援から，
授業・サークル・アルバイト・就職活動など
定番テーマまでを論じた
「大学生メンタルヘルスケアガイド」

いじめっ子・いじめられっ子の
保護者支援マニュアル
教師とカウンセラーが保護者と取り組むいじめ問題

［著］＝ウォルター・ロバーツJr.
［監訳］＝伊藤亜矢子 ［訳］＝多々納誠子

●A5判 ●並製 ●224頁 ●定価 **2,600**円＋税
● ISBN978-4-7724-1421-0 C3011

保護者－教師－カウンセラーのチームワークと
問題解決スキルを育てる「いじめ解決マニュアル」決定版！

家族の心理
変わる家族の新しいかたち

[編著]=小田切紀子　野口康彦　青木聡

●A5判 ●並製 ●204頁 ●定価 **2,600**円+税
● ISBN978-4-7724-1577-4 C3011

恋愛・結婚・離婚・再婚・子どもと
家族のライフサイクルに沿った
テーマを通して家族の現在をとらえる
新しい家族心理学の教科書。

ワークで学ぶ
認知症の介護に携わる
家族・介護者のためのストレス・ケア
認知行動療法のテクニック

[著]=田島美幸　藤澤大介　石川博康

●B5判 ●並製 ●136頁 ●定価 **2,600**円+税
● ISBN978-4-7724-1709-9 C3011

認知症の正しい知識を習得し
介護者のこころの余裕を取り戻そう。

誰でもできる！
アサーティブ・トレーニング ガイドブック
みんなが笑顔になるために

[著]=海原純子

●四六判 ●並製 ●136頁 ●定価 **2,200**円+税
● ISBN978-4-7724-1714-3 C3011

アサーティブとは相手も自分も OK という
ゴールを目指すコミュニケーションのことである。
トレーニングを重ねて自分のものにしよう！

働く人のこころのケア・ガイドブック
会社を休むときの Q&A

[著]=福田真也

●四六判 ●並製 ●272頁 ●定価 **2,600**円+税
● ISBN978-4-7724-1736-5 C3011

産業医経験も豊富で
リワークも手掛けるベテラン精神科医が
働く患者さんから実際に寄せられる
相談・質問に答えた Q&A が 182 問！

組織と個人を同時に助ける
コンサルテーション

企業や学校、対人援助サービスで使える
システムズセンタード・アプローチ

[著]=スーザン・ギャン イヴォンヌ・アガザリアン
[監訳]=嶋田博之 杉山恵理子 [訳]=LHS研究会

●A5判 ●並製 ●264頁 ●定価 **3,800**円+税
● ISBN978-4-7724-1613-9 C3011

組織を一つのシステムとみなし問題解決を目指すコンサルテーション論。

組織のストレスとコンサルテーション
対人援助サービスと職場の無意識

[編]=アントン・オブホルツァー ヴェガ・ザジェ・ロバーツ
[監訳]=武井麻子 [訳]=榊惠子, 他

●A5判 ●並製 ●320頁 ●定価 **4,200**円+税
● ISBN978-4-7724-1357-2 C3011

対人援助職の問題を個人の脆弱性に帰さず
援助組織全体を変えていくことを目指す
コンサルテーション論。